MATHE *to go*

FOS | BOS BAYERN 11/12

W0325843

TECHNIK

Daniel Hetterich

Andreas Wenz

unter Mitarbeit der Verlagsredaktion

Cornelsen

Vorwort

MATHE ***to go*** ist im Wesentlichen während unserer Schulzeit an der Franz-Oberthür-Schule in Würzburg entstanden. Damals versuchten wir die Unterrichtsinhalte so zu komprimieren, dass alle wichtigen Themen gut verständlich dargestellt sind.

Dieses Buch ist kein gewöhnliches Mathebuch und es soll auch kein Schulbuch ersetzen. Vielmehr soll es zur Auffrischung der wichtigsten Mathe-Themen für die Abschlussprüfung dienen. Da alle Themen kurz und prägnant dargestellt werden, kann das Buch ebenfalls als kleines Nachschlagewerk verwendet werden.

Dieses Buch soll hauptsächlich dazu dienen, Verständnisfragen zu klären. Trotzdem sind Sie natürlich darauf angewiesen, durch intensives Üben, den Schulstoff zu vertiefen. Wir selbst haben während der Schulzeit gemerkt, dass man gerade in der Mathematik durch häufiges Üben die nötige Sicherheit erlangt.

Wir möchten allen danken, die uns zu diesem Projekt ermutigt und uns während der Umsetzung des Projekts unterstützt haben.
Wir wünschen Ihnen eine schöne Schulzeit und ein gutes Abitur.

Daniel Hetterich,
Andreas Wenz

Inhalt

1 Grundregeln

1.1 Mengenlehre

Definitionen
Unter einer *Menge* versteht man eine Zusammenfassung von Elementen.
In der Schulmathematik sind dies meist Zahlen.

Beispiel: Die Menge M soll alle natürlichen Zahlen von 1 bis 5 enthalten:

$$M = \{1; 2; 3; 4; 5\}$$

Die *Elemente* der Menge M sind somit 1, 2, 3, 4 und 5. In der mathematischen Schreibweise sind sie durch Semikola „;“ getrennt. Man schreibt:

$4 \in M$ sprich: „4 ist ein Element der Menge M.“
$6 \notin M$ sprich: „6 ist kein Element der Menge M.“

Wir definieren folgende zweite Menge N mit $N = \{3; 4; 5; 6; 7\}$.

Mit Mengen wie M und N kann man diverse Operationen durchführen.

Die Vereinigungsmenge
Die *Vereinigungsmenge* aus beliebig vielen Mengen ist die Menge, die alle möglichen Elemente aus diesen Mengen enthält.
Das bedeutet, die Elemente der Vereinigungsmenge aus M und N sind in M *oder* in N (oder in beiden):

$$V = M \cup N = \{1; 2; 3; 4; 5; 6; 7\}$$

Die Schnittmenge
Die *Schnittmenge* aus beliebig vielen Mengen ist die Menge aller Elemente, die in all diesen Mengen vorkommen.
Das bedeutet, die Elemente der Schnittmenge von M und N müssen in M und N vorkommen:

$$S = M \cap N = \{3; 4; 5\}$$

Die Restmenge
Entfernt man aus einer Menge M alle Elemente, die auch Elemente einer Menge N sind, dann erhält man die *Restmenge*.
Das bedeutet, die Restmenge M ohne N enthält die Elemente, die in M aber nicht in N vorkommen:

$$R = M \setminus N = \{1; 2\}$$

1.2 Intervalle

Intervalle sind spezielle Teilmengen reeller Zahlen. Sie enthalten in der Regel unendlich viele Elemente. Die *Intervallgrenzen* schließen diese unendliche Menge ein.

Beispiel: Das Intervall $I_1 = [1;6]$ beinhaltet alle Zahlen von einschließlich 1 bis einschließlich 6. Doch das sind nicht nur die natürlichen Zahlen 1, 2, 3, 4, 5 und 6, sondern unter anderem auch $\frac{1}{2}$, $2\sqrt{3}$ oder $\pi = 3{,}14\ldots$

Durch die eckigen Klammern kann man die Intervallgrenzen entweder mit einbeziehen oder ausschließen. Die Grenzen des obigen Intervalls I_1 sind mit einbezogen, da die eckigen Klammern zu den Grenzen hinzeigen. Bei dem Intervall $I_2 =]0;4[$ sind die Intervallgrenzen beide ausgeschlossen. Es ist weiterhin möglich, nur eine Intervallgrenze auszuschließen.

Oft kommen Intervalle vor, bei denen eine Grenze im Unendlichen liegen soll. Man verwendet dann das Symbol ∞ für Unendlich. Zum Beispiel lassen sich alle Zahlen, die größer sind als 5 im Intervall $I_3 =]5;\infty[$ zusammenfassen. Die 5 muss hierbei ausgeschlossen werden, weil von allen Zahlen, die größer sind als 5, die Rede war. Unendlich muss immer ausgeschlossen werden, weil das Zeichen keine Zahl darstellt.

Wie bei den Mengen sind verschiedene Operationen möglich: Intervalle können vereinigt werden, geschnitten werden und eine Restmenge ist ebenfalls möglich. Bei Intervallen muss aber stets auf die Grenzen geachtet werden, also ob diese ausgeschlossen werden müssen oder nicht.

Es kann vorkommen, dass die Vereinigung von Mengen oder die Restmengenbildung kein zusammenhängendes Intervall liefert.

Beispiel: $[1;6] \setminus [3;4] = [1;3[\cup]4;6]$

Die 3 und die 4 müssen in der Lösung deshalb ausgeschlossen werden, da sie in dem Intervall $[3;4]$ beinhaltet sind, welches komplett ausgeschlossen wird.

Tipp: Solche Aufgaben lassen sich anhand eines Zahlenstrahls verdeutlichen:

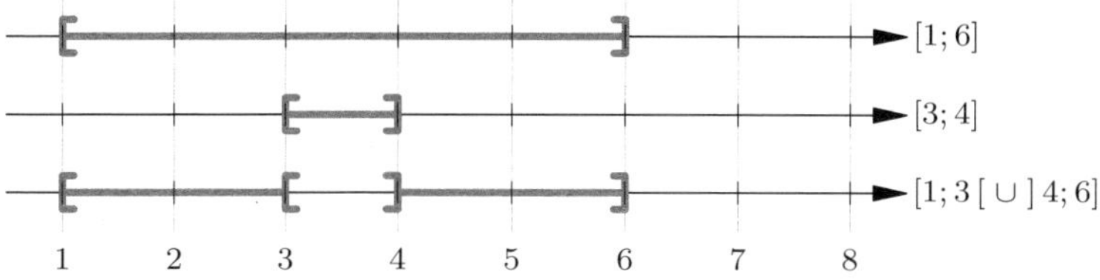

1.3 Zahlenmengen

Folgende Zahlenmengen werden im Verlauf dieses Buches erscheinen:

Die natürlichen Zahlen $\mathbb{N}$

$$\mathbb{N} = \{1; 2; 3; 4; 5; 6; 7; \ldots\}$$

Die 0 ist in der Menge $\mathbb{N}$ nicht enthalten! Es gibt aber die Menge $\mathbb{N}_0 = \{0; 1; 3; 4; \ldots\}$.

$$\mathbb{N}_0 = \mathbb{N} \cup \{0\}$$

Die ganzen Zahlen $\mathbb{Z}$

$$\mathbb{Z} = \{\ldots; -2; -1; 0; 1; 2; \ldots\}$$

Man erhält alle ganzen Zahlen, indem man zu der Zahl 0 beliebig oft die Zahl 1 addiert oder subtrahiert.

Die rationalen Zahlen $\mathbb{Q}$

$$\mathbb{Q} = \{\ldots; -\frac{1}{3}; \ldots; 0{,}2; \ldots; 0; \ldots; \frac{39}{61}; \ldots\}$$

Alle Zahlen, die als Verhältnis bzw. Quotient zweier ganzer Zahlen dargestellt werden können, sind rationale Zahlen.

Die reellen Zahlen $\mathbb{R}$

$$\mathbb{R} = \{\ldots; -\sqrt{\pi^{10}}; \ldots; 1; \ldots; e^{\pi}; \ldots\}$$

Die reellen Zahlen sind alle rationalen und alle irrationale Zahlen. Irrationale Zahlen lassen sich nicht durch einen Bruch darstellen. Wie auch die natürlichen, ganzen und rationalen Zahlen können wir reelle Zahlen auf einem Zahlenstrahl darstellen.

Schreibweisen
Wichtige Schreibweisen sind:

$\mathbb{R}_0^+$: Alle positiven reellen Zahlen, einschließlich der Null

$\mathbb{R}^+$: Alle positiven reellen Zahlen, ohne die Null

1.4 Rechengesetze

Die Zahlen, die bei einer Addition zusammengezählt werden, heißen *Summanden*, das Ergebnis heißt *Summe*.

Die an einer Multiplikation beteiligten Zahlen nennt man *Faktoren*, das Ergebnis heißt *Produkt*.

Priorität von Operatoren

Punkt vor Strich:	$2 + 4 \cdot 3 = 2 + 12 = 14$
Potenz vor Punkt:	$2 \cdot 3^2 = 2 \cdot 9 = 18$
Klammer vor allem:	$3 \cdot (2 + 1) = 3 \cdot 3 = 9$

Kommutativgesetz
Summanden einer Summe und Faktoren eines Produktes dürfen vertauscht werden:

$2 + 3 = 5;$ $3 + 2 = 5;$ $2 \cdot 3 = 6;$ $3 \cdot 2 = 6.$

Assoziativgesetz
Die Reihenfolge einer Addition oder Multiplikation ist egal:

$2 + (3 + 4) = 9;$ $2 \cdot (3 \cdot 4) = 24;$

$(2 + 3) + 4 = 9;$ $(2 \cdot 3) \cdot 4 = 24.$

Distributivgesetz
Bei Addition von Zahlen mit einem gleichen Vielfachen kann dieses ausgeklammert werden:

$6 + 4 = 2 \cdot (3 + 2) = 10;$ allgemein: $a\,b + a\,c = a\,(b + c).$

Steht vor einer Summe ein Faktor, kann die Summe ausmultipliziert werden:

$4 \cdot (1 + 3) = 4 \cdot 1 + 4 \cdot 3 = 16;$ allgemein: $a\,(b + c) = a\,b + a\,c.$

Quadrat und Wurzel

$3^2 = 3 \cdot 3 = 9;$ $4^2 = 4 \cdot 4 = 16;$ allgemein: $x^2 = x \cdot x;$

$\sqrt{9} = 3;$ $\sqrt{16} = 4;$ allgemein: $\sqrt{x^2} = x$, für $x \geq 0$.

Vorzeichen

$(+1) \cdot (+1) = +1$ $(+1) \cdot (-1) = -1$

$(-1) \cdot (-1) = +1$ $(-1) \cdot (+1) = -1$

1.5 Bruchrechnen I

Ein *Bruch* ist ein Verhältnis zweier Zahlen wie 1 : 3 (sprich: „eins zu drei"), nur besitzt er einen Bruchstrich. Darüber steht der Zähler, darunter der Nenner,

hier: $1 : 3 = \frac{1}{3}$ (sprich: „ein Drittel")

Dabei ist der Wert des Bruches gleich dem Quotienten aus Zähler und Nenner („eins durch drei gibt ein Drittel").

Achtung: Nach Definition darf der Nenner eines Bruches nicht null sein, da man durch null nicht teilen kann!

Erweitern und Kürzen

An dem Wert eines Bruches ändert sich nichts, wenn man Zähler und Nenner mit der selben Zahl multipliziert (erweitert) bzw. dividiert (kürzt).

$$\frac{1}{2} = \frac{1 \cdot 2}{2 \cdot 2} = \frac{2}{4} \qquad \text{allgemein:} \quad \frac{a}{b} = \frac{a \cdot c}{b \cdot c}$$

Addition und Subtraktion

Zwei Brüche gleichen Nenners werden addiert, indem man ihre Zähler addiert und den Nenner beibehält:

$$\frac{1}{5} + \frac{2}{5} = \frac{3}{5} \qquad \text{allgemein:} \quad \frac{a}{b} + \frac{c}{b} = \frac{a + c}{b}$$

Bei der Subtraktion werden analog nur die Zähler subtrahiert. Sind die Nenner ungleich, kann man die Brüche durch passendes Erweitern (z. B. mit dem Nenner des jeweils anderen Bruchs) immer auf einen gemeinsamen Nenner bringen:

$$\frac{1}{2} - \frac{1}{3} = \frac{1 \cdot 3}{2 \cdot 3} - \frac{1 \cdot 2}{3 \cdot 2} = \frac{3}{6} - \frac{2}{6} = \frac{1}{6} \qquad \text{allgemein:} \quad \frac{a}{b} - \frac{c}{d} = \frac{a \cdot d}{b \cdot d} - \frac{c \cdot b}{b \cdot d} = \frac{a \cdot d - c \cdot b}{b \cdot d}$$

Unechter Bruch, gemischte Zahl

Ist der Zähler eines Bruchs größer als sein Nenner, dann bezeichnet man den Bruch als *unecht*. Dann kann man ihn in eine *gemischte Zahl* umwandeln:

$$\frac{8}{3} = \frac{6 + 2}{3} = \frac{6}{3} + \frac{2}{3} = 2 + \frac{2}{3} = 2\frac{2}{3}$$

1

1.6 Bruchrechnen II

Multiplikation

Man multipliziert Brüche, indem man ihre Zähler miteinander multipliziert und ihre Nenner miteinander multipliziert.

$\frac{2}{3} \cdot \frac{4}{5} = \frac{2 \cdot 4}{3 \cdot 5} = \frac{8}{15}$ allgemein: $\frac{a}{b} \cdot \frac{c}{d} = \frac{a \cdot c}{b \cdot d}$

Kehrwert

Vertauscht man bei einem Bruch Zähler und Nenner, so erhält man den Kehrwert des Bruches.

$\frac{2}{3}$ hat den Kehrwert $\frac{3}{2}$; allgemein: $\frac{a}{b}$ hat den Kehrwert $\frac{b}{a}$.

Division

Man teilt durch einen Bruch, indem man seinen *Kehrwert* multipliziert.

$\frac{2}{3} \div \frac{4}{5} = \frac{10}{12} = \frac{5}{6}$ allgemein: $\frac{a}{b} \div \frac{c}{d} = \frac{a}{b} \cdot \frac{d}{c} = \frac{ad}{bc}$

Doppelbruch

$\frac{\frac{2}{3}}{5} = \frac{2}{15}$ allgemein: $\frac{\frac{a}{b}}{c} = \frac{a}{b} \div c = \frac{a}{b} \cdot \frac{1}{c} = \frac{a}{bc}$

$\frac{2}{\frac{3}{5}} = \frac{10}{3}$ allgemein: $\frac{a}{\frac{b}{c}} = a \div \frac{b}{c} = a \cdot \frac{c}{b} = \frac{ac}{b}$

$\frac{\frac{2}{3}}{\frac{4}{5}} = \frac{10}{12} = \frac{5}{6}$ allgemein: $\frac{\frac{a}{b}}{\frac{c}{d}} = \frac{a}{b} \div \frac{c}{d} = \frac{a}{b} \cdot \frac{d}{c} = \frac{ad}{bc}$

Wurzel und Quadrat

$\left(\frac{3}{4}\right)^2 = \frac{9}{16}$ allgemein: $\left(\frac{a}{b}\right)^2 = \frac{a^2}{b^2}$

$\sqrt{\frac{16}{25}} = \frac{4}{5}$ allgemein: $\sqrt{\frac{a}{b}} = \frac{\sqrt{a}}{\sqrt{b}}$

1

1.7 Lineare Gleichungen

Zu dem Begriff „linear" kommen wir später, aber ein Beispiel einer linearen Gleichung ist $1 + x = 2$. Das x ist dabei die *Unbekannte*, deren Wert wir ermitteln müssen, sodass die Gleichung erfüllt ist (sodass beide Seiten den gleichen Wert haben). Hierzu verwenden wir *Äquivalenzumformungen*. Das sind Umformungen, bei denen sich obige Aussage, also $1 + x = 2$, nicht ändert. Nun soll diese Gleichung gelöst werden:

$$1 + x = 2$$
Wir subtrahieren 1 von beiden Seiten
$$(1 + x) - 1 = 2 - 1$$
Übrig bleibt
$$x = 1$$

Um eine Gleichung zu lösen muss also nach der Unbekannten x „aufgelöst" werden. Hierzu formen wir solange um, bis x auf einer Seite nur noch alleine auftritt:

$$2x + 4 = 20$$
Wir subtrahieren 4 von beiden Seiten
$$2x = 16$$
Wir dividieren beide Seiten durch 2
$$x = 8$$

> Bei Umformungen ist stets darauf zu achten, dass man die selbe Umformung auf beiden Seiten durchführt.

Tipp: Beginnen Sie am besten mit den Termen, die am wenigsten am x gebunden sind, d. h. mit den niedrigeren Prioritäten: Plus → Mal → Potenz.
Es ist auch möglich, dass x auf beiden Seiten vorkommt:

$$x + 6 = 2(x + 2)$$
Wir vereinfachen die rechte Seite (Distributivgesetz)
$$x + 6 = 2x + 4$$
Nun ziehen wir x auf beiden Seiten ab
$$6 = x + 4$$
Ferner subtrahieren wir 4 von beiden Seiten
$$2 = x$$

Vor jeder neuen Zeile kann ein Äquivalenzzeichen (⇔) gesetzt werden, um eine Äquivalenzumformung anzudeuten. Auch kann hinter eine Zeile nach einem senkrechten Strich die Art der nächsten Umformung angezeigt werden – das schafft Übersicht und vermeidet Fehler.

$$4x + 2 = 10x - 10$$
Wir vertauschen die Seiten
$$\Leftrightarrow 10x - 10 = 4x + 2 \quad | -4x$$
$$\Leftrightarrow 6x - 10 = 2 \quad | +10$$
$$\Leftrightarrow 6x = 12 \quad | \div 6$$
$$\Leftrightarrow x = 2$$

1.8 Lineare Gleichungen lösen

Häufig wird es darauf ankommen, Gleichungen zu lösen. Hier soll gezeigt werden, wie sich lineare Gleichungen am besten lösen lassen. In Gleichungen kommen neben der Unbekannten x und Zahlenwerten auch oft sogenannte *Parameter* oder *Formvariablen* vor. Diese werden oft mit a, b, c bezeichnet, der Name spielt jedoch keine Rolle. Sie stehen für irgendwelche Zahlen und werden daher auch genau so wie Zahlen behandelt. Doch wir beginnen einfach mit einem Beispiel:

$$2x - 4a - x + 5 - 3ax = 5x + 2a - 10 + 1ax + 2a \cdot (x - 1)$$

Als erstes sollte hier die Gleichung vereinfacht werden, indem man die Klammer auf der rechten Seite auflöst. Man wendet also das Distributivgesetz an:

$$2x - 4a - x + 5 - 3ax = 5x + 2a - 10 + 1ax + 2ax - 2a.$$

Jetzt gilt es, so viele Terme wie möglich zusammenzufassen. Allerdings muss darauf geachtet werden, dass nur Passendes mit Passendem zusammengefasst werden kann. Zum Beispiel kann $2x - x$ zu $1x$ oder x zusammengefasst werden, allerdings *nicht* $5x$ und $2a$ zu $7ax$. Aber keine Angst, Sie werden an dieser Stelle noch nicht damit allein gelassen. Auf der linken Seite lässt sich $2x - x$ zu x zusammenfassen, ansonsten geht nichts. Auf der rechten Seite wird $2a - 2a$ zu $0a$ oder 0 und fällt daher weg. Weiterhin ist $1ax + 2ax = 3ax$ und wir erhalten:

$$x - 3ax + 5 - 4a = 5x + 3ax - 10$$

Jetzt bringen wir alle Terme mit x nach links und alle anderen nach rechts. Hierbei ist besonders auf das Vorzeichen zu achten.

$$x - 3ax - 5x - 3ax = -10 - 5 + 4a$$
$$-4x - 6ax = -15 + 4a$$

Wieder lässt sich einiges zusammenfassen.

Das Ziel ist ja, nach einem einzigen x aufzulösen. Jetzt haben wir aber zwei Terme mit x, die wir nicht durch Addieren bzw. Subtrahieren zusammenfassen können. Abhilfe schafft das Distributivgesetz. Wir „klammern x aus“:

$$x \cdot (-4 - 6a) = -15 + 4a$$

Um jetzt noch den Faktor, der sich hinter dem x befindet (hier die Klammer), auf die andere Seite zu bringen, müssen wir die gesamte Gleichung dadurch teilen. Wir erhalten:

$$x = \frac{-15 + 4a}{-4 - 6a}$$

Diese Gleichung war natürlich etwas kompliziert, aber nicht um Sie abzuschrecken, sondern um zu zeigen, wie einfach man durch simple Umformungen zur Lösung kommen kann. Auch sollte sie die „Angst“ vor den Variablen nehmen.

1.9 Lineare Ungleichungen

Ähnlich wie die linearen Gleichungen werden *lineare Ungleichungen* behandelt. Im Gegensatz zu den linearen Gleichungen steht bei den linearen Ungleichungen ein *Größer - bzw. Kleinerzeichen* (> , <) statt dem Gleichheitszeichen.

Beispiel: Gesucht sind alle Werte für x, für die $4x + 2$ größer als 20 ist.

$$\begin{aligned} 4x + 2 &> 20 && \text{Wir ziehen auf beiden Seiten 2 ab} \\ 4x &> 18 && \text{...und dividieren beide Seiten durch 4} \\ x &> 4{,}5 \end{aligned}$$

Die Lösung ist hier kein einzelner Wert, sondern sie ist die Menge aller x-Werte, die größer als 4,5 sind. Mathematisch schreibt man dies $\mathbb{L} = \{x \mid x > 4{,}5\}$. Man kann diese Lösungsmenge auch als ein Intervall ausdrücken: $\mathbb{L} =]4{,}5; \infty[$. Zu beachten sind wieder die Intervallgrenzen.

Betrachten wir folgende bereits erfüllte Ungleichung:

$$\begin{aligned} 2 &> 1 && \text{Multiplikation beider Seiten mit } -1 \\ -2 &< -1 \end{aligned}$$

> Beim Multiplizieren oder Dividieren mit negativen Zahlen dreht sich das Ungleichheitszeichen um.

Beispiel:

$$\begin{aligned} 4 - 2x &< 10 && \mid -4 \\ -2x &< 6 && \mid \div (-2) \\ x &> -3 && \Rightarrow \mathbb{L} = \{x \mid x > -3\} \end{aligned}$$

Neben den Ungleichheitszeichen gibt es noch das *Größer- bzw. Kleiner-Gleichheitszeichen* ($\geq$ bzw. $\leq$). Hier kann analag vorgegangen werden wie bei Ungleichungen.

Beispiel: Gesucht sind alle Werte x, für die $7x - 15 \leq 2x + 20$ gilt.

$$\begin{aligned} 7x - 15 &\leq 2x + 20 && \mid -2x + 15 \\ 5x &\leq 35 && \mid \div 5 \\ x &\leq 7 && \Rightarrow \mathbb{L} = \{x \mid x \leq 7\} \end{aligned}$$

Gibt man die Lösungsmenge in der Intervallschreibweise an, so muss die 7 jetzt mit eingeschlossen werden: $\mathbb{L} =]-\infty; 7]$

2 Geraden als Funktionen

2.1 Einführung in Funktionen

Eine *Funktion* ist eine eindeutige Zuordnung von Werten. Werte werden dabei anderen Werten zugeordnet.

Beispiel: Die Funktion G soll jedem Menschen seinen Geburtstag zuordnen. Beispielsweise ist Herr Meier am 14.02.1970 geboren. Die Funktion G liefert dann für Herrn Meier das Datum 14.02.1970. Das, was die Funktion liefert bzw. ausgibt, ist der *Funktionswert* der Funktion. Man schreibt:

G (Herr Meier) = 14.02.1970.

Sprich: „Der Funktionswert von G für Herr Meier ist 14.02.1970.“

Allgemein schreibt man $f(x)$ für den Funktionswert (sprich: „f von x“). Das x zeigt dabei an, dass der Funktionswert von einer Variablen x abhängig ist.
Es können auch andere Menschen am selben Tag wie Herr Meier Geburtstag haben, jedoch kann jeder Mensch nur einen Geburtstag haben. Dies gilt allgemein:

> Eine Funktion ordnet jedem Wert x *genau* einen Funktionswert $f(x)$ zu, jedoch können mehrere Werte x dem selben Funktionswert zugeordnet sein.

Die *Definitionsmenge* $\mathbb{D}$ enthält alle Werte, die in die Funktion eingesetzt werden können. Die *Wertemenge* $\mathbb{W}$ enthält alle Werte, die als Funktionswerte herauskommen können oder sollen. Man kann diese Mengen zur Aufgabe passend festlegen, doch gibt es eine *größtmögliche Definitionsmenge* einer Funktion.

Es kann nämlich Werte x geben, für die es keinen Funktionswert gibt. Im obigen Beispiel wäre das ein noch ungeborenes Kind. Es lebt bereits, aber ihm kann noch kein Geburtstag zugeordnet werden. Die maximale Definitionsmenge $\mathbb{D}_{max}$ besteht in unserem Beispiel aus allen bereits geborenen oder verstorbenen Menschen.

Die *Funktionsvorschrift* einer Funktion gibt an, wie von den x-Werten auf die Funktionswerte geschlossen wird. Oben geschieht das z. B. über die Geburtenregister bzw. Sterberegister. In der Schulmathematik geht es aber meist um Zahlen. Bei einer Funktion, die immer das Doppelte des x-Wertes liefern soll, lautet die Funktionsvorschrift oder Funktionsgleichung $f(x) = 2 \cdot x$. Hier können alle Zahlen eingesetzt werden, daher ist $\mathbb{D}_{max} = \mathbb{R}$.

Es gibt zwei übliche Schreibweisen, um eine Funktion vollständig zu beschreiben, erstere wird in diesem Buch verwendet:

1. f mit $f(x) = 2\,x$, $\quad \mathbb{D}_f = \mathbb{R}$;
2. $f : x \mapsto 2\,x, \quad x \in \mathbb{R}$.

2

2.2 Steigung *m*

Im letzten Abschnitt haben wir die Funktion f mit $f(x) = 2\,x,\ \mathbb{D}_f = \mathbb{R}$ definiert. Sie liefert immer Funktionswerte, die doppelt so groß sind wie die eingesetzten x-Werte. Es gibt zwei gänginge Wege, Funktionen auszuwerten:

Tabellarische Auswertung:

Beispiel: Erstellen Sie eine Wertetabelle der Funktion f mit Anfangswert −2, Endwert +4 und Schrittweite 1.

x	−2	−1	0	1	2	3	4
$f(x)$	−4	−2	0	2	4	6	8

Graphische Auswertung:

Zur graphischen Auswertung wird ein *Koordinatensystem* erstellt, dessen x- und y-Achse (oder auch $f(x)$-Achse) senkrecht zueinander sind. Nun zeichnen wir die Punkte ein, die sich durch obige Tabelle ergeben. $P_1(-2 \mid -4), P_2(-1 \mid -2), \ldots$

Bei P_1 ist −2 die x-Koordinate oder *Abszisse* und −4 die y-Koordinate oder *Ordinate*. Verbinden wir alle Punkte, ergibt sich der *Graph* der Funktion f, genannt G_f. Er zeigt zu jedem x-Wert den zugehörigen Funktionswert der Funktion f:

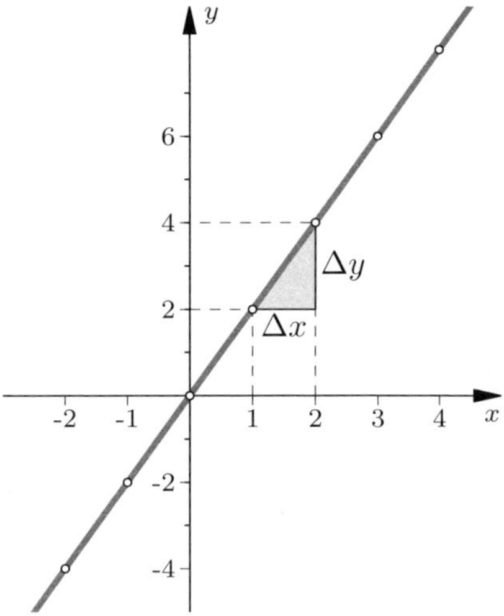

Der Graph der Funktion ist eine *Gerade* (und sogar eine *Ursprungsgerade*, d. h. er verläuft durch den Ursprung des Koordinatensystems). Solche Funktionen werden als linear bezeichnet.

Der Graph steigt mit einer gewissen *Steigung* an. Es ist klar, dass er steiler verlaufen würde, wenn die Funktionsgleichung $f(x) = 3\,x$ gelautet hätte. Daher wird bei linearen Funktionen der Faktor vor dem x Steigung m genannt.

Der Graph steigt bei jedem konstanten Schritt Δx nach rechts um ein konstantes Δy nach oben. Gehen wir im Beispiel oben von einem Punkt auf dem Graphen um 1 nach rechts, steigt der Graph stets um 2 nach oben. Gehen wir um 2 nach rechts, ist der Graph um 4 gestiegen. Der Quotient $\frac{\Delta y}{\Delta x}$ ist hier konstant, in diesem Fall gleich 2. Er gibt die Steigung m an.

Die Steigung einer Geraden ist $m = \dfrac{\Delta y}{\Delta x}$ = konstant.

2.3 Eigenschaften der Steigung

Im vorherigen Abschnitt haben wir die Steigung m einer Geraden definiert. Nun soll genauer untersucht werden, welche Auswirkungen eine Veränderung der Steigung mit sich zieht.

Gegeben sind folgende Funktionen, die auf ganz $\mathbb{R}$ definiert sind:

f_1 mit $f_1(x) = 1 \cdot x$

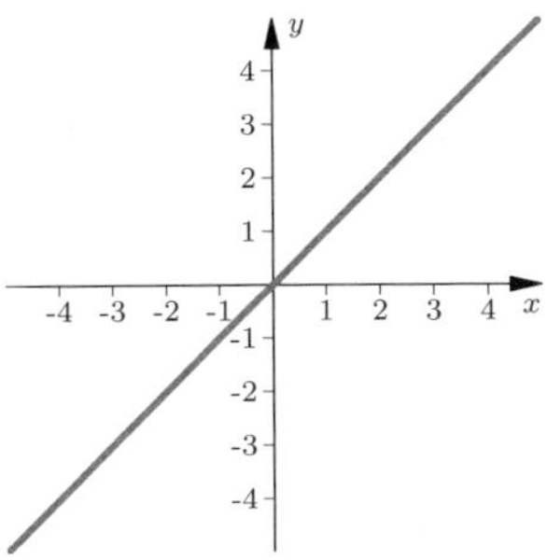

f_2 mit $f_2(x) = 4 \cdot x$

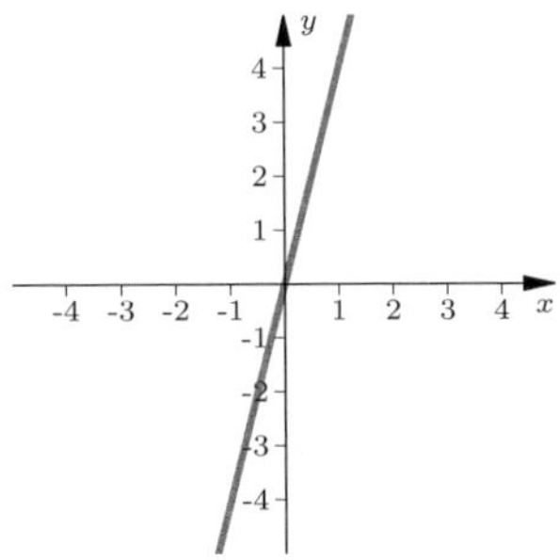

f_3 mit $f_3(x) = 0{,}2 \cdot x$

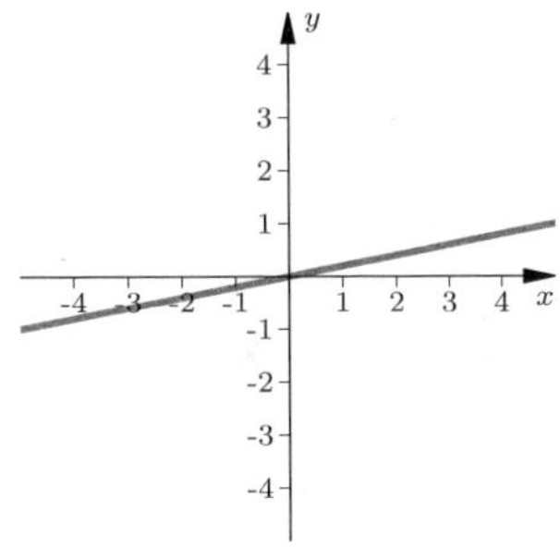

f_4 mit $f_4(x) = -1 \cdot x$

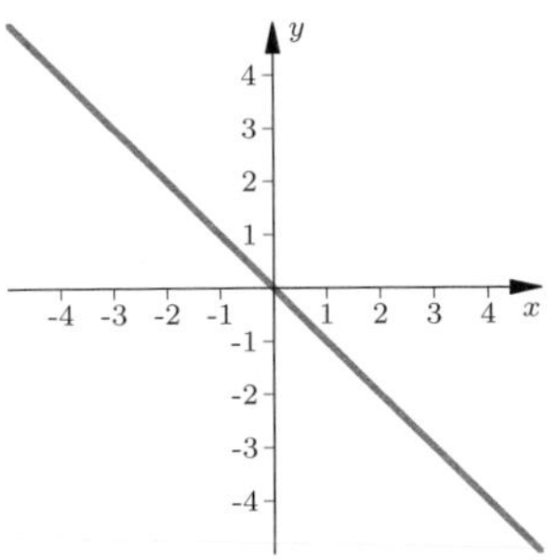

f_5 mit $f_5(x) = -4 \cdot x$

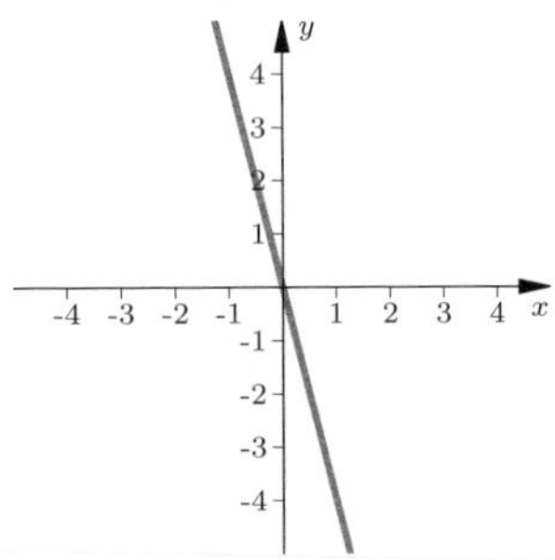

f_6 mit $f_6(x) = -0{,}2 \cdot x$

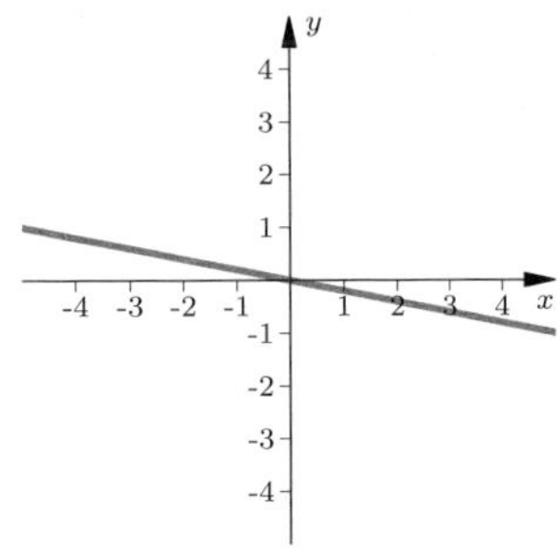

Aus den Graphen erschließen sich folgende Eigenschaften der Steigung m:

- Ist $m > 0$, so steigt der Graph (die Funktionswerte wachsen, falls x wächst)
- Ist $m < 0$, so sinkt der Graph (die Funktionswerte nehmen ab, falls x wächst)
- Ist $m = 0$, wird der Graph nicht steigen, er ist dann parallel zur x-Achse
- Je größer der Zahlenwert der Steigung ist, desto steiler steigt oder fällt der Graph.

Für keine Steigung m wird der Graph senkrecht zur x-Achse verlaufen, höchstens annähernd. Würde er wirklich senkrecht zur x-Achse verlaufen, hätten wir zu einem x-Wert mehrere Funktionswerte, was der Definition einer Funktion widersprechen würde.

2.4 *y*-Achsenabschnitt *t*

Bislang konnten wir Geraden nur anhand ihrer Steigung unterscheiden. Würden wir hier aufhören, müssten wir aus der Parallelität zweier Geraden schließen, dass sie identisch sind. Dies ist natürlich nicht immer der Fall, da es solche gibt, die übereinander bzw. untereinander verlaufen. Diesen Sachverhalt zeigt die folgende Graphik.

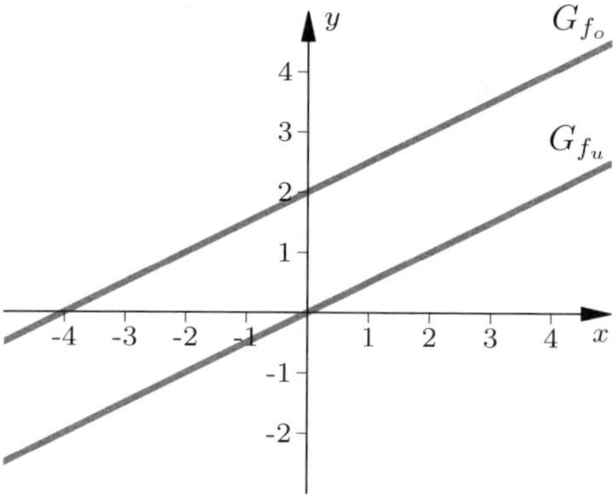

Die Funktion des oberen Graphen nennen wir f_o, die des unteren f_u. Beide besitzen die Steigung $m = 0{,}5$, wie man dem Diagramm leicht entnehmen kann:

$$m = \frac{\Delta y}{\Delta x} = \frac{1}{2}$$

Die Funktionsgleichung der unteren Funktion lautet somit: $f_u(x) = 0{,}5\,x$. f_o verläuft sichtbar stets um 2 höher als f_u. Die Funktionswerte sind stets um 2 größer. Ihre Funktionsgleichung lautet:

$$f_0(x) = 0{,}5\,x + 2$$

Die 2 ist eine additive Konstante. Solche additiven Konstanten verschieben Graphen von Funktionen lediglich nach oben bzw. unten, bewirken sonst aber nichts an ihrer Gestalt.

Bei den linearen Funktionen schneidet der Graph der Funktion die *y*-Achse an dieser Stelle (oben 2). Daher nennt man diese additive Konstante bei linearen Funktionen auch *y-Achsenabschnitt*. Wir geben ihr das Formelzeichen *t*.

> Der *y*-Achsenabschnitt *t* bestimmt bei linearen Funktionen die Schnittstelle mit der *y*-Achse.
>
> Für die allgemeine Funktionsgleichung einer linearen Funktion gilt somit
>
> $$y = m\,x + t$$
>
> mit der Steigung *m* und dem *y*-Achsenabschnitt *t*.

Alle Geraden, die nicht zur *y*-Achse parallel sind, lassen sich in dieser Form darstellen.

2

2.5 Nullstellen

Eine *Nullstelle* einer Funktion ist eine Stelle x_0, an der der Funktionswert null ist, also $f(x_0) = 0$ gilt. Graphisch bedeutet das, dass der Graph an dieser Stelle die x-Achse schneidet oder berührt.

Um die Nullstellen von einer Funktion zu berechnen, beginnt man mit dem Ansatz $f(x) = 0$ und versucht diese Gleichung nach x aufzulösen.

Dann setzt man für $f(x)$ die entsprechende Funktionsgleichung ein, hier am Beispiel einer Geraden mit der Steigung $m \neq 0$:

$$\begin{aligned} m\,x + t &= 0 \qquad &|-t \\ m\,x &= -t \qquad &|\div m \\ x &= \frac{-t}{m} \end{aligned}$$

Somit gilt für die Nullstelle x_0 einer Geraden: $x_0 = \dfrac{-t}{m}$

Beispiel: Gegeben ist die Funktion f mit $f(x) = 4\,x - 2$. Ermitteln Sie die Nullstelle von f.

$$\begin{aligned} f(x) &= 0 \\ 4\,x - 2 &= 0 \qquad &|+2 \\ 4\,x &= 2 \qquad &|\div 4 \\ x &= 0{,}5 \end{aligned}$$

Die Nullstelle befindet sich also an der Stelle $x_0 = 0{,}5$.

Ist nach dem Schnittpunkt mit der x-Achse gefragt, so ist die Lösung: $N(0{,}5\,|\,0)$

Das Ergebnis kann leicht überprüft werden, indem man es in die Funktionsgleichung einsetzt:

$$f(0{,}5) = 4 \cdot 0{,}5 - 2 = 2 - 2 = 0$$

Natürlich kann man auch einfach durch Zeichnen des Graphen auf die Nullstelle schließen.

Geraden besitzen für $m \neq 0$ genau eine Nullstelle. Später werden Funktionen vorkommen, die mehrere Nullstellen besitzen können. Der Ansatz ist aber stets gleich: $f(x) = 0$

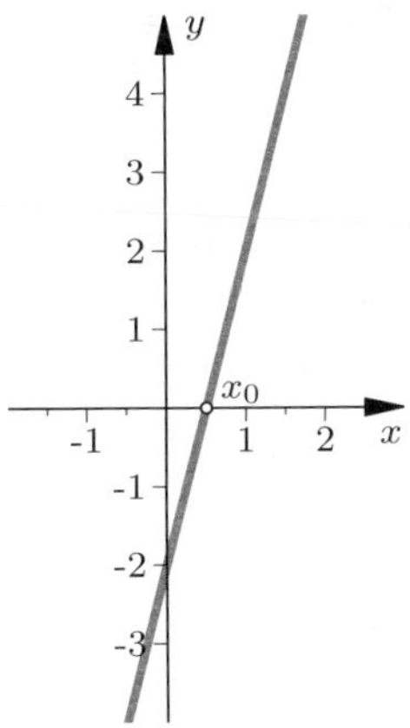

Geraden mit der Steigung $m = 0$ sind Parallelen zur x-Achse und können daher nur Nullstellen besitzen, wenn sie identisch mit der x-Achse sind (also $f(x) = 0$).

2

2.6 Schnitt zweier Geraden

Geraden, die parallel zueinander, aber nicht identisch sind, schneiden sich logischerweise nie. Sind zwei Geraden nicht parallel zu einander, müssen sie sich zwangsläufig schneiden. Es stellt sich nun die Frage, wie die Koordinaten des Schnittpunktes lauten. Gegeben sind folgende zwei Geraden, die auf ganz $\mathbb{R}$ definiert sind:

$$f \text{ mit } f(x) = 2\,x - 4;$$
$$g \text{ mit } g(x) = -0{,}5\,x + 2.$$

Da die Steigungen ungleich sind ($2 \neq -0{,}5$) schneiden sich die Geraden. Wir wollen nun den Schnittpunkt errechnen. Dazu sollte man sich klar machen, dass an der Stelle des Schnittpunktes beide Funktionen den gleichen Funktionswert annehmen (sonst wäre dort kein Schnittpunkt). Deswegen setzen wir die Funktionsterme gleich:

$$\begin{aligned} f(x) &= g(x) && \\ 2\,x - 4 &= -0{,}5\,x + 2 && \mid + 0{,}5\,x + 4 \\ 2{,}5\,x &= 6 && \mid \div 2{,}5 \\ x &= 2{,}4 && \end{aligned}$$

Die x-Koordinate des Schnittpunktes ist somit 2,4. Um die y-Koordinate zu errechnen, setzen wir den x-Wert in eine der Funktionsgleichungen ein. Es muss bei beiden der gleiche Funktionswert herauskommen, denn das war unsere Anfangsbedingung ($f(x) = g(x)$).

Wir erhalten:

$$\begin{aligned} f(2{,}4) &= 2{,}4 \cdot 2 - 4 \\ &= 4{,}8 - 4 \\ &= 0{,}8. \end{aligned}$$

Somit ist der Schnittpunkt

$$S\,(2{,}4 \mid 0{,}8).$$

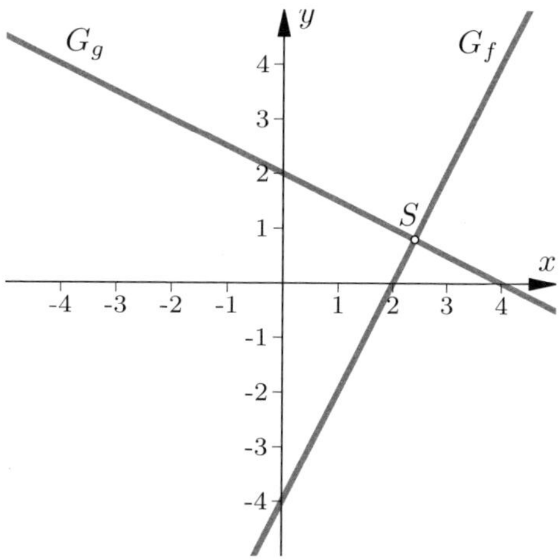

> Um die Schnittstellen zweier Funktionen f und g zu errechnen, müssen ihre Funktionsterme gleichgesetzt werden: $f(x) = g(x)$

2

2.7 Parallelenscharen

Eine *Parallelenschar* ist eine Menge paralleler Geraden. Das bedeutet, die einzelnen Geraden unterscheiden sich lediglich im y-Achsenabschnitt t.

Ein Beispiel für eine Geradenschar ist

$$f_t \text{ mit } f_t(x) = 0{,}5\,x + t.$$

In der Schreibweise ist das tiefgestellte t ein Hinweis darauf, dass die Funktionen f_t nicht nur von der Variable x, sondern auch vom Parameter t abhängen.

$$f_1(x) = 0{,}5\,x + 1$$
$$f_2(x) = 0{,}5\,x + 2$$
$$f_3(x) = 0{,}5\,x + 3$$
$$\ldots$$

Folgende Graphik zeigt die Funktionen f_t mit $t \in \{-2; -1; 0; 1; 2\}$

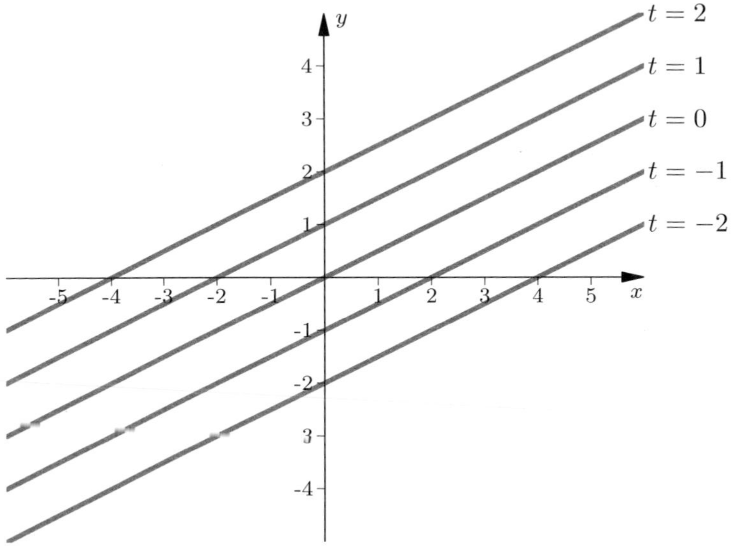

Eine Parallelenschar f_t besteht aus Geraden, die alle dieselbe Steigung m besitzen. Man schreibt:

$$f_t(x) = m\,x + t.$$

2

2.8 Geradenbüschel

Ein *Geradenbüschel* ist ebenfalls eine Menge an Geraden. Diesmal sind es alle Geraden, die durch einen gemeinsamen Punkt verlaufen. Dieser Punkt wird *Büschelpunkt* genannt. Die Vermutung liegt nahe, dass diesmal die Steigung m variiert und der y-Achsenabschnitt konstant ist. Dem ist aber nicht so, wie nebenstehende Abbildung zeigt.

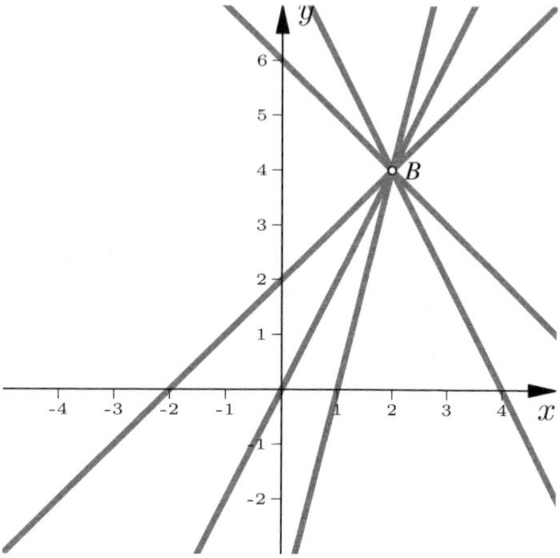

Alle Geraden des Büschels verlaufen durch den Büschelpunkt $B(2\,|\,4)$. Wie wir sehen, besitzen sie weder eine gemeinsame Steigung noch einen gemeinsamen y-Achsenabschnitt.

Trotzdem beginnen wir mit:

$f(x) = m\,x + t,$ da dies die Form einer jeden linearen Funktion ist

Sicher ist, dass für $x = 2$ der Funktionswert bei allen Geraden 4 sein muss:

$4 = m \cdot 2 + t$ diese Gleichung lösen wir nach t auf:

$t = 4 - 2\,m$

Nun setzen wir das erhaltene t in unsere Anfangsgleichung ein und erhalten:

$$f_m(x) = m\,x - 2\,m + 4$$
$$f_m(x) = m\,(x - 2) + 4$$

Dies ist die Gleichung der oben abgebildeten Geradenschar, abhängig von der Steigung m einer Geraden. Setzen wir z. B. $m = 2$, erhalten wir die Funktion f_2 mit $f_2(x) = 2(x - 2) + 4 = 2\,x$.

> Allgemein gilt die sogenannte *Punktsteigungsformel*:
>
> $$f_m(x) = m\,(x - x_B) + y_B$$
>
> Mit dem Büschelpunkt $B(x_B\,|\,y_B)$

2

Tipp: Mit der Punktsteigungsformel kann auch eine Funktionsgleichung ermittelt werden, wenn:

- zwei Punkte einer Geraden bekannt sind,
- ein Punkt und die Steigung einer Geraden bekannt sind (Punktkoordinaten für x_B und y_B und Steigung für m einsetzen).

2.9 Normalen

Wir wissen bereits, dass zwei parallele Geraden die selbe Steigung m besitzen. Hier wollen wir klären, wie sich die Steigungen von zwei Geraden verhalten, wenn diese Geraden senkrecht aufeinander stehen. Geraden, die senkrecht (orthogonal) auf einer anderen Geraden stehen, werden als *Normalen* bezeichnet.

Beispiel: Wir suchen die Normale g, die senkrecht auf der Funktion

$$f \text{ mit } f(x) = 2\,x + 1$$

stehen soll, und sie im Punkt $P\ (0\,|\,1)$ schneidet. Hierzu betrachten wir die rechts stehende Graphik.

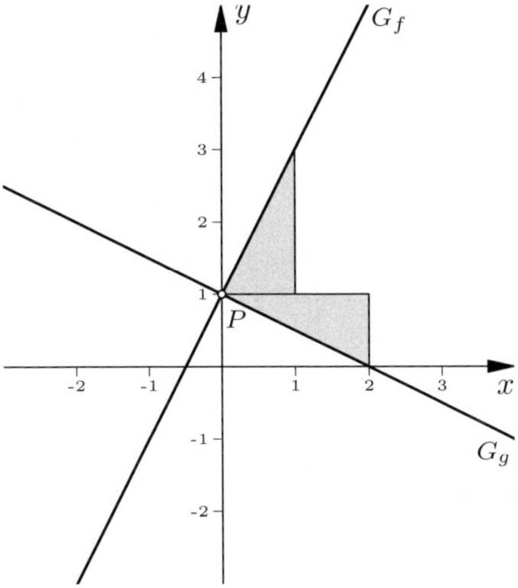

Die Gerade f besitzt die Steigung 2, denn sie steigt für $\Delta x = 1$ nach rechts um $\Delta y = 2$ nach oben. Die Gerade g steigt für $\Delta x = 2$ nach rechts um $\Delta y = -1$ (d. h. sie fällt um 1). Das ergibt eine Steigung von

$$m = \frac{-1}{2} = -0{,}5.$$

Allgemein gilt:

Wenn eine Gerade für $\Delta x = 1$ um $\Delta y = m$ ansteigt (mit $m \neq 0$), so fällt ihre Normale für $\Delta x = m$ um $\Delta y = -1$.

Für die Steigung m_N einer Normalen zu einer Geraden mit der Steigung m gilt daher:

$$m_N = \frac{-1}{m}$$

bzw.

$$m_N \cdot m = -1$$

In Worten bedeutet das, dass eine Senkrechte zu einer Geraden, die mit m steigt, stets mit dem negativen Kehrwert von m fällt.

2

2.10 Abstände zwischen Geraden

Zwei parallele Geraden besitzen einen konstanten Abstand d zueinander. Wir wollen diesen Abstand für die beiden parallelen Geraden

f mit $f(x) = 0{,}5\,x + 1$ und

g mit $g(x) = 0{,}5\,x + 3$ berechnen.

Der Abstand zweier Objekte ist stets die kürzeste Verbindung zwischen ihnen. Bei zwei parallelen Geraden ist das eine Strecke, die senkrecht zu beiden Geraden ist. Wir bestimmen daher in einem ersten Schritt eine Normale n zu den beiden Geraden G_f und G_g.

Nach Abschnitt 2.9 gilt für die Steigung m_n einer solchen Normalen: $m_n = -\frac{1}{m} = -2$. Somit besitzen alle Normalen die Form $n_t(x) = -2\,x + t$ (vgl. Abschnitt 2.9). Den y-Achsenabschnitt der Normalen können wir frei wählen, damit unsere Lösung mit unten stehender Zeichnung zusammenpasst wählen wir $t = 1$, unsere Normale lautet demnach:

$$n(x) = -2\,x + 1.$$

Sie schneidet die zwei parallelen Geraden in zwei Punkten, welche die Strecke begrenzen, die den gesuchten Abstand darstellt. Daher berechnen wir nun diese zwei Punkte, indem wir die Funktionsgleichungen der Geraden f und g mit der der Normalen n gleichsetzen. Mit den Methoden aus Abschnitt 2.6 erhält man die Schnittpunkte $P(0\,|\,1)$ und $Q(-0{,}8\,|\,2{,}6)$.

Der Abstand der Parallelen ist nun die Länge der Strecke $[PQ]$. Die Graphik unten rechts zeigt, dass Strecke $[PQ]$ die Hypotenuse eines rechtwinkligen Dreiecks ist. Die Längen der Katheten ergeben sich aus den Differenzen der x- bzw. y-Koordinaten.

Also gilt nach Pythagoras für den Abstand d:

$$d^2 = (\Delta x)^2 + (\Delta y)^2$$

$$d = \sqrt{\Delta x^2 + \Delta y^2}$$

$$d = \sqrt{(x_P - x_Q)^2 + (y_P - y_Q)^2}$$

$$d = \sqrt{(0 - (-0{,}8))^2 + (1 - 2{,}6)^2}$$

$$d = \sqrt{0{,}8^2 + (-1{,}6)^2}$$

$$d = \sqrt{0{,}64 + 2{,}56} = \sqrt{3{,}2} \approx 1{,}79$$

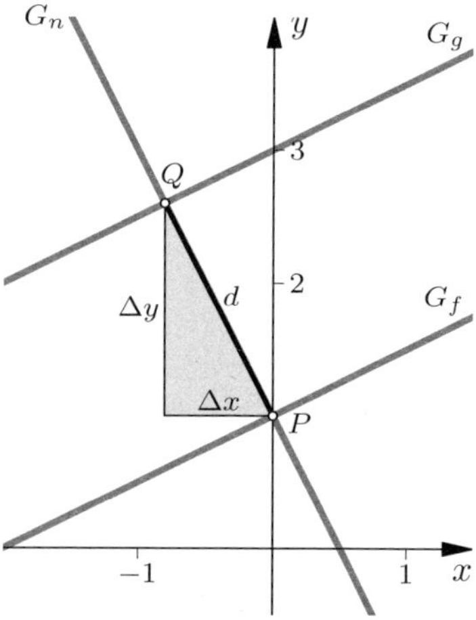

2

2.11 Winkel zwischen Geraden

Wir haben bereits erwähnt, dass sich zwei Geraden immer schneiden, wenn ihre Steigungen verschieden sind. Nun interessiert uns, in welchem Winkel sie sich schneiden.

Wir kennen bereits das Steigungsdreieck, mit dessen Hilfe man die Steigung errechnen kann.

Dabei ist φ der Winkel, unter dem die Gerade die x-Achse schneidet. Wie wir sehen, ist das Steigungsdreieck ein rechtwinkliges Dreieck, daher gilt für den Winkel φ:

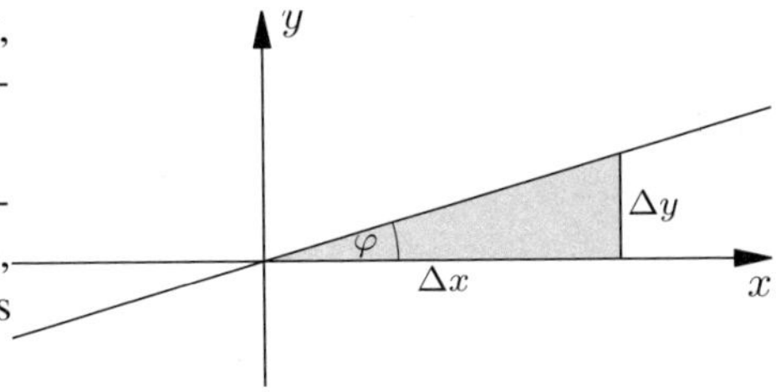

> Winkel φ, unter dem eine Gerade die x-Achse schneidet:
>
> $$\tan\varphi = \frac{\Delta y}{\Delta x} = m.$$

Beispiel: Gegeben sind nun die Geraden f mit $f(x) = \frac{1}{2}\,x + 2$ und g mit $g(x) = 2\,x - 1$.

Ihre Schnittwinkel zur x-Achse sind somit:

$$\varphi_f = \tan^{-1}(\tfrac{1}{2}) = 26{,}57^\circ \text{ und}$$

$$\varphi_g = \tan^{-1}(2) \approx 63{,}43^\circ.$$

Der Schnittwinkel ist somit die Differenz beider Winkel, also:

$$\varphi_{f,g} = 63{,}43^\circ - 26{,}57^\circ = 36{,}86^\circ$$

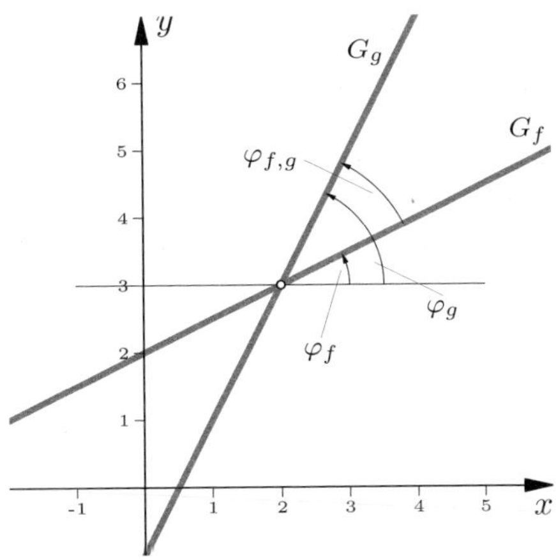

> Allgemein gilt für den Schnittwinkel zwischen zwei Geraden:
>
> $$\varphi_{f,g} = \tan^{-1}(m_f) - \tan^{-1}(m_g)$$
>
> Ohne Begründung kann diese Formel umgeformt werden zu:
>
> $$\varphi_{f,g} = \tan^{-1}\left(\frac{m_f - m_g}{1 + m_f \cdot m_g}\right)$$

Letztere Formel lässt sich in mathematischen Formelsammlungen finden.

2.12 Verschiebung von Geraden

Wir wollen uns nun daran machen, lineare Funktionen nach oben bzw. unten aber auch nach links oder rechts zu verschieben. Zuerst muss uns dabei klar sein, dass sich bei einer Verschiebung die Steigung einer Geraden nicht ändert.

Vertikale Verschiebung:

Die Funktion f mit $f(x) = 0{,}5\,x - 2$ soll um 3 Einheiten nach oben verschoben werden. Das bedeutet, die Funktionswerte $\tilde{f}(x)$ der neuen Funktion sind an jeder Stelle x um 3 größer als die Funktionswerte $f(x)$ der Funktion f:

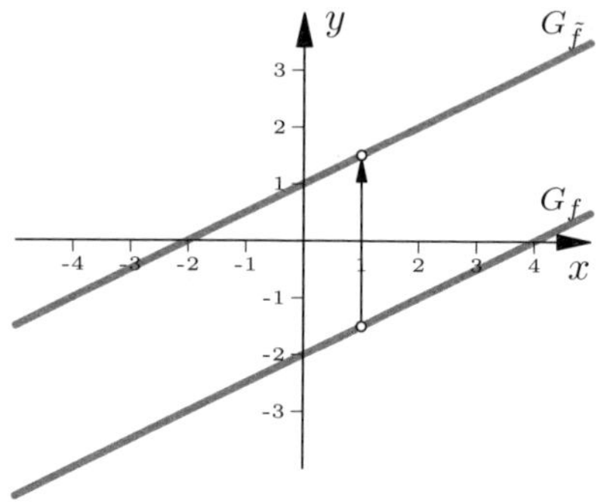

$$\tilde{f}(x) = f(x) + 3$$
$$\tilde{f}(x) = 0{,}5\,x - 2 + 3$$
$$\tilde{f}(x) = 0{,}5\,x + 1$$

Funktionsgleichung einsetzen

Horizontale Verschiebung

Die Funktion f soll nun um 2 nach links verschoben werden. Das bedeutet, dass der Funktionswert der neuen Funktion f^* an jeder Stelle x gleich dem Funktionswert von f an der Stelle $x + 2$ ist.

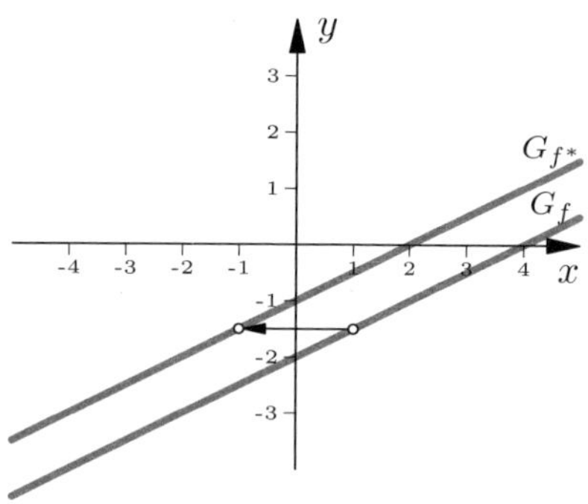

$$f^*(x) = f(x + 2)$$
$$f^*(x) = 0{,}5 \cdot (x + 2) - 2$$
$$f^*(x) = 0{,}5\,x + 1 - 2$$
$$f^*(x) = 0{,}5\,x - 1.$$

$x+2$ für x einsetzen

Für jede (lineare) Funktion f mit $f(x) = mx + t$ gilt:

- Der Graph der Funktion

  $$\tilde{f} \text{ mit } \tilde{f}(x) = f(x) + a = mx + t + a$$

  ist im Vergleich zu G_f um den Wert *a nach oben* verschoben.
- Der Graph der Funktion

  $$f^* \text{ mit } f^*(x) = f(x + a) = m(x + a) + t$$

  ist im Vergleich zu G_f um den Wert *a nach links* verschoben.

2

3 2 × 2-Gleichungssysteme

3.1 Einführung

Wir haben bis zu diesem Punkt schon eine Menge Gleichungen gelöst, daher sollte uns klar sein, dass die Gleichung $x + y = 10$ nicht eindeutig lösbar ist, z. B. existieren die Lösungen $x = 3$ und $y = 7$ oder aber auch $x = 1$ und $y = 9$. Es bedarf also einer zweiten Information, z. B. $y = 4$, damit wir die Gleichung eindeutig lösen können. Natürlich ist diese zweite Information selten so einfach. Nehmen wir einfach mal an, dass die zweite Gleichung $2x + 3y = 10$ lautet.

Dann gilt:

$$\begin{array}{rl} & x + y = 10 \\ \wedge & 2x + 3y = 10 \end{array}$$

Das Symbol $\wedge$ ist das mathematische Zeichen für „und“. Es zeigt hier an, dass beide Gleichungen gleichzeitig gelten müssen (d. h. für die gleichen Werte x und y).

Es gibt ein paar Regeln dazu, was man bei allen Gleichungssystemen beachten muss, bzw. wie man sie verändern darf, ohne deren Lösungen zu beeinflussen.

1. Vertauschen von Zeilen
Es spielt für die Lösungen keine Rolle, wie die Gleichungen angeordnet sind:

$$\begin{array}{rl} & x + y = 10 \\ \wedge & 2x + 3y = 10 \end{array} \quad \text{ist lösungsgleich zu} \quad \begin{array}{rl} & 2x + 3y = 10 \\ \wedge & x + y = 10 \end{array}$$

2. Multiplizieren von Zahlen ungleich 0
Zeilen dürfen mit beliebigen Zahlen ungleich 0 multipliziert oder dividiert werden.

$$\begin{array}{rll} & x + y = 10 & | \cdot 2 \\ \wedge & 2x + 3y = 10 & \end{array} \quad \text{ist lösungsgleich zu} \quad \begin{array}{rl} & 2x + 2y = 10 \\ \wedge & 2x + 3y = 10 \end{array}$$

3. Addition von Zeilen
Nummeriert man die Zeilen, z. B. mit (I) und (II), dürfen Zeilen miteinander addiert werden. Dabei werden die linken und rechten Seiten getrennt voneinander addiert.

$$\begin{array}{rlll} & (I) & x + y = 10 & \\ \wedge & (II) & 2x + 3y = 10 & | + (I) \end{array} \quad \text{ist lösungsgleich zu} \quad \begin{array}{rll} & (I) & x + y = 10 \\ \wedge & (II^*) & 3x + 4y = 20 \end{array}$$

3.2 Lösungsmethoden

Wir stellen drei Methoden vor, um Gleichungssysteme wie das Folgende zu lösen.

$$\begin{aligned} &(i) \quad x + y = 10 \\ \wedge\ &(ii) \quad x + 2y = 18 \end{aligned}$$

Die Gleichsetzungsmethode

Man löst beide Gleichungen nach der selben Variablen auf (wie z. B. hier nach x) und setzt die anderen Seiten der Gleichungen gleich:

$$\left.\begin{aligned} &(iii) \quad x = 10 - y \\ \wedge\ &(iv) \quad x = 18 - 2y \end{aligned}\right. \quad \Leftrightarrow \quad 10 - y = 18 - 2y \quad \Leftrightarrow \quad y = 8$$

Um die andere Variable, hier also x, zu errechnen, setzt man die bereits erhaltene in eine der Anfangsgleichungen ein.

$$x + y = 10 \quad \Leftrightarrow \quad x + 8 = 10 \quad \Leftrightarrow \quad x = 2$$

Die Einsetzungsmethode

Man löst eine der Gleichungen nach einer Unbekannten auf (z. B. (i) nach x):

$$x = 10 - y$$

Man ersetzt in der anderen Gleichung diese Variable durch den zugehörigen Term:

$$x + 2y = 18 \quad \Leftrightarrow \quad (10 - y) + 2y = 18 \quad \Leftrightarrow \quad y = 8$$

Die zweite Variable erhält man wie bei der Gleichsetzungsmethode beschrieben.

Die Additionsmethode

Man addiert oder subtrahiert Gleichungen so miteinander, dass sich eine Variable weg hebt. In unserem Beispiel wäre das der Fall, wenn wir von der zweiten Gleichung die erste abziehen (dann fällt x heraus).

$$\begin{array}{rrl} & (ii) & x + 2y = 18 \\ - & (i) & x + y = 10 \\ \hline & (iii) & y = 8 \end{array}$$

Die letzte Variable ist wie immer durch Einsetzen zu ermitteln. In manchen Fällen muss auch ein Vielfaches einer Gleichung addiert oder subtrahiert werden. Wir ziehen das Doppelte der ersten Gleichung von der zweiten ab:

$$\begin{array}{rl} (ii) & x + 2y = 18 \\ -2 \cdot (i) & 2x + 2y = 20 \\ \hline (iii) & -x = -2 \end{array}$$

Eine vierte Methode ist das *Determinantenverfahren* und wird später vorgestellt.

3

3.3 Lösbarkeit von Gleichungssystemen

In diesem Abschnitt wird gezeigt, unter welchen Umständen ein 2×2-Gleichungssystem nicht eindeutig oder auch gar nicht lösbar ist. Betrachten wir dazu:

$$\begin{aligned} & x + y = 10 \\ \wedge \quad & x + y = 18 \end{aligned}$$

Dieses Geichungssystem kann keine Lösung besitzen. Einerseits soll $x + y$ gleich 10 sein, andererseits aber auch gleich 18. Das ist natürlich nicht möglich. Es gibt keine Lösungen für x und y, sodass beide Gleichungen gleichzeitig erfüllt sind. Versucht man das Gleichungssystem mit den bisherigen Methoden zu lösen, wird man zu einem Widerspruch gelangen. Subtrahieren wir beispielsweise die beiden Gleichungen, erhalten wir $0 = -8$, was falsch ist.

Betrachten wir ein zweites Gleichungssystem:

$$\begin{aligned} & x + y = 10 \\ \wedge \quad & 2x + 2y = 20 \end{aligned}$$

Diesmal liegt kein Widerspruch vor, allerdings ist die zweite Gleichung lediglich das Doppelte der ersten. Teilt man Sie durch 2, hat man zwei identische Gleichungen, effektiv also nur eine Information über x und y. Versucht man mit den bisherigen Methoden das Gleichungssystem zu lösen, wird man scheitern, z. B. ergibt sich oft die Aussage $0 = 0$ was zwar wahr ist, uns aber nichts über x und y aussagt.

Tatsächlich gibt es unendlich viele Lösungen für x und y, die das Gleichungssystem bzw. die Gleichung $x + y = 10$ erfüllen. Man kann nun noch nach einer der Variablen auflösen, z. B. nach x und man erhält $x = 10 - y$.

Man sagt nun, x ist noch y abhängig, z. B. gehört zur Lösung $y = 4$ die Lösung $x = 10 - 4 = 6$ und zur Lösung $y = 0$ die Lösung $x = 10 - 0 = 10$.

2×2-Gleichungssysteme haben immer unendlich viele Lösungen, wenn eine Zeile ein Vielfaches einer anderen ist und durch Gleichsetzen eine wahre Aussage entsteht.

Sind bei einem 2×2-Gleichungssystem die linken Seiten der beiden Gleichungen Vielfache voneinander, so gilt:

- Das Gleichungssystem besitzt *keine* Lösung, falls die rechten Seiten *nicht* im selben Verhältnis zueinander stehen.
- Das Gleichungssystem besitzt *unendlich viele* Lösungen, falls die rechten Seiten im selben Verhältnis zueinander stehen.

3

3.4 Das Determinantenverfahren

Alle linearen 2 × 2 Gleichungssysteme lassen sich auf folgende Form bringen:

$$\begin{aligned} a\,x + b\,y &= e \\ c\,x + d\,y &= f \end{aligned} \qquad a, b, c, d, e, f \in \mathbb{R}$$

Löst man dieses Gleichungssystem nach x und y auf, erhält man:

$$x = \frac{d\,e - b\,f}{a\,d - b\,c} = \frac{D_x}{D} \quad \text{und} \quad y = \frac{a\,f - c\,e}{a\,d - b\,c} = \frac{D_y}{D}, \quad \text{falls } D \neq 0 \text{ gilt.}$$

Die auftretenden Zähler und Nenner haben wir mit D_x, D_y und D abgekürzt. Sie werden *Determinanten* genannt. Daher heißt diese Methode *Determinantenverfahren*. Es gibt ein einfaches Schema, wie man die Lösungen berechnen kann:

Dazu schreibt man die Koeffizienten des Gleichungssystems zunächst in einem rechteckigen Schema untereinander. Die Zähler und Nenner in den Lösungen x und y erhält man, indem man in dem Schema jeweils eine Spalte streicht und in dem verbliebenen quadratischen Schema die Produkte aus den gegenüberliegenden Diagonalelementen bildet und aus diesen nach folgender Regel die Differenz bildet:

Nenner für x und y	Zähler für x	Zähler für y

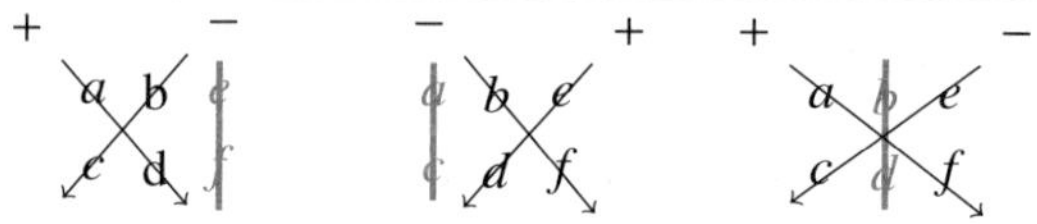

$a \cdot d - b \cdot c$	$e \cdot d - b \cdot f$	$a \cdot f - e \cdot c$

Determinaten werden häufig auch als „Rechteck-Schema" mit senkrechten Strichen geschrieben. Bei D_x und D_y wird dabei die Spalte der im Index stehenden Variable durch die rechte Seite des Gleichungssystems ersetzt.

Beispiel: Zu lösen ist das Gleichungssystem:

$$\begin{aligned} 1\,x + 1\,y &= 10 \\ 1\,x + 2\,y &= 18 \end{aligned}$$

Nach dem Determinantenverfahren gilt:

$$x = \frac{D_x}{D} = \frac{\begin{vmatrix} 10 & 1 \\ 18 & 2 \end{vmatrix}}{\begin{vmatrix} 1 & 1 \\ 1 & 2 \end{vmatrix}} = \frac{10 \cdot 2 - 18 \cdot 1}{1 \cdot 2 - 1 \cdot 1} = 2 \qquad y = \frac{D_y}{D} = \frac{\begin{vmatrix} 1 & 10 \\ 1 & 18 \end{vmatrix}}{\begin{vmatrix} 1 & 1 \\ 1 & 2 \end{vmatrix}} = \frac{1 \cdot 18 - 1 \cdot 10}{1 \cdot 2 - 1 \cdot 1} = 8$$

4 Quadratische Funktionen

4.1 Einführung

Gegeben ist die Funktion f mit $f(x) = x^2 = x \cdot x$ in ganz $\mathbb{R}$.
Wir erstellen eine Wertetabelle von -3 bis $+3$ mit Schrittweite $\Delta x = 1$:

x	-3	-2	-1	0	1	2	3
x^2	9	4	1	0	1	4	9

Durch Einzeichnen dieser Werte in ein Koordinatensystem und Verbinden der Punkte erhalten wir den Graphen von f.

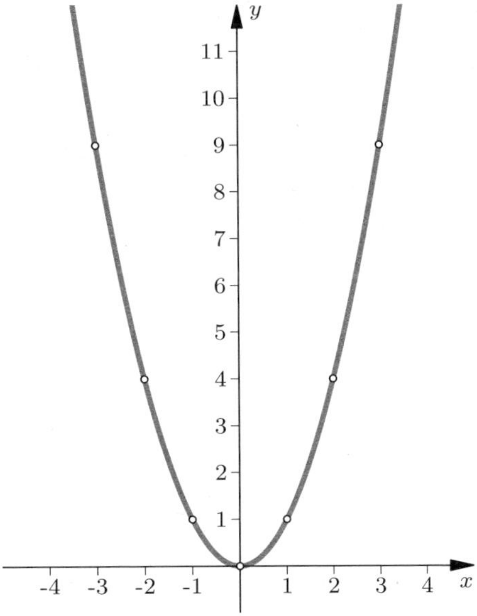

Auf den ersten Blick ist erkennbar: Es handelt sich nicht um eine Gerade. Dies liegt am x^2. Solche Funktionen werden *quadratische Funktionen* genannt. Ihre Graphen sind *Parabeln*. Die rechts gezeigte Parabel wird auch *Normalparabel* genannt, da sie lediglich durch $y = x^2$ ausgedrückt wird.

Anders als bei den linearen Funktionen ist die Steigung nicht konstant. Im rechten Beispiel fällt der Graph bis zu einem *Tiefpunkt (Minimum)* und steigt danach wieder an. Parabeln können aber auch einen *Hochpunkt (Maximum)* besitzen. Bei einer Parabel wird der Hoch- bzw. Tiefpunkt als *Scheitelpunkt* bezeichnet.

Wir wollen uns nun um die maximalen Definitions- und Wertemengen kümmern. Wie bei den Geraden ist bei jeder Parabel die maximale Definitionsmenge $\mathbb{D}_{max} = \mathbb{R}$. Auch wenn es so aussieht, als ob der Graph niemals bei z. B. $x = 100$ verlaufen wird, so existiert der Punkt $P(100 \mid 10\,000)$ auf ihm. Allerdings ist die Wertemenge begrenzt.

Der Graph G_f der Funktion f mit $f(x) = x^2$ berührt die x-Achse zwar, doch verläuft er niemals im negativen Bereich, d. h. es gibt keine negativen Funktionswerte. Das liegt daran, dass jede quadrierte Zahl positiv oder null ist: $((-3) \cdot (-3) = +9)$

Somit gilt für die Wertemenge $\mathbb{W}$ im obigen Fall $\mathbb{W} = \mathbb{R}_0^+ = [0; \infty[$.

Da jedem x der gleiche Funktionswert zugeordnet wird wie $-x$, ist der Graph *achsensymmetrisch zur y-Achse*.

4

4.2 Verschiebung entlang der y-Achse

Wir kennen nun die Normalparabel mit der Gleichung $y = x^2$, doch sie ist bei weitem nicht die einzige Parabel. Wir addieren nun einen konstanten Wert c zu der Normalparabel:

$$f \text{ mit } f(x) = x^2 + c.$$

Schon bei linearen Funktionen hat die Addition einer Konstanten nur eine Verschiebung nach oben bzw. unten bewirkt. Dass das auch hier gilt, zeigt folgender Graph:

Die Gleichungen der Funktionen lauten:

$$f \text{ mit } f(x) = x^2 + 2 \text{ und}$$

$$g \text{ mit } g(x) = x^2 - 2,$$

wobei der Graph von f der obere ist.

Wie wir sehen, haben die Graphen die Form der Normalparabel, und befinden sich genau 2 Längeneinheiten oberhalb bzw. unterhalb von ihr.

Der untere Graph mag breiter als der obere erscheinen, doch geht man von einem beliebigen Punkt des unteren Graphen aus um 4 nach oben, gelangt man immer auf den oberen Graphen. Daher müssen sie die selbe Form besitzen.

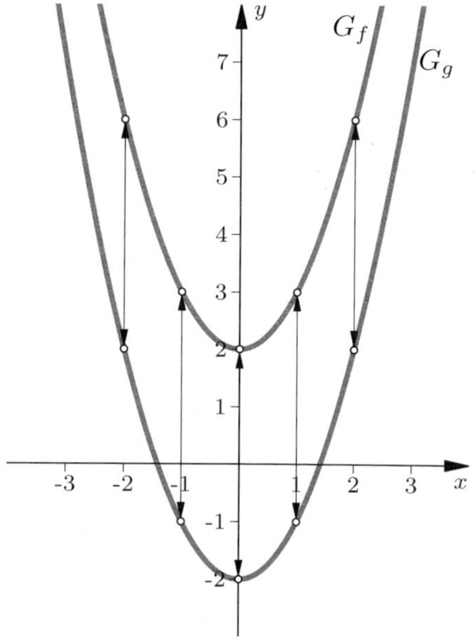

Die Zahl c bewirkt also wieder nur eine vertikale Verschiebung (Translation). Wir halten fest:

> Betrachtet man die Graphen der Funktionen f und g mit $g(x) = f(x) + a$, so sind die Graphen nur um die Konstante a verschoben. Die Form ist jedoch die gleiche.

4

Wenn Parabeln sich wie Geraden (und alle anderen Funktionen) durch eine additive Konstante verschieben lassen, liegt es nahe, dass es bei Parabeln wie bei den Geraden einen Faktor wie m vor dem x^2 gibt, der die Steigung der Parabeln beeinflusst. Ob dies zutrifft, soll im nächsten Abschnitt geklärt werden.

4.3 Streckung und Stauchung

Bei linearen Funktionen ist der Faktor vor dem x für die Art des Anstiegs entscheidend. Bei quadratischen Funktionen kann man vermuten, dass der Faktor vor dem x^2 dafür verantwortlich ist. Ein kleiner, postiver Faktor vor dem x^2 entspräche einem langsamen Anstieg, ein großer Faktor entspräche einem schnellen Anstieg des Graphen und ein negativer Faktor müsste das Vorzeichen bei der Steigung umkehren.

Wir überprüfen unsere Erwartungen anhand der Graphen der drei Funktionen

f mit $f(x) = 0{,}5\,x^2$,

g mit $g(x) = 5\,x^2$ und

h mit $h(x) = -x^2$.

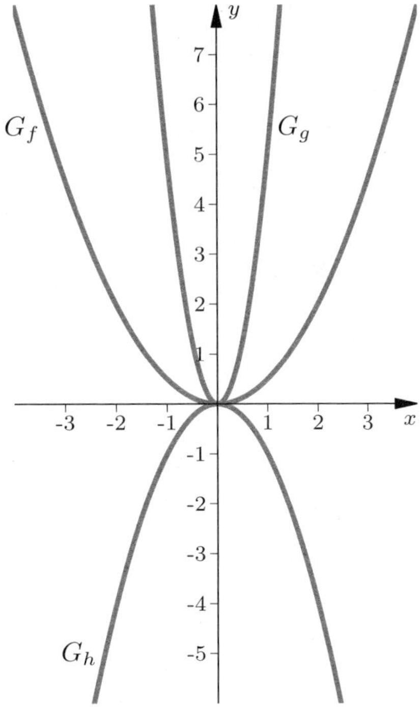

Bei Parabeln bestimmt der Faktor a von ax^2 wie breit oder schlank die Parabel ist. Außerdem bestimmt er die Richtung der Öffnung der Parabel und damit, ob der Scheitelpunkt ein Minimum oder Maximum ist.

Die Tatsache, dass eine Parabel breit oder schlank ist, ändert nichts daran, dass die Steigung an jeder Stelle anders ist und um so steiler wird, je weiter wir uns vom Scheitelpunkt entfernen.

- Ist $a > 0$, ist die Parabel nach oben geöffnet.
- Ist $a < 0$, ist die Parabel nach unten geöffnet.
- Ist $a > 1$ oder $a < -1$, ist die Parabel breiter als die Normalparabel.
- Ist $-1 < a < 1$ mit $a \neq 0$, ist die Parabel schlanker als die Normalparabel

Geht man nun vom Scheitelpunkt aus um 1 nach rechts bzw. links, so ist der Graph um $a \cdot 1^2$ gestiegen. Geht man 2 nach rechts bzw. links, so ist der Graph um $a \cdot 2^2$ gestiegen usw. So kann aus dem Graphen der Vorfaktor a direkt bestimmt werden.

Für den Fall, dass a und der Scheitelpunkt bekannt sind, kann man den Graphen ohne eine Wertetabelle zeichnen.

4.4 Allgemeine Verschiebung

Die rechts dargestellte Parabel ist eine um 2 nach rechts verschobenen Normalparabel. Erinnern wir uns an das Verschieben von Geraden.

Der Funktionswert der neuen Funktion f entspricht an jeder Stelle x dem Funktionswert der Normalparabel f^* an der Stelle $x - 2$ (da die Normalparabel zwei Stellen weiter links verläuft). Also muss gelten:

$$\begin{aligned} f(x) &= f^*(x-2) \qquad (\text{z. B. } f(4) = f^*(2)) \\ &= (x-2)^2 \\ &= x^2 - 4x + 4 \end{aligned}$$

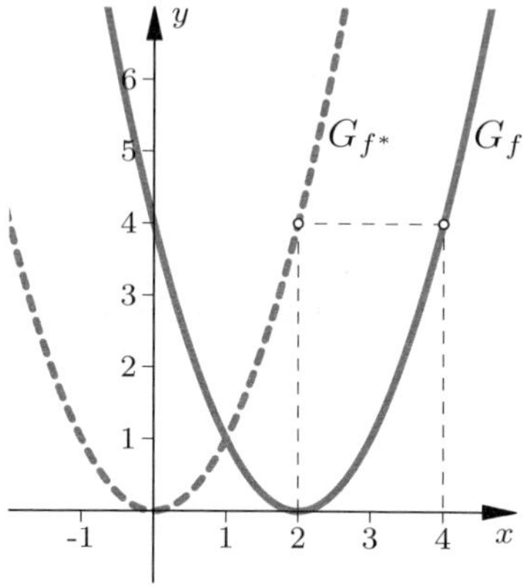

Achtung: Der konstante Term +4 gibt hier nicht die vertikale Verschiebung in Bezug auf die Normalparabel, sondern in Bezug auf die Parabel mit dem Funktionsterm $x^2 - 4x$ an. Durch eine additive Konstante werden Funktionen vertikal verschoben, doch kann durch sie alleine nichts über den Graphen ausgesagt werden.

Da wir Parabeln nun in alle Richtungen verschieben und strecken können und sie auch an der x-Achse spiegeln können, können wir die *allgemeine Funktionsgleichung quadratischer Funktionen* formulieren:

> Allgemeine Form einer quadratischen Funktion (Parabel): $f(x) = ax^2 + bx + c$

Ein weiteres **Beispiel:**

Der Scheitelpunkt der rechts stehenden Funktion g ist $S(-2\,|\,3)$.

Geht man vom Scheitelpunkt um 1 nach rechts und 1 nach unten, erkennt man, dass $a = -1$ gilt.

Daher erhält man

$$g \text{ mit } g(x) = -1\,(x+2)^2 + 3.$$

Dabei ist -1 die Öffnung, +2 die Verschiebung nach links und +3 die Verschiebung nach oben.

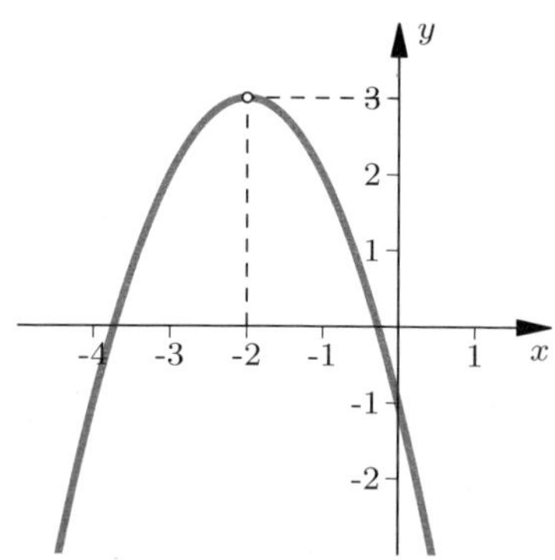

> Die Gleichung $f(x) = a \cdot (x - x_s)^2 + y_s$ wird *Scheitelpunktgleichung* genannt, denn x_s und y_s sind die Koordinaten des Scheitelpunktes. Sie erinnert an die Punktsteigungsformel bei den linearen Funktionen.

4

4.5 Quadratische Ergänzung

Die Umformung von der Scheitelpunktgleichung zur allgemeinen Form ist leicht:

$$\begin{aligned} 2(x-4)^2 - 8 &= 2(x-4)(x-4) - 8 \\ &= 2(x^2 - 8\,x + 16) - 8 \\ &= 2\,x^2 - 16\,x + 24. \end{aligned}$$

Schwieriger ist es jedoch, von der allgemeinen Form auf die Scheitelpunktform zu schließen. Dafür sind die ersten zwei *binomischen Formeln* hilfreich:

1. binomische Formel: $(x+a)^2 = (x+a)(x+a) = x^2 + 2\,a\,x + a^2$,
2. binomische Formel: $(x-a)^2 = (x-a)(x-a) = x^2 - 2\,a\,x + a^2$.

Diese Formeln ermöglichen es uns, das Ausmultiplzieren der quadratischen Klammer rückgängig zu machen. Man spricht dabei von einer *quadratischen Ergänzung*.

Beispiele:

$$f(x) = x^2 + \underbrace{6\,x}_{2\,a\,x} + 4$$

$2\,a$ ist der Faktor vor dem x ist in der ersten binomischen Formel. Daraus folgt $a = 3$ und $a^2 = 9$. Daher addieren wir 9 und ziehen sie gleich wieder ab.

$$f(x) = (x^2 + 6\,x + 9) - 9 + 4$$

$$f(x) = (x+3)^2 - 5$$

$$g(x) = 2\,x^2 - 16\,x + 50$$

Das Neue ist hier die 2 vor dem x^2; diese klammern wir aus.

$$g(x) = 2\left[x^2 - 8\,x + 25\right]$$

Hier ist $a = 4$, deswegen $+16 - 16$

$$g(x) = 2\left[x^2 - 8\,x + 16 - 16 + 25\right]$$

Die ersten 3 Summanden sind das Binom.

$$g(x) = 2\left[(x-4)^2 + 9\right]$$

$$g(x) = 2\,(x-4) + 18$$

Umformung von der allgemeinen Form zur Scheitelpunktform:

1. Faktor vor dem x^2 ausklammern
2. Das Quadrat der Hälfte des Vorfaktors von x addieren und subtrahieren
3. Anwendung der binomischen Formeln

Wir können nun jede Parabel aus der allgemeinen Form in die Scheitelpunktform bringen. Das ist wichtig, da die Scheitelpunktform nicht nur zum Ablesen des Scheitelpunktes gut ist, wie wir bald sehen werden.

4

4.6 Extremstellen quadratischer Funktionen

Jede Parabel hat je nach Öffnung einen Maximal- oder Minimalwert, der stets im Scheitelpunkt angenommen wird. Bei der Bestimmung der *Extremstellen* (Minima bzw. Maxima) muss also nur der Scheitelpunkt bestimmt werden.

Beispiel:

$$f(x) = -x^2 + 4x - 3$$
$$f(x) = -\left(x^2 - 4x + 2^2 - 2^2 + 3\right)$$
$$f(x) = -\left[(x-2)^2 - 1\right]$$
$$f(x) = -(x-2)^2 + 1$$

Es gibt nun zwei Denkweisen auf die Extremstelle zu schließen:

- Der Scheitelpunkt befindet sich nach der Scheitelpunktformel bei $S(2\,|\,1)$. Die Parabel ist zudem nach unten geöffnet, da vor dem x^2 der negative Faktor -1 steht. Der Scheitelpunkt muss daher ein Hochpunkt sein. Das heißt, die Funktion hat ein Maximum bei $x = 2$. Der Maximalwert ist die y-Koordinate des Scheitelpunktes, also 1.
- Betrachten wir den Term $-(x-2)^2 + 1$ genau. Die Klammer ist wegen des Quadrates stets größer oder gleich null. Von 1 wird also immer etwas abgezogen. Am wenigsten wird abgezogen, wenn die Klammer null ist:

  $$(x-2) = 0 \quad \Leftrightarrow \quad x = 2.$$

  An der Stelle 2 muss ein Hochpunkt sein, da an allen anderen Stellen mehr abgezogen wird. Also ist das Maximum $f_{max}(x = 2) = 1$.

Durch die Extremwertbestimmung von Parabeln kann auch auf deren Wertemenge geschlossen werden.

Die rechts abgebildete Parabel hat ein Maximum von 1 und ist nach unten geöffnet.

Daher nimmt die zugehörige Funktion f alle Werte an, die kleiner oder gleich 1 sind.

Die Wertemenge ist somit $\mathbb{W} = \{y \mid y \leq 1\}$.

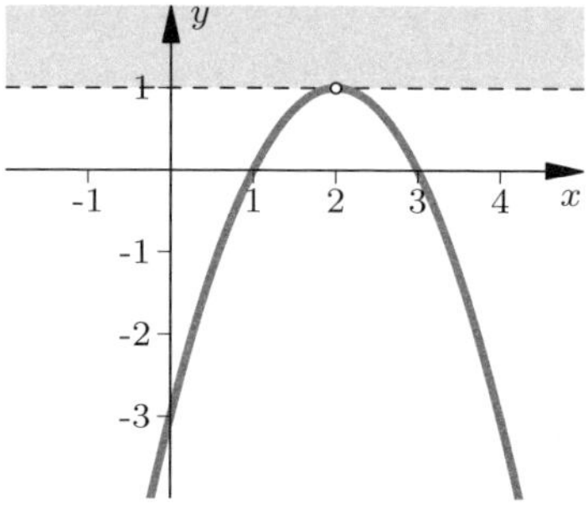

4

4.7 Nullstellen quadratischer Funktionen

Wie die Abbildung zeigt, muss eine quadratische Funktion nicht zwangsläufig Nullstellen besitzen. Sie kann keine, eine oder sogar zwei Nullstellen besitzen. Doch wie berechnet man diese?

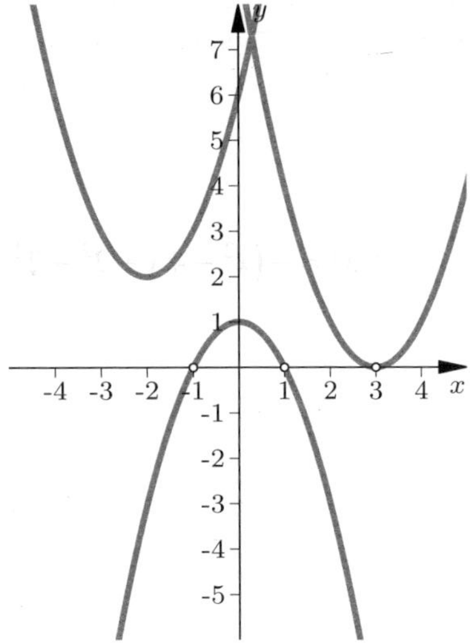

An der Funktion f mit $f(x) = -2\,x^2 + 20\,x - 42$ können wir unmöglich die Nullstellen direkt ablesen. Auch nach x auflösen, funktioniert nicht, da wir x und x^2 nicht zusammenfassen können. In der Scheitelpunktform kommt nur ein x vor, daher formen wir zunächst um:

$$f(x) = -2\,x^2 + 20\,x - 42$$

$$f(x) = -2\left(x^2 - 10\,x + 5^2 - 5^2 + 21\right)$$

$$f(x) = -2\,(x-5)^2 + 8$$

Nun setzen wir die Funktion wieder gleich null:

$$-2(x-5)^2 + 8 = 0$$

$$-2(x-5)^2 = -8$$

$$(x-5)^2 = 4$$

Wieder müssen wir nach x auflösen. Dazu isolieren wir zunächst den Klammerterm.

Bisher hatten wir noch nie eine Gleichung dieser Form. Deshalb betrachten wir zunächst einen ähnlichen Fall. Gegeben sei die Gleichung $x^2 = 4$. Die Lösung 2 ist offensichtlich, die zweite Lösung -2 weniger, doch es gilt auch $(-2)^2 = 4$.

Zieht man bei einer Gleichung der Form $x^2 = a$ die Wurzel, erhält man $x = \pm\sqrt{a}$, sofern $a \geq 0$. Für $a < 0$ gibt es keine Lösungen.

Ziehen wir also bei obiger Gleichung auf beiden Seiten die Wurzel, erhalten wir:

$$x - 5 = \pm 2 \quad \Leftrightarrow \quad x = 5 \pm 2$$

Wir erhalten somit die zwei Nullstellen $x_1 = 5 + 2 = 7$ und $x_2 = 5 - 2 = 3$.

Die 4 Schritte zum Lösen von quadratischen Gleichungen:

1. Quadratische Ergänzung
2. Den quadratischen Klammerterm isolieren
3. Wurzel ziehen (sofern möglich, zweite Lösung nicht vergessen)
4. Nach x umstellen

4.8 Die Mitternachtsformel

Die *Mitternachtsformel* erlaubt eine direkte, formelmäßige Berechnung der Lösungen einer quadratischen Gleichung $ax^2 + bx + c = 0$ durch Einsetzen der Werte a, b und c. Die Herleitung ist belanglos für die Schulmathematik, doch soll verstanden werden, wie diese Formel aus der Parabelgleichung entsteht:

$$a\,x^2 + b\,x + c = 0$$

Wir teilen durch a ($a \neq 0$)

$$x^2 + \tfrac{b}{a}\,x + \left(\tfrac{b}{2a}\right)^2 - \left(\tfrac{b}{2a}\right)^2 + \tfrac{c}{a} = 0$$

Quadratische Ergänzung

$$\left(x + \tfrac{b}{2a}\right)^2 - \tfrac{b^2}{4a^2} + \tfrac{c}{a} = 0$$

Term vereinfachen

$$\left(x + \tfrac{b}{2a}\right)^2 + \tfrac{-b^2+4ac}{4a^2} = 0$$

$- \tfrac{-b^2+4ac}{4a^2}$

$$\left(x + \tfrac{b}{2a}\right)^2 = \tfrac{b^2-4ac}{4a^2}$$

Wurzel ziehen

$$x + \tfrac{b}{2a} = \pm\sqrt{\tfrac{b^2-4ac}{4a^2}}$$

$- \tfrac{b}{2a}$

$$x_{1,2} = -\tfrac{b}{2a} \pm \tfrac{\sqrt{b^2-4ac}}{2a}$$

Term vereinfachen

$$x_{1,2} = \tfrac{-b \pm \sqrt{b^2-4ac}}{2a}$$

Damit gilt für die Lösungen der quadratischen Gleichung $a\,x^2 + b\,x + c = 0$:

$$x_{1,2} = \frac{-b \pm \sqrt{b^2 - 4\,a\,c}}{2\,a}$$

Das Symbol ± in der Formel bedeutet, dass man bei der ersten Lösung mit plus rechnen muss und bei der zweiten Lösung mit minus.
Im letzten Abschnitt wurde gezeigt, dass es Parabeln gibt, die nur eine oder keine Nullstelle besitzen. Die Anzahl der Nullstellen ergibt sich durch den Term $b^2 - 4\,a\,c$ unter der Wurzel. Ist er kleiner null, gibt es keine Nullstelle, da man aus negativen Zahlen keine Wurzel ziehen kann. Ist er null gibt es eine Nullstelle.

4

Der Term $D = b^2 - 4\,a\,c$ heißt *Diskriminante D*. Er bestimmt die Anzahl der Lösungen der quadratischen Gleichung $a\,x^2 + b\,x + c = 0$:
$D > 0$: Zwei Lösungen
$D = 0$: Eine Lösung
$D < 0$: Keine reelle Lösung

Zum Lösen quadratischer Gleichungen muss man sich entweder die Mitternachtsformel auswendig merken oder die quadratische Ergänzung beherrschen!

4.9 Der Satz von Vieta

Besitzt eine Parabel $y = ax^2 + bx + c$ die zwei Nullstellen x_1 und x_2, so lässt sie sich wie folgt darstellen:

$$y = a(x - x_1)(x - x_2).$$

Diese Schreibweise einer Funktion ist neu. Sie besteht nur aus Produkten, bei denen die Faktoren linear sind, d. h. bei den Faktoren kommt kein x^2, kein x^3 usw. vor. Bringt man eine Funktion oder eine Gleichung auf diese Form, hat man sie in sogenannte *Linearfaktoren* zerlegt. Der Vorgang heißt daher *Linearfaktorzerlegung*.

- Aus $x - 2 = 0$ folgt bekanntlich, dass $x = 2$ ist.
- Aus $(x - 2)(x - 3) = 0$ folgt nun, dass $x = 2$ oder $x = 3$ ist, denn für beide Werte wird ein Faktor und somit das ganze Produkt null.

Unser Ziel ist es nun, aus einfachen Gleichungen $x^2 + bx + c = 0$ sofort die Lösungen für x abzulesen. Hierzu multiplizieren wir folgenden Term aus:

$$\begin{aligned} (x - x_1)(x - x_2) &= 0 \\ \Leftrightarrow \quad x^2 - x_1\,x - x_2\,x + x_1\,x_2 &= 0 \\ \Leftrightarrow \quad x^2 - (x_1 + x_2)x + x_1\,x_2 &= 0. \end{aligned}$$

Vergleichen wir den linken Term der Gleichung mit $x^2 + bx + c = 0$ fällt auf, dass c das Produkt und b die negative Summe der beiden Lösungen für x ist.

Der Satz von Vieta besagt, dass bei einer Gleichung $x^2 + bx + c = 0$ gilt:

- b ist die negative Summe der Lösungen und
- c ist das Produkt der Lösungen.

Beispiele:

1. Gegeben ist die Gleichung $x^2 + 5\,x + 6 = 0$. Passende Lösungen sind $x_1 = -2$ und $x_2 = -3$, denn $-(-2 + (-3)) = +5$ und $(-2) \cdot (-3) = +6$.
   Die Gleichung lässt sich daher auch umschreiben zu $(x + 2)(x + 3) = 0$.

2. Gegeben ist die Gleichung $x^2 - 1\,x - 6 = 0$. Passende Lösungen sind $x_1 = -2$ und $x_2 = +3$, denn $-(-2 + 3) = -1$ und $(-2) \cdot 3 = -6$.
   Die Gleichung lässt sich daher auch umschreiben zu $(x + 2)(x - 3) = 0$.

3. Gegeben ist die Parabel $y = 2\,x^2 + 12\,x + 16$. Klammern wir 2 aus, erhalten wir $y = 2\left(x^2 + 2\,x - 8\right)$.
   Die Nullstellen sind $x_1 = +2$ und $x_2 = -4$, da die negative Summe der Nullstellen 2 ergibt und ihr Produkt -8. Die Parabel lässt sich umformen zu $y = 2(x+4)(x-2)$.

4.10 Schnittpunkte von Parabeln mit Geraden

Berührt eine Gerade eine andere Funktion in einem Punkt, dann nennen wir sie *Tangente* (tangieren = berühren).

Eine Gerade, die eine Parabel zwei Mal schneidet, wird *Sekante* genannt.

Eine Gerade, die eine Parabel weder schneidet noch berührt wird als *Passante* bezeichnet.

Diese drei Geradentypen führen uns auf eine spezielle Diskriminante (siehe 4.8).

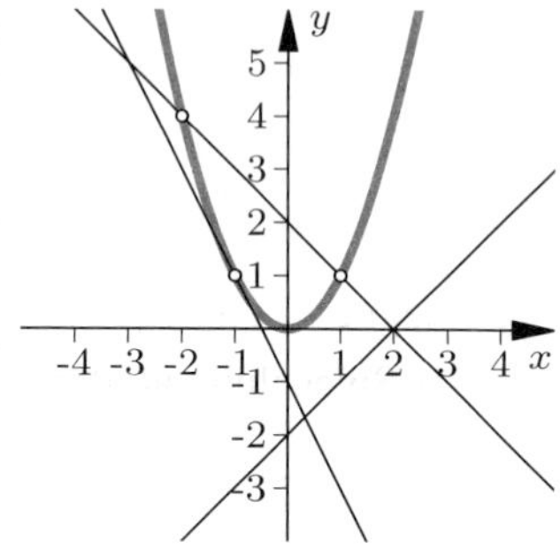

Zu einer Parabel gehört eine Funktion von der Form $f(x) = a\,x^2 + b\,x + c$ und eine Gerade ist durch $g(x) = m\,x + t$ darstellbar.
Schnittpunkte sind dort, wo beide Funktionen den gleichen Funktionswert besitzen:

$$\begin{aligned} f(x) &= g(x) && \text{Wir setzen die Funktionsgleichung ein} \\ a\,x^2 + b\,x + c &= m\,x + t && \text{Wir formen um} \\ a\,x^2 + b\,x - m\,x + c - t &= 0 && \text{Wir klammern } x \text{ aus} \\ \underbrace{a}_{a_1}\,x^2 + \underbrace{(b-m)}_{b_1}\,x + \underbrace{c-t}_{c_1} &= 0 \\ a_1\,x^2 \quad + b_1\,x \quad + c_1 &= 0 \end{aligned}$$

Die Diskriminante $D = b_1^2 - 4\,a_1c_1 = (b-m)^2 - 4\,a(c-t)$ entscheidet, ob eine Gerade zur Tangente, Sekante oder Passante wird, da sie die Anzahl der Lösungen (hier Schnittpunkte) festlegt.

Beispiel: Gesucht ist die Gleichung der Tangente g, die die Funktion f mit $f(x) = x^2$ an der Stelle $x = -1$ berührt.

Wir setzen die Parabel mit der allgemeinen Geradengleichung gleich:

$$x^2 = m\,x + t \quad \Leftrightarrow \quad 1 \cdot x^2 - m\,x - t = 0$$

Die Diskriminante ist $D = m^2 - 4 \cdot 1 \cdot (-t) = m^2 + 4\,t$.

Da die Gerade eine Tangente ist, muss die Diskriminante null sein:

$$D = 0 \quad \Leftrightarrow \quad m^2 + 4\,t = 0 \quad \Leftrightarrow \quad t = -0{,}25\,m^2$$

Die Tangente berührt die Parabel im Punkt $P(-1\,|\,1)$:

$$y = m\,x + t \quad \rightarrow \quad 1 = -1\,m - 0{,}25\,m^2 \quad \Leftrightarrow \quad m^2 + 4\,m + 4 = 0 \quad \Leftrightarrow \quad m = -2$$

Durch Einsetzen in $y = m\,x + t$ ergibt sich $t = -1$ und wir erhalten:

$$g(x) = -2\,x - 1$$

4.11 Spiegelung von Parabeln

Gegeben ist die Parabel p mit $p(x) = 2(x-3)^2 + 1$.

Diese Parabel soll an der x-Achse und anschließend an der y-Achse gespiegelt werden.

Zuerst sollten wir uns klar machen, wo der Scheitelpunkt liegt. Er ist bei $S(3\,|\,1)$. Wenn wir ihn alleine an der x-Achse spiegeln, liegt er bei $S'(3\,|-1)$.

Bei der Spiegelung an der x-Achse ändert sich auch die Richtung der Öffnung der Parabel. Daher wird hier $a = 2$ zu $a' = -2$.

Es gilt $p(x) = -p'(x)$.

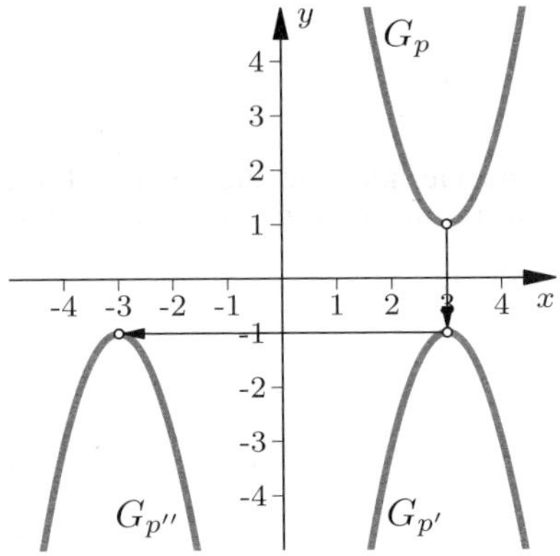

Man schreibt:

$$p \text{ mit } p(x) = 2(x-3)^2 + 1 \quad \stackrel{y=0}{\longrightarrow} \quad p' \text{ mit } p'(x) = -2(x-3)^2 - 1$$

Die Schreibweise bedeutet, dass p über die x-Achse ($y = 0$) abgebildet wird auf p'.

Nun wird p' noch an der y-Achse ($x = 0$) gespiegelt. Eine Spiegelung einer Parabel an der y-Achse entspricht einer Verschiebung in x-Richtung. Daher bleibt die Öffnung gleich, nur die x-Koordiante des Scheitelpunktes ändert sich von 3 zu -3. Es gilt $p'(x) = p''(-x)$.

$$p' \text{ mit } p'(x) = -2(x-3)^2 - 1 \quad \stackrel{x=0}{\longrightarrow} \quad p'' \text{ mit } p''(x) = -2(x+3)^2 - 1.$$

> Für die Achsenspiegelungen von Parabeln gilt:
>
> Bei Achsenspiegelungen an einer vertikalen Achse ändert sich nur die x-Koordinate des Scheitelpunktes. Bei Achsenspiegelung an einer horizontalen Achse ändert sich die Öffnung und die y-Koordinate des Scheitelpunktes.

Beispiel: Gegeben ist die Parabel f mit $f(x) = x^2 + 4x + 6$. Sie soll an der zur x-Achse senkrechten Achse $x = 100$ gespiegelt werden.

Zuerst müssen wir die Funktion auf die Scheitelpunktform bringen:
$f(x) = x^2 + 4x + 4 + 2 = (x+2)^2 + 2$
Der Scheitelpunkt ist somit bei $S(-2\,|\,2)$. Der Scheitelpunkt ist also 102 Längeneinheiten von der Spiegelachse $x = 100$ entfernt. Die x-Koordinate des Bildpunktes S' lautet daher $x_{S'} = 100 + 102 = 202$.

Öffnung und y-Koordinate bleiben gleich, somit gilt:

$$f \text{ mit } f(x) = x^2 + 4x + 6 = (x+2)^2 + 2 \quad \stackrel{x=100}{\longrightarrow} \quad f' \text{ mit } f'(x) = (x-202)^2 + 2$$

4.12 Quadratische Ungleichungen

Uns sollte aus dem ersten Kapitel noch das Lösen von linearen Ungleichungen bekannt sein. Ähnlich verfahren wir bei quadratischen Ungleichungen.

Beispiel:

$$2x^2 + 6x + 4 < 0.$$

Stellen wir uns die linke Seite als Parabel vor, ist es unser Ziel zu errechnen, für welche x die Funktionswerte $f(x)$ negativ sind. Da die Parabel nach oben geöffnet ist, kann sie nur zwischen den beiden Nullstellen negativ sein, sofern es diese auch gibt (siehe Bild unten). Wir errechnen die Nullstellen mit der Mitternachtsformel:

$$x_{1,2} = \frac{-6 \pm \sqrt{36^2 - 4 \cdot 2 \cdot 4}}{2 \cdot 2} = \frac{-6 \pm 2}{4} \quad \Rightarrow \quad x_1 = -2 \quad x_2 = -1$$

Somit muss die Parabel zwischen -2 und -1 negativ sein. Dies belegt eine Skizze des Graphen

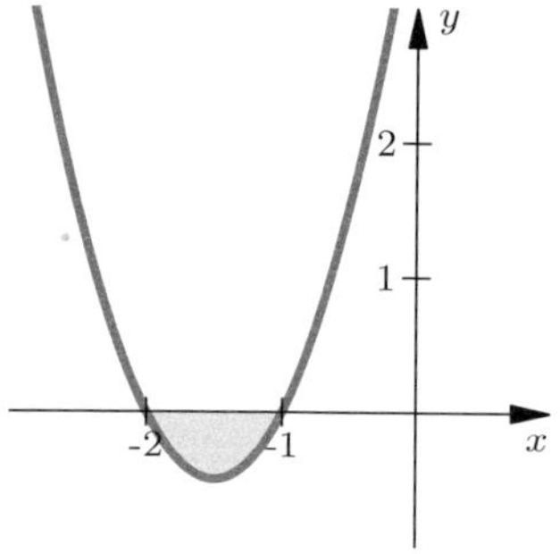

Die Lösung der Ungleichung ist somit das Intervall $I =]-2; -1[$.

Achtung: Bei der Frage, wo die Parabel positiv ist, wäre die Lösung $I_2 = \mathbb{R} \backslash [-2; 1]$. Hier müssen die Grenzen im Intervall mit eingeschlossen werden, da sie nicht zur Lösung gehören und somit durch das \-Zeichen herausgenommen werden müssen.

Tipp: Quadratische Ungleichungen sollten stets mit einer „Hilfsparabel" gelöst werden, da es sonst sogar bei einfachen Aufgaben zu Leichtsinnsfehlern kommen kann. Für die Hilfsparabel braucht man nur die Nullstellen (die man sowieso braucht) und die Öffnung (die man ablesen kann).

4

Beispiel:

$$x^2 > 4.$$

Die Parabel ist nach oben geöffnet. Die Nullstellen liegen bei $x_1 = -2$ und $x_2 = 2$. Die Ungleichung ist daher lösbar, falls gilt

$$x < -2 \quad \text{oder} \quad x > 2.$$

4.13 Bestimmung von Parabeln

Um eine Gerade zu bestimmen, benötigen wir immer zwei Informationen. Entweder zwei Punkte oder einen Punkt mit einer Steigung. Das liegt daran, dass in der allgemeinen Geradengleichung zwei Unbekannte (m und t) sind.

Um eine Parabel zu bestimmen, benötigen wir daher drei Informationen, denn a, b und c sind zunächst unbekannt.

- Scheitelpunkt und Öffnung ist gegeben.

  Der Scheitelpunkt einer Parabel ist z. B. $S(2\,|\,3)$ und die Öffnung sei $a = -2$.

  Hier setzen wir einfach in die Scheitelpunktgleichung ein:

  $$f(x) = -2(x-2)^2 + 3$$

  Anmerkung: Der Scheitelpunkt zählt als doppelte Information, denn er ist zum einen ein Punkt der Parabel und zum anderen das Extremum (d. h. der Graph hat an dieser Stelle eine waagerechte Tangente).

- Scheitelpunkt und ein Punkt sind gegeben.

  Der Scheitelpunkt einer Parabel ist z. B. $S(2\,|\,3)$ und der Punkt $P(4\,|\,-1)$ liegt auf der Parabel.

  Wieder setzen wir in die Scheitelpunktgleichung ein, diesmal für x und $f(x)$ die Koordinaten des Punktes P:

  $$-1 = a(4-2)^2 + 3$$
  $$\Leftrightarrow \quad a = -1$$
  $$\Rightarrow f(x) = -(x-2)^2 + 3$$

- Eine Parabel lässt sich ebenfalls durch drei ihrer Punkte eindeutig bestimmen. Wie man mithilfe der Koordinaten dreier Punkte die zugehörige Funktionsgleichung der Parabel ermitteln kann, soll im nächsten Kapitel erklärt werden.

4

5 3×3-Gleichungssysteme

5.1 Gleichungssysteme mit 3 Unbekannten

Als Vorbereitung auf dieses Kapitel, können Sie bei Bedarf gerne noch einmal das Kapitel 3 über 2×2-*Gleichungssysteme* wiederholen.

Beispiel: Die quadratische Funktion f verläuft durch folgende Punkte:

$$P(1\,|\,0), \quad Q(2\,|\,1), \quad R(3\,|\,4).$$

Bestimmen Sie die Funktionsgleichung.

Die allgemeine Parabelgleichung lautet $f(x) = ax^2+bx+c$. Setzen wir die Koordinaten der gegebenen Punkte ein, erhalten wir:

$$\begin{array}{lrcl} (i) & a + b + c &=& 0 \\ (ii) & 4a + 2b + c &=& 1 \\ (iii) & 9a + 3b + c &=& 4 \end{array}$$

Das ist ein $3{\times}3$-*Gleichungssystem*. a, b und c sind die 3 Unbekannten. Solche Systeme lassen sich leicht mit dem Additionsverfahren lösen:

$$\begin{array}{lrcll} (i) & a + b + c &=& 0 & \\ (ii) & 4a + 2b + c &=& 1 & \quad |\, -4 \cdot (i) \\ (iii) & 9a + 3b + c &=& 4 & \quad |\, -9 \cdot (i) \end{array}$$

$$\begin{array}{lrcll} (i^*) & a + b + c &=& 0 & \\ (ii^*) & -2b - 3c &=& 1 & \\ (iii^*) & -6b - 8c &=& 4 & \quad |\, -3 \cdot (ii^*) \end{array}$$

$$\begin{array}{lrcl} (i^{**}) & a + b + c &=& 0 \\ (ii^{**}) & -2b - 3c &=& 1 \\ (iii^{**}) & c &=& 1 \end{array}$$

$c = 1$ setzen wir in (i^*) und (ii^*) ein:

$$\begin{array}{lrcll} (i^*) & a + b + 1 &=& 0 & \\ (ii^*) & -2b - 3 &=& 1 & \quad \Leftrightarrow \quad b = -2 \end{array}$$

$b = -2$ setzen wir in (i^*) ein:

$$a - 2 + 1 = 0 \quad \Leftrightarrow \quad a = 1$$

Die Funktionsgleichung der Parabel lautet $f(x) = x^2 - 2x + 1$.

5.2 Das Gauß'sche Eliminationsverfahren

Im Prinzip kommt in diesem Abschnitt nichts neues dazu, da wir schon das einführende Beispiel zu 3×3-Gleichungssystemen mit diesem Verfahren gelöst haben. Jedoch wollen wir diesmal noch eine verkürzte Schreibweise vorstellen, die unter anderem auch übersichtlicher ist.

Eine Parabel verläuft durch die drei Punkte $P(1\,|\,1)$, $Q(3\,|\,5)$ und $R(5\,|\,1)$.

Wir erhalten das Gleichungssystem:

$$\begin{array}{ll} (i) & 1\,a + 1\,b + 1\,c = 1 \\ (ii) & 9\,a + 3\,b + 1\,c = 5 \\ (iii) & 25\,a + 5\,b + 1\,c = 1 \end{array}$$

Die verkürzte Schreibweise lautet:

$$\begin{array}{ccc|c} 1 & 1 & 1 & 1 \\ 9 & 3 & 1 & 5 \\ 25 & 5 & 1 & 1 \end{array}$$

Nun addieren wir die einzelnen Zeilen so miteinander, dass alle Werte unterhalb der Hauptdiagonalen 0 entsprechen, die Elemente der Hauptdiagonalen jedoch ungleich 0 sind (die Hauptdiagonale verläuft von oben links nach unten rechts).

$$\begin{array}{ccc|cl} 1 & 1 & 1 & 1 & \\ 9 & 3 & 1 & 5 & |\,-9\cdot(i) \\ 25 & 5 & 1 & 1 & |\,-25\cdot(i) \end{array} \quad \Leftrightarrow \quad \begin{array}{ccc|cl} 1 & 1 & 1 & 1 & \\ 0 & -6 & -8 & -4 & |\,\div(-6) \\ 0 & -20 & -24 & -24 & |\,\div(-20) \end{array}$$

Zur Vereinfachung teilen wir die unteren Zeilen durch die Zahl ihres vordersten Vorfaktors, dann können wir die Zeilen einfach voneinander abziehen:

$$\begin{array}{ccc|cl} 1 & 1 & 1 & 1 & \\ 0 & 1 & \frac{4}{3} & \frac{2}{3} & \\ 0 & 1 & \frac{6}{5} & \frac{6}{5} & |\,-(ii^*) \end{array}$$

Für die dritte Zeile erhalten wir dann:

$$\left(\frac{6}{5} - \frac{4}{3}\right)\cdot c = \frac{6}{5} - \frac{2}{3} \qquad |\cdot 5\cdot 3$$

$$(18 - 20)\cdot c = 18 - 10 \qquad |\div(-2)$$

$$c = -4$$

Dies setzen wir in die Gleichung (ii^*) ein:

$$1\,b + \frac{4}{3}\cdot(-4) = \frac{2}{3} \qquad |+\frac{16}{3}$$

$$b = \tfrac{2+16}{3} = 6$$

Und schließlich setzen wir c und b in Gleichung (i) ein:

$$a + 6 - 4 = 1 \quad \Leftrightarrow \quad a = -1$$

Die Funktionsgleichung lautet somit $f(x) = -x^2 + 6\,x - 4$.

Mit diesem Verfahren lassen sich beliebige lineare $n \times n$-Gleichungssysteme lösen.

5.3 Determinantenverfahren für 3 × 3 -Systeme

Wie bei 2 × 2-Gleichungssystemen gibt es auch hier ein Determinantenverfahren. Es lässt sich analog herleiten, aber hier wird darauf aus Platzgründen verzichtet.

Jedes 3 × 3-Gleichungssystem lässt sich auf folgende Form bringen:

$$\begin{aligned} (i) \quad & a_1\,x + b_1\,y + c_1\,z = n_1 \\ (ii) \quad & a_2\,x + b_2\,y + c_2\,z = n_2 \\ (iii) \quad & a_3\,x + b_3\,y + c_3\,z = n_3 \end{aligned}$$

Analog zu 2 × 2-Systemen werden folgende Determinanten definiert:

$$D = \begin{vmatrix} a_1 & b_1 & c_1 \\ a_2 & b_2 & c_2 \\ a_3 & b_3 & c_3 \end{vmatrix}; \; D_x = \begin{vmatrix} n_1 & b_1 & c_1 \\ n_2 & b_2 & c_2 \\ n_3 & b_3 & c_3 \end{vmatrix}; \; D_y = \begin{vmatrix} a_1 & n_1 & c_1 \\ a_2 & n_2 & c_2 \\ a_3 & n_3 & c_3 \end{vmatrix}; \; D_z = \begin{vmatrix} a_1 & b_1 & n_1 \\ a_2 & b_2 & n_2 \\ a_3 & b_3 & n_3 \end{vmatrix}$$

Für die Unbekannten gilt im Fall $D \neq 0$:

$$x = \frac{D_x}{D}; \qquad y = \frac{D_y}{D}; \qquad z = \frac{D_z}{D}.$$

Für $D = 0$ besitzt das Gleichungssystem keine oder keine eindeutige Lösung.

Um den Wert einer 3 × 3-Determinante zu berechnen, schreibt man zunächst die ersten zwei Spalten des Schemas rechts daneben.

Anschließend bildet man die Differenz aus der Summe der Produkte der Diagonalelemente von links oben nach rechts unten und der Summe der Produkte der Diagonalelemente von links unten nach rechts oben:

$$\begin{array}{ccccccc} & + & + & + & - & - & - \\ D \; = & a_1 & b_1 & c_1 & a_1 & b_1 & \\ & a_2 & b_2 & c_2 & a_2 & b_2 & \\ & a_3 & b_3 & c_3 & a_3 & b_3 & \end{array} \qquad \text{(Regel von Sarrus)}$$

$$= a_1\,b_2 c_3 + b_1 c_2\,a_3 + c_1\,a_2\,b_3 - (a_3\,b_2 c_1 + b_3 c_2\,a_1 + c_3\,a_2\,b_1)$$

Dieses Verfahren bringt auf den ersten Blick wieder sehr viel Arbeit mit sich, doch ist es vorteilhaft, wenn es sehr krumme Zahlen vorkommen.
Außerdem ist es für $D \neq 0$ wieder eine „Universallösung“, wie sie z. B. in Computerprogrammen benötigt werden.

6 Funktionen höheren Grades

6.1 Einführung

Der *Grad* einer Funktion ist der höchste Exponent von x ungleich 0:

Grad 1:	$f_1(x) = a_1\,x + a_0$
Grad 2:	$f_2(x) = a_2\,x^2 + a_1\,x + a_0$
Grad 3:	$f_3(x) = a_3\,x^3 + a_2\,x^2 + a_1\,x + a_0$
Grad 4:	$f_4(x) = a_4\,x^4 + a_3\,x^3 + a_2\,x^2 + a_1\,x + a_0$
Grad n:	$f_n(x) = a_n\,x^n + a_{n-1}\,x^{n-1} + \ldots + a_1\,x + a_0$

Funktionen vom Typ $f(x) = a_n x^n + a_{n-1} x^{n-1} + \ldots + a_1\,x + a_0$ nennt man *ganzrationale Funktionen*. Die Terme bezeichnet man üblicherweise als *Polynome*.

Betrachten wir als Einstieg den Graph der Funktion

$$f \text{ mit } f(x) = -\frac{1}{3}x^3 + \frac{1}{2}x^2 + x + 1.$$

Der Graph kommt aus dem Unendlichen ($+\infty$), schlägt zwei Haken, wodurch ein Tief- und ein Hochpunkt (zwei Extremstellen) entstehen und fällt dann nach minus Unendlich ($-\infty$). Der Graph hat genau eine Nullstelle, könnte aber bis zu drei besitzen, wenn man ihn ein Stück nach unten verschiebt. Egal wie man ihn verschiebt, eine Nullstelle hat er immer, da er von $+\infty$ nach $-\infty$ geht.

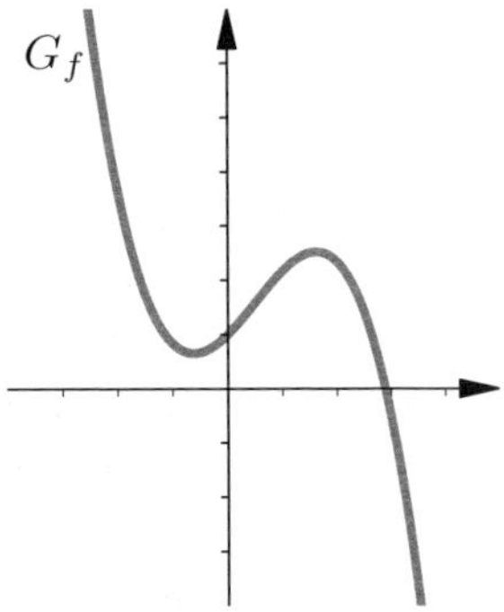

Nun vergleichen wir G_f mit der Funktion vierten Grades

$$g \text{ mit } g(x) = x^4 - 5\,x^2 + 4.$$

Dieser Graph kommt auch von $+\infty$, geht aber auch wieder dorthin zurück. Dabei hat er drei Extremstellen und vier Nullstellen. Insgesamt fällt auf, dass die Graphen etwas komplizierter als Parabeln aussehen.

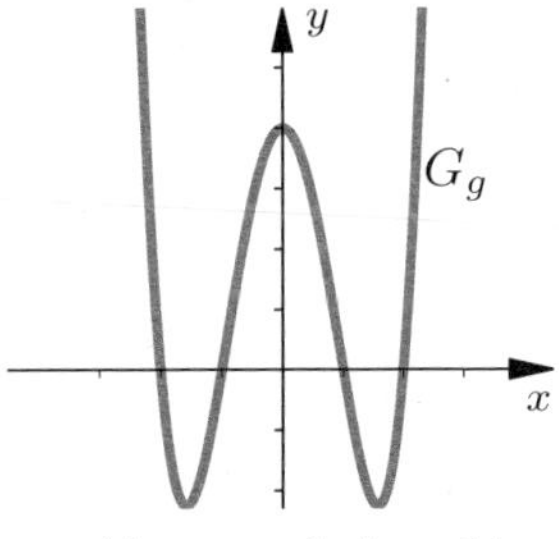

Über die Nullstellen können wir (noch) nichts genaues sagen. Aber anscheinend bestimmt der Grad der Funktion die maximale Anzahl an Nullstellen:

Funktionen 1. Grades haben stets nur eine Nullstelle.
Funktionen 2. Grades haben zwei, eine oder gar keine Nullstelle.
Funktionen 3. Grades haben eine, zwei oder drei Nullstellen.
Funktionen 4. Grades haben bis zu vier Nullstellen.

6

6.2 Verhalten im Unendlichen

Betrachten wir die Gleichung der Funktion f mit $f(x) = x^3 = x \cdot x \cdot x$. Setzt man für x negative Werte ein, dann ist x^3 ebenfalls negativ. Das gilt allgemein für alle ungeraden Potenzen, also auch für x^5, x^7, x^9 etc.

Das bedeutet, dass für x-Werte, die gegen minus unendlich gehen, auch der Funktionswert $f(x)$ gegen minus unendlich geht. Man schreibt:

$$\lim_{x \to -\infty} f(x) = \lim_{x \to -\infty} \left(x^3\right) = -\infty, \qquad \lim_{x \to +\infty} f(x) = \lim_{x \to +\infty} \left(x^3\right) = +\infty$$

Diese zunächst kompliziert erscheinende Schreibweise bedeutet: Die Funktionswerte gehen gegen minus unendlich, wenn x gegen minus unendlich geht. Man schreibt dann $\lim_{x \to -\infty} f(x) = -\infty$.

Für die Normalparabel $f(x) = x^2$ gilt folgendes:

$$\lim_{x \to -\infty} \left(x^2\right) = +\infty, \qquad \lim_{x \to +\infty} \left(x^2\right) = +\infty$$

Betrachten wir nun die allgemeine Funktionsgleichung für Funktionen dritten Grades:

$$f(x) = ax^3 + bx^2 + cx + d \quad (a \neq 0)$$

$$f(x) = ax^3 \cdot \Big(1 + \underbrace{\frac{b}{ax} + \frac{c}{ax^2} + \frac{d}{ax^3}}_{\to 0 \text{ für } x \to \pm\infty}\Big)$$

Wir klammern ax^3 aus

Ist nun $|x|$ sehr groß, dann ist die Summe der Brüche in der Klammer eine Zahl in der Nähe von Null, und der Klammerausdruck liegt nahe bei 1. Das heißt, dass der Term ax^3 das Verhalten von f bestimmt, wenn $|x|$ sehr groß ist.

$$\lim_{x \to \pm\infty} \left(ax^3 + bx^2 + cx + d\right) = \lim_{x \to \pm\infty} \left(ax^3\right) = \pm\infty$$

6

Somit muss jede Funktion ungeraden Grades mindestens eine Nullstelle besitzen, da ihre Grenzwerte für x gegen minus unendlich und x gegen plus unendlich verschiedene Vorzeichen haben.

$$\lim_{x \to -\infty} (x^n) = -\infty, \qquad \lim_{x \to +\infty} (x^n) = +\infty, \qquad \text{falls } n \text{ ungerade ist.}$$

Die Grenzwerte einer Funktion f für $x \to -\infty$ bzw. $x \to +\infty$ werden bestimmt durch das Glied mit dem größten Exponenten, da alle anderen Glieder der Funktion für dem Betrage nach sehr große Zahlen dagegen verschwindend klein werden (Beweis siehe oben).

6.3 Symmetrie von Funktionen

Bereits aus den vorherigen Schuljahren sollten die Achsensymmetrie und die Punktsymmetrie bekannt sein. In der 12. Klasse ist lediglich die Achsensymmetrie zur y-Achse und die Punktsymmetrie zum Ursprung relevant.

Heißt es: „Bestimmen Sie das Symmetrieverhalten der Funktion f mit …“, ist die Funktion daher entweder achsensymmetrisch zur y-Achse, punktsymmetrisch zum Ursprung oder gar nicht symmetrisch.

Achsensymmetrie zur y-Achse:
Damit eine Funktion achsensymmetrisch zur y-Achse ist, muss sie für jede positive Zahl x den gleichen Funktionswert liefern wie für die negative Zahl $-x$. Also muss gelten:

$$f(x) = f(-x) \qquad \text{für alle } x \in \mathbb{D}_f$$

Funktionen, bei denen nur gerade Exponenten über dem x vorkommen, sind achsensymmetrisch.

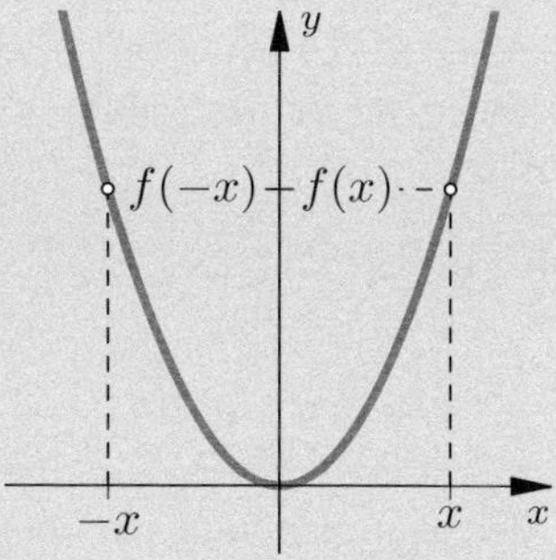

Punktsymmetrie zum Ursprung:
Liegt auf einer zum Ursprung punktsymmetrischen Funktion ein Punkt $P(x \mid y)$, so ist sein Spiegelbild der Punkt $P'(-x \mid -y)$.

Liefert also eine zum Ursprung punktsymmetrische Funktion an der Stelle x den Funktionswert $f(x)$, so liefert sie an der Stelle $-x$ den Funktionswert $-f(x)$. Also muss gelten:

$$f(x) = -f(-x) \qquad \text{für alle } x \in \mathbb{D}_f$$

Dies ist bei Funktionen der Fall, bei denen nur ungerade Exponenten über dem x vorkommen. Zudem darf es keine additive Konstante geben (denn $+a = +a\,x^0$ und 0 ist eine gerade Zahl).

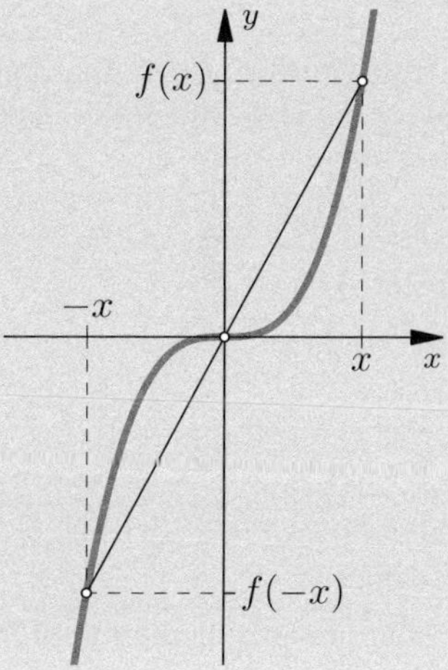

Weiterhin bleibt zu erwähnen, dass eine Funktion nur dann symmetrisch sein kann, wenn auch ihr Definitionsbereich symmetrisch ist.

Beispiel: f mit $f(x) = x^2$, $\quad \mathbb{D}_f = [0; +\infty[$.
Diese Funktion ist auf Grund ihrer Definitionsmenge nicht symmetrisch.

6.4 Nullstellenbestimmung

Im Folgenden stellen wir hilfreiche Methoden vor, die bei der Nullstellenbestimmung von Funktionen höheren Grades hilfreich sein können. Bei der Bestimmung von Nullstellen geht es um das Lösen der Gleichung $f(x) = 0$.

- **Ausklammern:**
  Kommt in einer Funktion dritten Grades keine additive Konstante vor, so kann man ein x ausklammern:

  $$f(x) = x^3 - 6x^2 + 9x \quad = \quad x(x^2 - 6x + 9)$$

  Einer der beiden Faktoren muss null werden, damit die Funktion insgesamt null wird:

  $$x = 0 \qquad \vee \qquad \begin{aligned} x^2 - 6x + 9 &= 0 \\ (x-3)^2 &= 0 \\ x &= 3 \end{aligned}$$

  Somit sind die beiden Nullstellen $x_1 = 0$ und $x_2 = 3$. Die Nullstelle $x_2 = 3$ bezeichnet man auch als *doppelte Nullstelle*. Hätte die quadratische Gleichung zwei Lösungen, gäbe es insgesamt drei Nullstellen.

- **Substitution:** Sind alle Exponenten über der Variablen x ein Vielfaches einer Zahl, lässt sie sich substituieren (= ersetzen):

  $$\begin{aligned} f(x) &= x^4 - 8x^2 + 16 \\ &= u^2 - 8u + 16 \\ &= (u-4)^2 \end{aligned}$$

  Wir ersetzen x^2 durch u

  $$(u-4)^2 = 0 \quad \Leftrightarrow \quad u = 4$$

  Rücksubstitution: $x^2 = u \quad \Rightarrow \quad x = \pm\sqrt{u} = \pm\sqrt{4} = \pm 2$

  Wir erhalten die zwei Nullstellen $x_1 = -2$ und $x_2 = 2$.

  Beispiel: $g(x) = x^6 - 16x^3 + 64$

  Hier lassen sich die möglichen Nullstellen bestimmen, indem wir x^3 durch u ersetzen:

  $$u^2 - 16u + 64 = 0$$

  Jetzt kann man mit der Mitternachtsformel auf die Nullstellen für $g(u)$ schließen. Durch die Rücksubstitution $x = \sqrt[3]{u}$ ergeben sich dann die Nullstellen für $g(x)$.

  Wir erhalten $u_1 = 8$ und damit $x_1 = \sqrt[3]{8} = 2$ als Nulstelle von g.

6

6.5 Nullstellen durch Ausprobieren

Leider ist das Finden von Nullstellen nicht immer so einfach, wie beim Ausklammern und Substituieren. Dann gibt es manchmal eine einfach zu erratende Nullstelle.

Beispiel:

$$f \text{ mit } f(x) = x^3 + x^2 - 4x - 4.$$

Wir können hier weder ausklammern noch sinnvoll substituieren. Daher müssen wir raten. Als erstes sollten die Werte 1, −1, 2 und −2 getestet werden.

Bei obiger Funktion zeigt sich dann: $f(2) = 0$, Daher ist $x_1 = 2$ eine Nullstelle von f.

Bisher haben wir z. B. aus $x(x + 3) = 0$ gefolgert, dass $x = 0$ oder $x = 3$ sein muss. Unsere Funktion hat die Nullstelle $x_1 = 2$, daher kann sie in folgender Form dargestellt werden:

$$f(x) = (x - 2) \cdot (\ldots)$$

Um weitere Nullstellen zu berechnen, müssen wir den zweiten Faktor, also $(\ldots)$ berechnen. Wegen

$$(x^3 + x^2 - 4x - 4) = (x - 2) \cdot (\ldots)$$

gilt:

$$(x^3 + x^2 - 4x - 4) \div (x - 2) = (\ldots)$$

Um diese Gleichung lösen zu können benötigen wir ein Verfahren, dass sich *Polynomdivision* nennt. Es wird anhand dieses Beispiels im nächsten Abschnitt erklärt. Die Polynomdivision basiert auf der schriftlichen Division zweier Zahlen, wie man sie in der Grundschule lernt:

$$\begin{array}{l}
7135 \div 4 = 1\,738{,}75 \\
\underline{-4} \\
\;\;31 \\
\underline{-28} \\
\;\;\;\;33 \\
\;\;\underline{-32} \\
\;\;\;\;\;\;15 \\
\;\;\;\;\underline{-12} \\
\;\;\;\;\;\;\;\;30 \\
\;\;\;\;\;\;\underline{-28} \\
\;\;\;\;\;\;\;\;\;\;20 \\
\;\;\;\;\;\;\;\;\underline{-20} \\
\;\;\;\;\;\;\;\;\;\;\;\;0
\end{array}$$

6.6 Die Polynomdivision

Im letzten Abschnitt erhielten wir $(x^3 + x^2 - 4x - 4) \div (x - 2)$, was wir jetzt berechnen werden. In einzelnen Schritten macht man folgendes:

Schritt 1. Zuerst betrachtet man das vorderste Glied x^3. Dies ergibt geteilt durch $(x-2)$ sicherlich einen Ausdruck der Form $x^2 + \ldots$. Das können wir gleich so notieren.

$$(x^3 + x^2 - 4x - 4) \div (x - 2) = x^2 + \ldots$$

Schritt 2. Wie beim schriftlichen Dividieren zweier Zahlen multiplizieren wir x^2 nun mit $(x - 2)$, notieren das Ergebnis unter den entsprechenden Gliedern der Funktion und subtrahieren die untereinander stehenden Glieder voneinander. Es ergibt sich:

$$\begin{array}{l}
(x^3 + x^2 - 4x - 4) \div (x - 2) = x^2 + \ldots \\
\underline{-(x^3 - 2x^2)} \\
\qquad 3x^2
\end{array}$$

Schritt 3. Als nächstes ziehen wir die $-4x$ in die unterste Zeile:

$$\begin{array}{l}
(x^3 + x^2 - 4x - 4) \div (x - 2) = x^2 + \ldots \\
\underline{-(x^3 - 2x^2)} \\
\qquad 3x^2 - 4x
\end{array}$$

Wie im ersten Schritt teilen wir nun $3x^2 - 4x$ durch $(x - 2)$ und verfahren analog zu den anderen beiden Teilschritten. Wir erhalten:

$$\begin{array}{l}
(x^3 + x^2 - 4x - 4) \div (x - 2) = x^2 + 3x \ldots \\
\underline{-(x^3 - 2x^2)} \\
\qquad 3x^2 - 4x \\
\quad \underline{-(3x^2 - 6x)} \\
\qquad\qquad 2x - 4
\end{array}$$

Schließlich ist noch eine letzte Division möglich und wir erhalten:

$$\begin{array}{l}
(x^3 + x^2 - 4x - 4) \div (x - 2) = x^2 + 3x + 2 \\
\underline{-(x^3 - 2x^2)} \\
\qquad 3x^2 - 4x \\
\quad \underline{-(3x^2 - 6x)} \\
\qquad\qquad 2x - 4 \\
\qquad\quad \underline{-(2x - 4)} \\
\qquad\qquad\qquad 0
\end{array}$$

Die Funktion kann somit dargestellt werden als: $f(x) = (x - 2) \cdot (x^2 + 3x + 2)$

Um weitere Nullstellen zu finden, müssen wir $x^2 + 3x + 2$ gleich null setzen. Mithilfe der Mitternachtsformel erhält man als Lösungen -1 und -2.

Die Nullstellen von f sind damit: $x_1 = 2$, $x_2 = -1$ und $x_3 = -2$

6.7 Die Linearfaktorzerlegung

Wie wir bereits in den vorherigen Seiten gezeigt haben, besitzt die Funktion f mit

$$f(x) = x^3 + x^2 - 4x - 4$$

die Nullstellen

$$x_1 = 2, \quad x_2 = -1 \quad \text{und} \quad x_3 = -2.$$

Mit diesem Wissen können wir einen alternativen Funktionsterm der Funktion f finden, z. B. in der Form

$$f(x) = (x-2)(x+1)(x+2).$$

Die einzelnen Faktoren heißen *Linearfaktoren*, da sie aus linearen Termen bestehen. Diese Form ist sehr nützlich um Nullstellen abzulesen, weshalb wir sie später noch brauchen werden.

Achtung: Beachten Sie, dass z. B. bei $(x-3)$ die Nullstelle 3 und nicht -3 ist!

Das Finden aller Nullstellen und die Umwandlung des Funktionsterms in diese Form nennt sich *Linearfaktorzerlegung*.

Bevor wir mit wichtigen Anwendungen der Linearfaktorzerlegung fortfahren, wollen wir auf eine Fehlerquelle aufmerksam machen. Dazu betrachten wir eine weitere Funktion g mit

$$g(x) = 3x^3 - 3x$$

und versuchen die Linearfaktorzerlegung des Funktionsterms von g zu finden. Dazu müssen wir zunächst die Nullstellen von g finden. Unser Ansatz lautet deshalb $g(x) = 0$, also ist die folgende Gleichung zu lösen:

$$\begin{aligned} 3x^3 - 3x &= 0 && \text{Wir klammern } 3x \text{ aus} \\ 3x(x^2 - 1) &= 0 && \text{dritte binomische Formel} \\ 3x(x-1)(x+1) &= 0 \end{aligned}$$

Die Nullstellen der Funktion g sind damit gegeben durch

$$x_1 = 0, \quad x_2 = 1 \quad \text{und} \quad x_3 = -1.$$

Man könnte nun vermuten, dass $g(x) = x(x-1)(x+1)$ die Linearfaktorzerlegung von g ist. Das ist jedoch falsch, da wir den **Vorfaktor** vergessen haben. Die richtige Linearfaktorzerlegung von g ist

$$g(x) = \mathbf{3}x(x-1)(x+1).$$

Das kannen leicht durch Nachrechnen überprüft werden.

6

6.8 Vielfachheit von Nullstellen

Wir haben bereits festgestellt, dass es neben Schnittpunkten auch Berührpunkte gibt. Bei passender Schreibweise der Funktion ist anhand der Funktionsgleichung ersichtlich, wie sich der Graph an den Nullstellen verhält. Dabei kommt es auf den Grad der Nullstelle an:

einfache Nullstelle bei $x_1 = 2$:

$f(x) = (x-2)(x+1)$

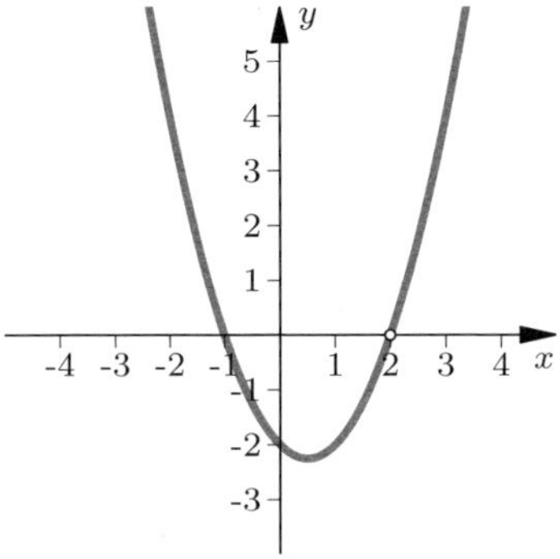

doppelte Nullstelle bei $x_1 = 2$:

$f(x) = (x-2)^2(x+1)$

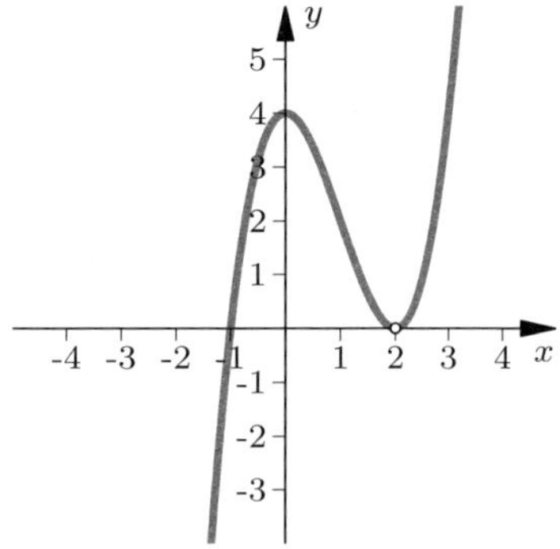

dreifache Nullstelle bei $x_1 = 2$:

$f(x) = (x-2)^3(x+1)$

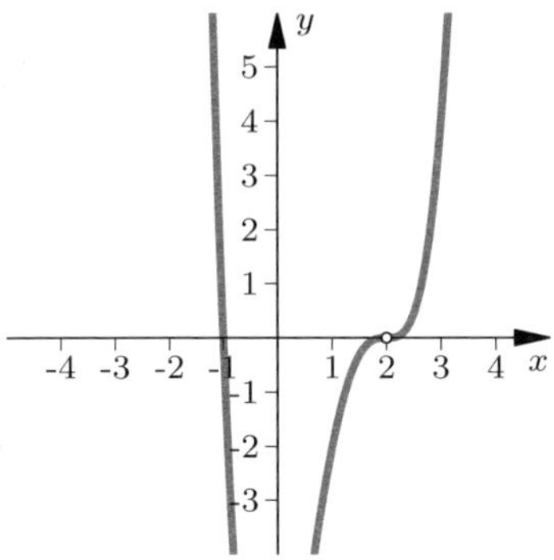

vierfache Nullstelle bei $x_1 = 2$:

$f(x) = (x-2)^4(x+1)$

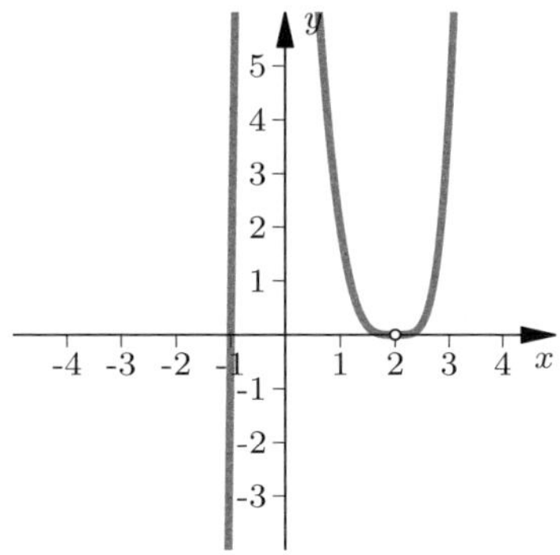

Bei Nullstellen mit ungerader Vielfachheit schneidet der Graph die x-Achse (Vorzeichenwechsel).

Bei Nullstellen mit gerader Vielfachheit berührt der Graph die x-Achse (kein Vorzeichenwechsel).

Um bei einer Funktion f mit $f(x) = a_n x^n + a_{n-1}x^{n-1} + \ldots + a_0$ die Vielfachheiten der Nullstellen ablesen zu können, muss erst eine Linearfaktorzerlegung durchgeführt werden.

6.9 Felder abstreichen

Gegeben ist die Funktion

$$f \text{ mit } f(x) = x^3 - 3\,x^2 + 4.$$

Ermitteln Sie, in welchen Bereichen der Graph oberhalb bzw. unterhalb der x-Achse verläuft.

Mit der Methode der Polynomdivision erhalten wir die Nullstellen

$$x_1 = -1 \quad \text{und} \quad x_2 = 2 \text{ (doppelte Nullstelle).}$$

Grenzwertuntersuchung:

$$\lim_{x \to -\infty} \left(x^3 - 3\,x^2 + 4 \right) = -\infty, \qquad \lim_{x \to +\infty} \left(x^3 - 3\,x^2 + 4 \right) = +\infty$$

Schnittpunkt mit der y-Achse:

$$f(0) = 4 \Rightarrow Y(0\,|\,4)$$

Der Graph kommt von minus unendlich.

Bei der einfachen Nullstelle $x_1 = -1$ erfolgt ein Vorzeichenwechsel.

Bei der doppelten Nullstelle $x_2 = 2$ findet kein Vorzeichenwechsel statt.

Daher kann der Graph der Funktion f nur im gefärbten Bereich verlaufen.

Die y-Achse schneidet er im Punkt Y.

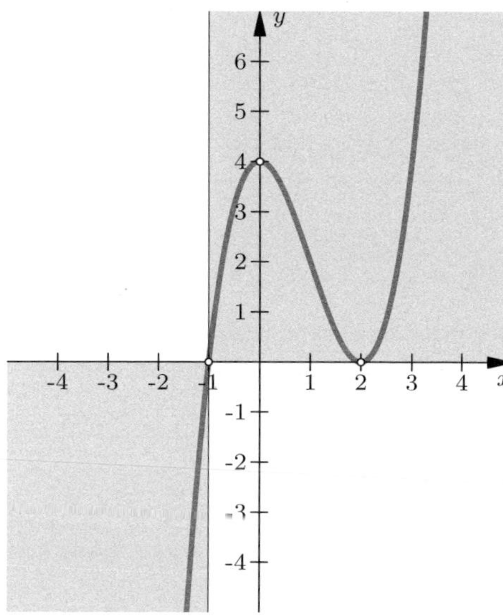

Wir können jetzt den Verlauf von ganzrationalen Funktionen skizzieren. Das hier beschriebene Verfahren wird als *Felder abstreichen* bezeichnet.

Zu einem späteren Zeitpunkt werden wir Graphen von Funktionen sogar noch viel genauer beschreiben können, aber dafür fehlen uns bislang noch einige wichtige Begriffe aus der *Differentialrechnung*.

7 Differenzieren – Ableiten

7.1 Einführung

Oft ist es von Bedeutung zu wissen, wie stark Funktionsgraphen an einer Stelle x_0 steigen oder fallen. Als Maß dafür verwendet man die Steigung der Tangente an dieser Stelle. Diese Steigung nennt man Ableitung der Funktion f an der Stelle x_0, kurz $f'(x_0)$. Das Problem ist es jedoch meist, die Tangentensteigung zu bestimmen.

Bei linearen Funktionen g mit $g(x) = m\,x + t$ gilt: $g'(x) = m = konstant$, d. h. für alle x haben die Tangenten dieselbe Steigung m.

Bei allgemeinen Parabeln $f(x) = a\,x^2 + b\,x + c$ kann die Ableitung nicht konstant sein, da die Steigung der Tangenten an jedem Ort einer Parabel verschieden ist. Wir versuchen nun allgemein die Ableitung einer Parabel an einer Stelle x_0 zu ermitteln.

Wenn wir zwei nahe gelegene Punkte P und Q auf einem Graphen zu einer Geraden verbinden, ähnelt die Steigung dieser Sekante der gesuchten Tangentensteigung bei P.

P besitze nun die Koordinaten $P(x_0 \,|\, f(x_0))$. Der Punkt $Q\,(x_0 + h \,|\, f\,(x_0 + h))$ hat eine um h größere x-Koordinate.

Es gilt: $\Delta x = h$ und $\Delta y = f(x_0 + h) - f(x_0)$

Wir erhalten für die Steigung m_S der Sekanten den sogenannten *Differenzenquotient*:

$$m_S = \frac{\Delta y}{\Delta x} = \frac{f(x_0 + h) - f(x_0)}{h}$$

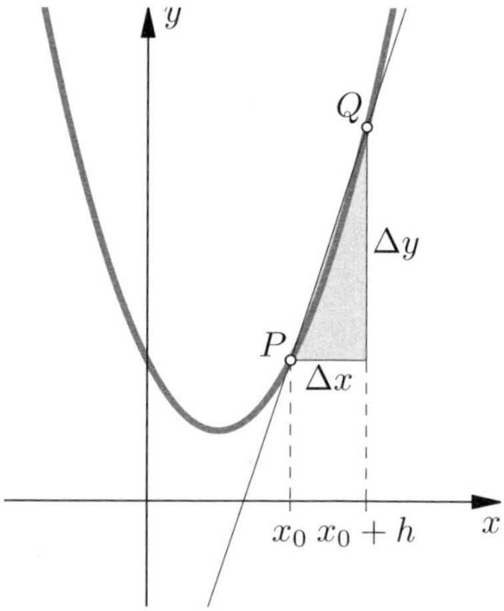

7

Lassen wir Q ganz nahe an P heranrücken, dann ist der Grenzwert der Sekantensteigung für $h \to 0$ die Tangentensteigung bei x_0, also die gesuchte Ableitung.

Der Ausdruck

$$f'(x_0) = \lim_{h \to 0} \frac{f(x_0 + h) - f(x_0)}{h}$$

heißt *Ableitung* von f an der Stelle x_0.

Mit dem Grenzwert des Differenzenquotienten lassen sich die Ableitungen aller Funktionen berechnen. Existiert der Grenzwert an der Stelle x_0 nicht, dann heißt die Funktion an der Stelle x_0 nicht differenzierbar. Der Grenzwert wird *Differentialquotient* genannt.

7.2 Ableiten ganzrationaler Funktionen

Wir ermitteln nun die Ableitung einer allgemeinen quadratischen Funktion an einer beliebigen Stelle x, indem wir den Differentialquotienten benutzen:

$$
\begin{aligned}
f'(x) &= \lim_{h\to 0} \frac{f(x+h)-f(x)}{h} = \lim_{h\to 0} \frac{a(x+h)^2 + b(x+h) + c - \left(ax^2+bx+c\right)}{h} \\
&= \lim_{h\to 0} \frac{ax^2 + 2\,axh + ah^2 + bx + bh + c - ax^2 - bx - c}{h} \\
&= \lim_{h\to 0} \frac{2\,axh + ah^2 + bh}{h} = \lim_{h\to 0} (2\,ax + b + \underbrace{ah}_{\to 0}) = 2\,ax + b
\end{aligned}
$$

Unsere bisherigen Ergebnisse sind:

Funktion	$2\,x-4$	x^2	ax^2+bx+c
Ableitung	2	$2\,x$	$2\,ax\ +b$

Weitere Untersuchungen ergeben:

Funktion	$ax^3 + bx^2 + cx + d$	$ax^4 + bx^3 + \cdots$
Ableitung	$3\,ax^2 + 2\,bx + c$	$4\,ax^3 + 3\,bx^2 + \cdots$

Es fällt auf:

- Konstante Summanden (ohne x) fallen beim Ableiten weg.
- Exponenten der Funktion treten in der Ableitung als Vorfaktor am entsprechenden Summanden auf
- Alle Exponenten verringern sich um 1
- Alle Vorfaktoren bleiben unverändert

Somit gilt für das Ableiten von ganzrationalen Funktionen:

$a \cdot x^n \xrightarrow{\text{abgeleitet}} n \cdot a \cdot x^{n-1}$ (Exponent vorziehen und verkleinern)

Da die Ableitungen einer Funktion ebenfalls eine Funktion ist, kann diese natürlich erneut abgeleitet werden:

$$
\begin{aligned}
f(x) &= x^4 + x^3 + x^2 + 1 \\
f'(x) &= 4\,x^3 + 3\,x^2 + 2\,x \\
f''(x) &= 12\,x^2 + 6\,x + 2 \\
f'''(x) &= 24\,x + 6 \\
f''''(x) &= 24
\end{aligned}
$$

Nun, da wir alle ganzrationalen Funktionen ableiten können, gehen wir in den nächsten Abschnitten auf die Verwendung von Ableitungen näher ein.

7.3 Bedeutung von Ableitungen

Hier sind zwei Funktionen (jeweils dick) mit ihren Ableitungen (dünn) dargestellt.

f mit $f(x) = 0{,}5\,x^2 - 2\,x + 3$

f' mit $f'(x) = x - 2$

g mit $g(x) = x^3 - 4\,x^2 + 3\,x + 4$

g' mit $g'(x) = 3\,x^2 - 8\,x + 3$

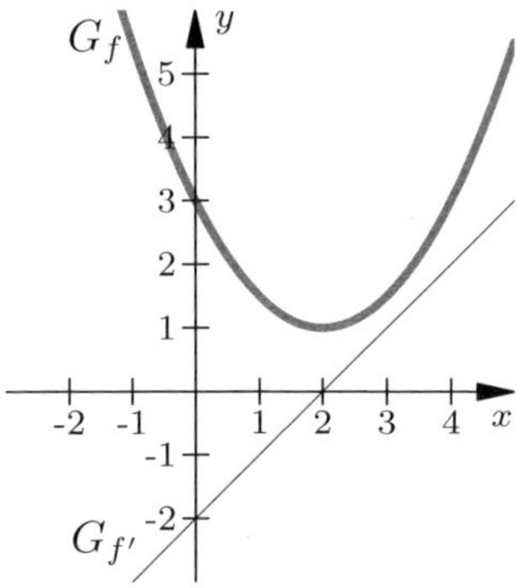

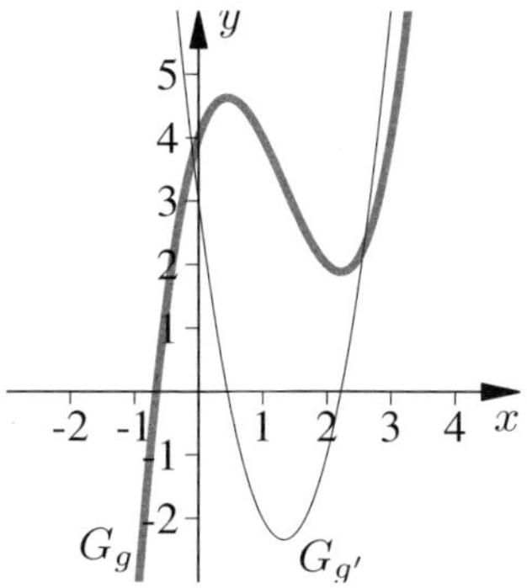

Da die Ableitung die Steigung der Funktion ist, steigt die Funktion überall dort, wo ihre Ableitung positiv ist (oberhalb der x-Achse) und fällt überall dort, wo ihre Ableitung negativ ist (unterhalb der x-Achse). Je größer der absolute Wert der Ableitung ist, desto steiler steigt bzw. fällt die Funktion.

Dort, wo die Ableitung den Wert 0 annimmt, besitzen obige Graphen einen Hochpunkt oder Tiefpunkt, also *relative Extremwerte* (Werte, die relativ zu ihrer Umgebung maximal oder minimal sind).

Ein *relativer Hochpunkt* besteht nur dann, wenn zwei Punkte links und rechts in der unmittelbaren Umgebung tiefer liegen als der Hochpunkt selbst. Bei einem Tiefpunkt müssen diese höher liegen als der Tiefpunkt.

7

> Die Ableitung ist an einer relativen Extremstelle null, weil dort ein Übergang von steigend zu fallend ist bzw. andersrum.

Beispiel: Bestimmen Sie den relativen Extrempunkt der Funktion

$$f \text{ mit } f(x) = 0{,}5\,x^2 - 2\,x + 3.$$

Für die Ableitung gilt $f'(x) = x - 2$. Wir setzen

$$f'(x) = 0 \quad \Leftrightarrow \quad x - 2 = 0 \quad \Leftrightarrow \quad x = 2$$

Daher ist der relative Extrempunkt (hier auch der Scheitelpunkt der Parabel) bei $x = 2$. Wie man zeigt, ob dieser Extrempunkt ein Hoch- oder Tiefpunkt ist, wird im nächsten Abschnitt gezeigt.

7.4 Bestimmung von Extrempunkten

Gegeben ist die Funktion f mit $f(x) = \frac{1}{3}x^3 + \frac{1}{2}x^2 - 2x$. Ihr Graph ist unten rechts dargestellt.

Wir wollen nun ihre beiden Extrempunkte berechnen. Hierzu leiten wir die Funktion zunächst ab:

$$f'(x) = x^2 + x - 2$$

An den Extremstellen ist die Ableitung gleich null (wie im letzten Abschnitt gezeigt):

$$x^2 + x - 2 = 0$$

Über die Mitternachtsformel

$$x_{1,2} = \frac{-b \pm \sqrt{b^2 - 4ac}}{2a}$$

erhalten wir die beiden Lösungen:

$$x_1 = -2, \qquad x_2 = 1$$

Daher können sich die Extremstellen der Funktion f nur dort befinden.

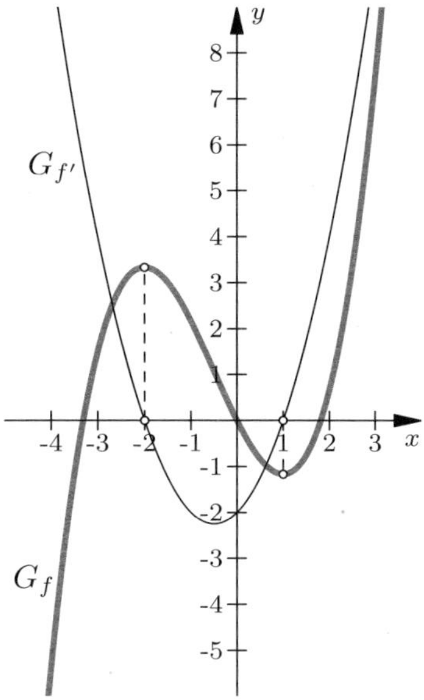

Doch welcher ist ein Hoch- bzw. Tiefpunkt? Ein Hochpunkt war so definiert, dass die Punkte links und rechts von ihm niedriger sind. Das bedeutet, vor ihm steigt die Funktion und nach ihm fällt sie. Für die Ableitung $f'(x)$ bedeutet das, dass sie erst positiv und dann negativ ist. In obiger Abbildung können wir dies erkennen. Beim Tiefpunkt ist sie erst negativ und dann positiv.

Wenn die Ableitung beim Hochpunkt erst positiv und dann negativ sein soll, bedeutet dass, dass ihr Graph durch die x-Achse fällt. Die Ableitung selbst hat eine negative Steigung. Die Ableitung der Ableitung ist aber die zweite Ableitung der Funktion, also gilt:

Bedingung für einen Hochpunkt an der Stelle x:

$$\left.\begin{array}{ll} \text{I.} & f'(x) = 0 \\ \text{II.} & f''(x) < 0 \end{array}\right\} \text{Die Ableitung „fällt durch" die } x\text{-Achse}$$

Bedingung für einen Tiefpunkt an der Stelle x:

$$\left.\begin{array}{ll} \text{I.} & f'(x) = 0 \\ \text{II.} & f''(x) > 0 \end{array}\right\} \text{Die Ableitung „steigt durch" die } x\text{-Achse}$$

7

7.5 Bestimmung von Wendepunkten

Hier sind die Graphen von der Funktion f mit $f(x) = 0{,}5\,x^3 + 1{,}5\,x^2 - 3\,x - 2$ und von den ersten beiden Ableitungen von f dargestellt.

Graph von f — Graph von f' — Graph von f''

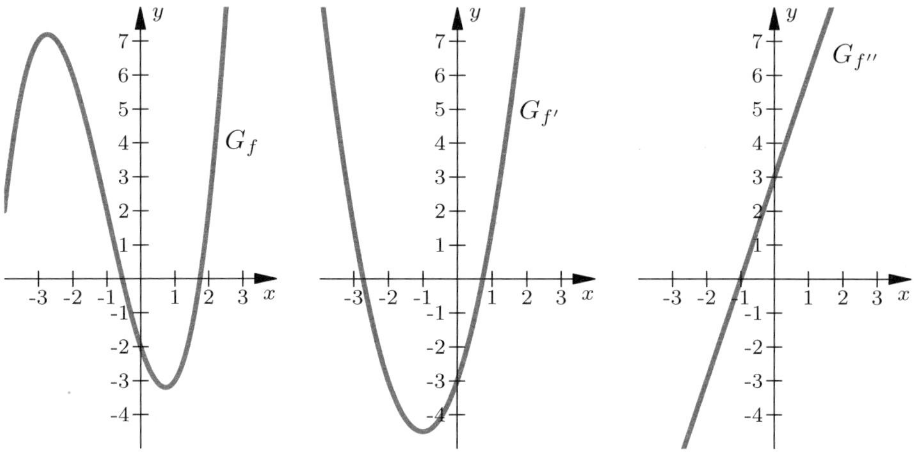

$f(x) = 0{,}5\,x^3 + 1{,}5\,x^2 - 3\,x - 2$ $\quad$ $f'(x) = 1{,}5\,x^2 + 3\,x - 3$ $\quad$ $f''(x) = 3\,x + 3$

Wir bestimmen die möglichen Extrempunkte der ersten Ableitung f', indem wir den Funktionsterm der zweiten Ableitung gleich null setzen, also:

$$f''(x) = 3\,x + 3 = 0 \quad \Rightarrow \quad x = -1$$

Da f''' an der Stelle $x = -1$ größer als null ist ($f'''(0) = 3$), besitzt die erste Ableitung bei $x = -1$ den Tiefpunkt $T(-1 \mid -4{,}5)$.

Das Minimum von f' bei $x = -1$ bewirkt, dass der Graph von f bei $x = -1$ am steilsten ist. Zuvor fällt er weniger steil, danach auch weniger steil. Bis zu dieser Stelle ist der Graph *rechtsgekrümmt*, danach *linksgekrümmt*. Man spricht daher bei der Funktion f von einem *Wendepunkt* $W(-1 \mid 2)$.

Bedingung für einen Wendepunkt an der Stelle x:

$$\left.\begin{array}{ll} \text{I.} & f''(x) = 0 \\ \text{II.} & f'''(x) \neq 0 \end{array}\right\} \text{Extrempunkt der ersten Ableitung bei } x$$

Die Wendepunkte einer Funktion f korrespondieren zu den Extrempunkten der ersten Ableitung von f.

7.6 Bestimmung von Terrassenpunkten

Hier soll gezeigt werden, wie wichtig es ist, dass die beiden Bedingungen für Extrempunkte oder Wendepunkte zutreffen müssen und nicht nur die erste der beiden.

Beispiel:

Gegeben ist die Funktion f mit $f(x) = \frac{1}{3}x^3 + 2$ mit ihrer Ableitung f' mit $f'(x) = x^2$.

Die erste Ableitung ist an der Stelle $x = 0$ gleich null. Falls die zweite Ableitung an der Stelle $x = 0$ ungleich null ist, wissen wir, dass ein Extrempunkt vorliegt.

Das ist hier jedoch nicht der Fall, denn: $f''(x) = 2\,x \quad \Rightarrow \quad f''(0) = 0$

Wir berechnen die dritte Ableitung f''' mit: $f'''(x) = 2 \quad \Rightarrow \quad f'''(0) = 2$

Somit gelten alle Bedingungen für einen Wendepunkt: Die zweite Ableitung ist null, die dritte ist ungleich null. Wendepunkte, bei denen zusätzlich die erste Ableitung gleich null ist, werden *Terrassenpunkte* oder *Sattelpunkte* genannt.

Bedingungen für einen Terrassenpunkt an der Stelle x:

I. $f'(x) = 0$

II. $f''(x) = 0$

III. $f'''(x) \neq 0$

Falls die Bedingung III. nicht erfüllt ist, also $f'''(x) = 0$ gilt, liegt entweder ein Terrassenpunkt oder ein Extrempunkt vor.

Erinnern wir uns an den Abschnitt *Vielfachheit von Nullstellen*. Alle mehrfachen Nullstellen mit ungerader Vielfachheit sind Stellen, an denen sich ein Terrassenpunkt befindet.

Die Funktion f entsteht durch Verschiebung der Funktion g mit $g(x) = \frac{1}{3}\,x^3$ um zwei Einheiten nach oben.

Die Funktion g besitzt die dreifache Nullstelle $x = 0$.

Der Punkt $T(0 \mid 2)$ ist folglich ein Terrassenpunkt der Funktion f.

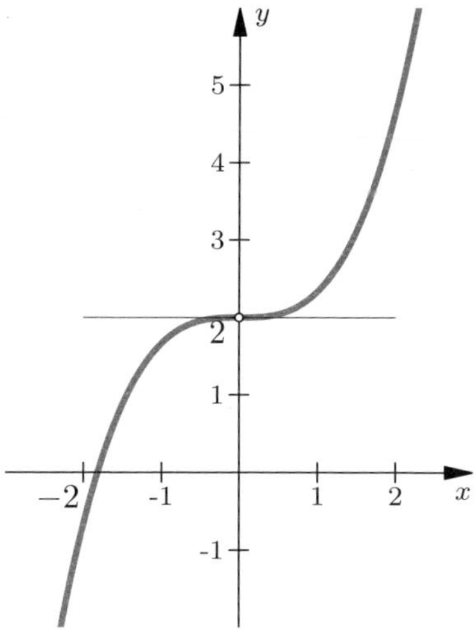

7.7 Die Produktregel

Wir wissen bereits, wie man ganzrationale Funktionen ableitet. Nun lernen wir drei weitere Ableitungsregeln kennen, die jeder unbedingt beherrschen sollte. Mithilfe dieser Regeln kann man nämlich quasi alle in der Schulmathematik vorkommenden Funktionen ableiten.

Produktregel: Für die erste Ableitung einer Funktion f mit $f(x) = v(x) \cdot u(x)$ gilt:

$$f'(x) = v'(x) \cdot u(x) + v(x) \cdot u'(x)$$

(Faktor 1 ableiten, Faktor 2 bleibt plus Faktor 1 bleibt, Faktor 2 ableiten)

Beispiel:

$$f(x) = (2\,x + 1)(x^2 - 2) \overset{\text{abgeleitet}}{\longrightarrow} f'(x) = 2 \cdot (x^2 - 2) + (2\,x + 1) \cdot 2\,x$$

7.8 Die Quotientenregel

Die Quotientenregel:

Für die erste Ableitung einer Funktion f mit $f(x) = \frac{Z(x)}{N(x)}$ gilt:

$$f'(x) = \frac{N(x) \cdot Z'(x) - Z(x) \cdot N'(x)}{N^2(x)}$$

Beispiel:

$$f(x) = \frac{2\,x + 1}{x^2 - 4} \quad \overset{\text{abgeleitet}}{\longrightarrow} \quad f'(x) = \frac{(x^2 - 4) \cdot 2 - (2\,x + 1) \cdot 2\,x}{(x^2 - 4)^2}$$

Die Quotientenregel sieht kompliziert aus, sollte jedoch auswendig gewusst werden. Eine beliebte Eselsbrücke ist die „NAZ minus ZAN“ Regel für den Zähler. Sie lautet:

Nenner mal **A**bleitung **Z**ähler **minus** **Z**ähler mal **A**bleitung **N**enner.

Eine weitere beliebte Eselsbrücke ist der sogenannte *Fisch*.

Man schreibt mit Bleistift die Ableitung von Zähler und Nenner neben den Bruch, zeichnet den Fisch ein und folgt der Linie um den Zähler zu erhalten.

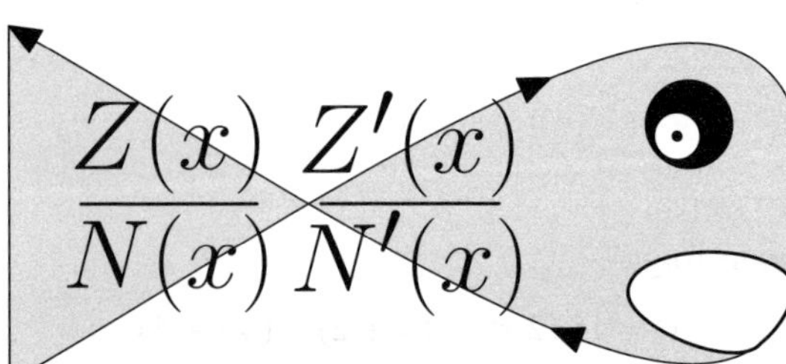

7.9 Die Kettenregel

Die Kettenregel ist eine Ableitungsregel, die uns das Ableiten sehr vieler Funktionen erleichtern bzw. ermöglichen wird. Man betrachtet die Funktion f dabei als Verkettung zweier Funktionen u und v. Dabei nennt man u die *äußere Funktion* und v die *innere Funktion*. Man schreibt:

$$f(x) = u(v(x))$$

Die Kettenregel lautet:

$$u(v(x)) \xrightarrow{\text{abgeleitet}} u'(v(x)) \cdot v'(x)$$

1. äußere Funktion ableiten, innere bleibt gleich: $u'(v(x))$
2. innere Funktion nachdifferenzieren (Ableitung multiplizieren): mal $v'(x)$

Beispiel:

$$f(x) = 2\,(2\,x + 3)^{10} - 5$$

Die äußere Funktion ist u:

$$u(x) = 2\,x^{10} - 5$$

die innere Funktion ist v:

$$v(x) = 2\,x + 3$$

Die Ableitung der äußeren Funktion ist u':

$$u'(x) = 10 \cdot 2 \cdot x^9$$

Lassen wir die innere Funktion gleich, erhalten wir: $20 \cdot (2\,x + 3)^9$

Jetzt müssen wir aber noch nach Schritt 2 die Ableitung der inneren Funktion dazu multiplizieren. Die Ableitung von $2\,x + 3$ ist 2, daher multiplizieren wir 2 noch hinzu und erhalten insgesamt:

$$f'(x) = 20 \cdot (2\,x + 3)^9 \cdot 2 = 40(2\,x + 3)^9$$

Beispiel:

$$k(x) = 5\,(2\,x^2 + 4\,x + 2)^3 - 6$$

Wir bestimmen die äußere und die innere Funktion und deren Ableitungen:

$$u(x) = 5\,x^3 - 6; \qquad u'(x) = 15\,x^2;$$
$$v(x) = 2\,x^2 + 4\,x + 2; \qquad v'(x) = 4\,x + 4$$

Daraus folgt:

$$k'(x) = 15\,(2\,x^2 + 4\,x + 2)^2 \cdot (4\,x + 4)$$

7

8 Besondere Funktionen

8.1 Die Umkehrfunktion

Wie wir wissen, ordnet eine Funktion jedem Wert x aus der Definitionsmenge $\mathbb{D}$ einen eindeutigen Wert y aus der Wertemenge $\mathbb{W}$ zu. Wir wollen nun von den Werten der Wertemenge auf die Werte der Definitionsmenge schließen, d. h. wir möchten anhand eines Funktionswertes $f(x)$ den zugehörigen Wert x bestimmen. Es stellt sich dabei die Frage, unter welchen Voraussetzungen das überhaupt klappt.

Beispiel: g mit $g(x) = 2x + 4$.

Wir lösen nach x auf und erhalten:

$$x = \frac{g(x) - 4}{2} = 0{,}5\,g(x) - 2$$

Die Funktion g^{-1} mit $g^{-1}(x) = 0{,}5\,x - 2$ heißt *Umkehrfunktion* von g.

Es gilt:

$$g^{-1}(g(x)) = x$$

denn eingesetzt erhalten wir

$$0{,}5 \cdot g(x) - 2 = x$$

$$0{,}5 \cdot (2x + 4) - 2 = x$$

$$x = x$$ und dieser Ausdruck ist wahr

Es gilt z. B. $g(10) = 24$ und $g^{-1}(24) = 10$.

8

Beispiel: Nun wollen wir die Umkehrfunktion von f mit $f(x) = x^2$ und $\mathbb{D} = \mathbb{R}$ bestimmen. Wir lösen dazu die Funktionsgleichung nach x auf:

$$f(x) = x^2 \quad \Rightarrow \quad x = \pm\sqrt{f(x)}$$

Der Ausdruck $f^{-1}(x) = \pm\sqrt{x}$ ist keine eindeutige Zuordnung, da jedem x bis zu zwei Funktionswerte zugeordnet werden (wegen dem Plusminus). Die Zuordnung ist daher keine Funktion.

Die Normalparabel ist somit nicht umkehrbar (aus $f(x) = 4$ kann man nicht schließen, ob $x = 2$ oder $x = -2$ ist, da der Funktionswert 4 zweimal vorkommt).

Zur Umkehrbarkeit von Funktionen:

Eine Funktion ist in einem Intervall nur dann umkehrbar, wenn in diesem Intervall jeder Funktionswert höchstens einmal vorkommt.

8.2 Die Wurzelfunktion

Im letzten Abschnitt konnten wir die Normalparabel nicht umkehren, da die Funktionswerte nicht einmalig waren. Diesmal sei folgende Funktion gegeben:

$$f \text{ mit } f(x) = x^2 - 2; \quad \mathbb{D} = \mathbb{R}_0^+$$

Die rechte Abbildung zeigt den Graphen von f.

Die Definitionsmenge ist auf $\mathbb{R}_0^+$ eingeschränkt.

Die Wertemenge ist $\mathbb{W} = [-2;\ \infty[$.

Die Funktion ist jetzt allerdings in ihrer gesamten Definitionsmenge umkehrbar, da jeder Funktionswert höchstens einmal vorkommt.

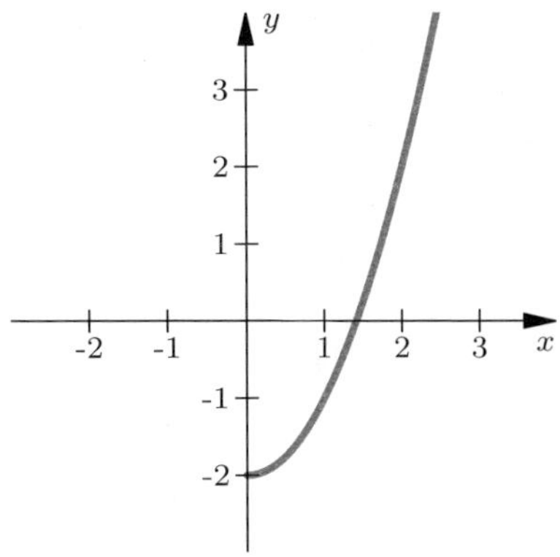

Auflösen nach x liefert:

$$f(x) = x^2 - 2; \quad \mathbb{D} = [0;\ \infty[,\ \mathbb{W} = [-2;\ \infty[\quad \Leftrightarrow \quad x = \sqrt{f(x) + 2}$$

Die Umkehrfunktion ist somit

$$f^{-1} \text{ mit } f^{-1}(x) = \sqrt{x + 2}; \quad \mathbb{D}_{f^{-1}} = [-2;\ \infty[,\ \mathbb{W}_{f^{-1}} = [0;\ \infty[.$$

Der Graph von f^{-1} ist rechts abgebildet.

Was außerdem auffällt:

Die Definitionsmenge der Umkehrfunktion entspricht der Wertemenge der Ausgangsfunktion.

Die Wertemenge der Umkehrfunktion entspricht der Definitionsmenge der Ausgangsfunktion.

Die Graphen der beiden Funktionen können durch Spiegelung an der ersten Winkelhalbierenden ineinander überführt werden.

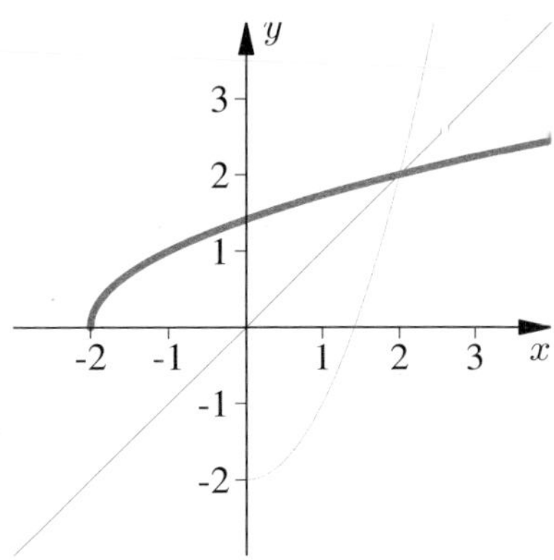

8.3 Die Signum- und Integerfunktion

Die *Signumfunktion* sgn(x) gibt lediglich das Vorzeichen von x wieder. Für Werte kleiner null ist sgn stets -1, für Werte größer null ist sgn stets $+1$ und für null ist auch sgn gleich null. Man schreibt dies in folgender Form:

$$\text{sgn}(x) = \begin{cases} -1 & \text{für } x < 0 \\ 0 & \text{für } x = 0 \\ 1 & \text{für } x > 0 \end{cases}$$

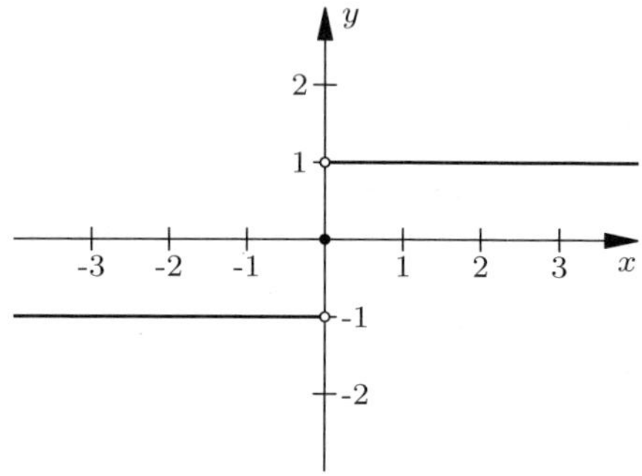

Der Graph der Signumfunktion ist rechts abgebildet.

Die Signumfunktion ist die erste *unstetige Funktion*, die wir kennenlernen. Diese Funktion macht an der Stelle $x = 0$ einen Sprung:

$$\text{sgn}(0) = 0; \quad \lim_{x \to 0^-} \text{sgn}(x) = -1; \quad \lim_{x \to 0^+} \text{sgn}(x) = +1$$

$\lim\limits_{x \to 0^-} \text{sgn}(x)$ ist der Grenzwert von sgn(x), wenn x gegen 0 von links aus geht.
$\lim\limits_{x \to 0^-} \text{sgn}(x)$ ist der Grenzwert von sgn(x), wenn x gegen 0 von rechts aus geht.

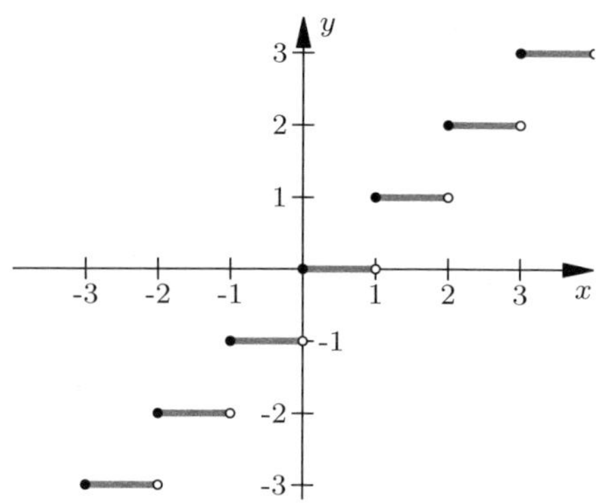

Die *Integerfunktion* liefert nur ganzzahlige Funktionswerte. Dabei wird nicht nicht kaufmännisch gerundet, sondern die Nachkommastellen werden weggelassen.

Rechts ist der Graph der Funktion f mit $f(x) = \text{int}(x)$ abgebildet.

Die Integerfunktion ist ebenfalls unstetig. Sie ist für die weitere Schullaufbahn eher unwichtig (zumindest sahen wir sie bis zum Abitur nie wieder), jedoch sollte ihr Prinzip verstanden werden.

Über die Stetigkeit:

Eine Funktion ist an der Stelle x_0 stetig, wenn bei x_0 der linke Grenzwert, der rechte Grenzwert und der Funktionswert gleich ist:

$$\lim_{x \to x_0^-} f(x_0) = \lim_{x \to x_0^+} f(x_0) = f(x_0)$$

Merke:

Ist eine Funktion bei x_0 stetig, dann ist dort kein Sprung.

8.4 Die Betragsfunktion

Die *Betragsfunktion* f mit $f(x) = |x|$ liefert für alle $x \in \mathbb{R}$ den *Betrag* von x. Dieser ist der Zahlenwert, ohne das Vorzeichen. Er entspricht dem Abstand eines Wertes x zur null auf dem Zahlenstrahl.

Beispiele: $|-4| = 4$; $|2| = 2$; $|3 - 5| = |5 - 3| = 2$

Der Graph der Funktion f mit $f(x) = |x|$ ist rechts abgebildet.

Der Graph entspricht dem Graphen der Geraden $y = x$, wenn man den negativen Teil nach oben „klappt".

Dies ist die erste stetige Funktion mit einem „Knick". Diese Knicke werden in der 13. Klasse noch sehr wichtig.

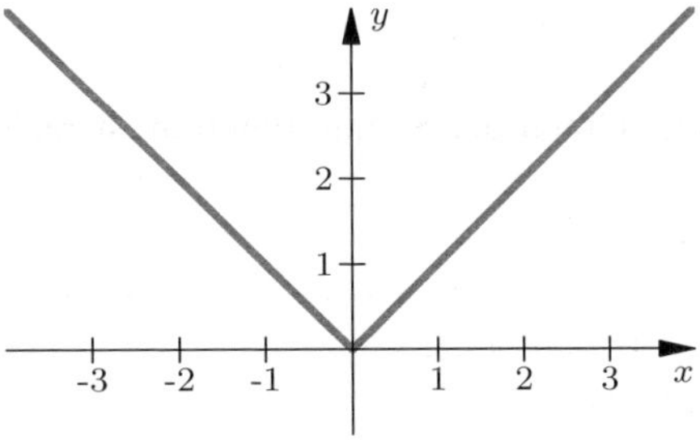

Dieser „Knick" hier ist offenbar ein Tiefpunkt der Funktion. Jedoch besitzt die Funktion an der Stelle $x = 0$ keine Ableitung, man sagt sie ist dort *nicht differenzierbar*. Daher kann man solch einen Extrempunkt nicht nach gewohnter Art und Weise finden.

Über die Differenzierbarkeit einer Funktion an der Stelle x_0:

Eine Funktion heißt differenzierbar an der Stelle x_0, wenn gilt:

$$\lim_{x \to x_0^-} f'(x_0) = \lim_{x \to x_0^+} f'(x_0) = f'(x_0)$$

Merke:

Ist eine Funktion bei x_0 differenzierbar, dann ist dort kein „Knick".

8

Die Betragsfunktion ist auf ihrer gesamten Definitionsmenge stetig, d. h. sie macht keine Sprünge.

Beispiel: Wir möchten die Betragsfunktion f mit $f(x) = |x|$ ohne Betragsstriche schreiben.

Dazu benutzen wir die Wurzelfunktion g und die quadratische Funktion h mit

$$g(x) = \sqrt{x} \quad \text{und} \quad h(x) = x^2.$$

Wenden wir auf ein beliebiges x zunächst die Funktion h an, dann wird x quadriert. Wenn wir anschließend mithilfe von g die positive Wurzel ziehen, erhalten wir damit den Betrag von x und das Vorzeichen ist verschwunden:

$$g(h(x)) = \sqrt{x^2} = |x|$$

8.5 Abschnittsweise definierte Funktionen

In diesen Abschnitt lernen wir eine neue Art von Funktionen kennen, an denen selbst nicht viel Neues ist.

Beispiel: Gegeben ist die Funktion f mit

$$f(x) = \begin{cases} -x + 2{,}5; & x \leq 2 \\ 0{,}5(x-3)^2; & x > 2 \end{cases} .$$

Diese Schreibweise bedeutet, dass, wenn x kleiner oder gleich 2 ist, x im Term $-x + 2{,}5$ eingesetzt werden muss, um den zugehörigen Funktionswert zu erhalten, wenn x jedoch größer ist als 2 in den Term $0{,}5(x-3)^2$.

Eine Aufgabe könnte nun lauten: „Überprüfen Sie, ob die Funktion f an der Stelle $x = 2$ stetig oder sogar differenzierbar ist."

Um die Stetigkeit zu zeigen, muss der Funktionswert an der Stelle $x = 2$ gleich seinem linksseitigen und rechtsseitigen Grenzwert sein:

$$f(2) = -2 + 2{,}5 = 0{,}5;$$
$$\lim_{x \to 2^-} f(x) = \lim_{x \to 2^-} -x + 2{,}5 = 0{,}5;$$
$$\lim_{x \to 2^+} f(x) = \lim_{x \to 2^+} 0{,}5(x-3)^2 = 0{,}5$$

Somit gilt $\lim\limits_{x \to 2^-} f(x) = f(x) = \lim\limits_{x \to 2^+} f(x)$ und die Funktion ist dort stetig.

8

Um zu überprüfen, ob die Funktion differenzierbar ist, bilden wir zunächst die Ableitung f' mit

$$f'(x) = \begin{cases} -1; & x \leq 2 \\ x-3; & x > 2 \end{cases} .$$

Die Funktion ist bei $x = 2$ differenzierbar, wenn links- und rechtsseitiger Grenzwert der Ableitung übereinstimmen:

$$f'(2) = -1;$$
$$\lim_{x \to 2^-} f'(x) = \lim_{x \to 2^-} -1 = -1;$$
$$\lim_{x \to 2^+} f'(x) = \lim_{x \to 2^+} x - 3 = -1$$

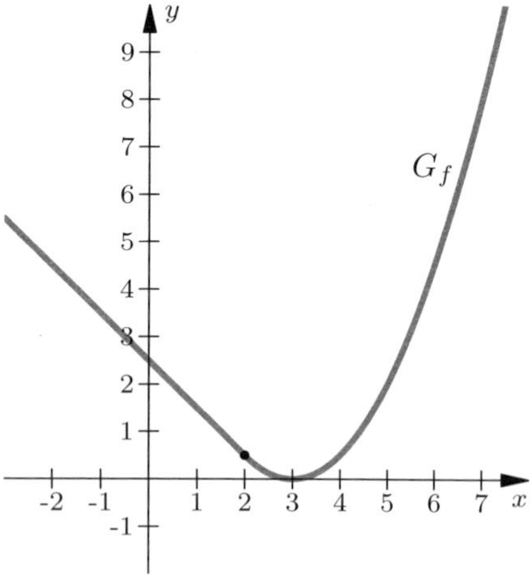

Die Funktion f ist somit differenzierbar an der Stelle $x = 2$. Wie ihr Graph belegt, hat sie dort daher weder eine Sprungstelle noch einen Knick.

9 Gebrochen-rationale Funktionen

9.1 Einführung

Bisher behandelten wir ganzrationale Funktionen g der Form

$$g(x) = a_n x^n + a_{n-1} x^{n-1} + \cdots + a_1 x + a_0.$$

Eine *gebrochen-rationale Funktion f* hat die Form

$$f(x) = \frac{g(x)}{h(x)},$$

wobei $g(x)$ und $h(x)$ ganzrationale Funktionen sind.

Man unterscheidet zwischen *echt gebrochen-rationalen Funktionen* und *unecht gebrochen-rationalen Funktionen*. Bei echt gebrochen-rationalen Funktionen ist der Grad des Zählers niedriger als der Grad des Nenners. Bei unecht gebrochen-rationalen Funktionen ist der Grad des Zählers kleiner oder gleich dem Nennergrad.

Beispiel:

echt gebrochen-rationale Funktion	unecht gebrochen-rationale Funktion
f mit $f(x) = \dfrac{4\,x^3 + 2\,x^2 - 8\,x + 12}{x^5 - 3\,x^2 + 2}$	g mit $g(x) = \dfrac{x^3 - 1}{2\,x^2}$

Wie schon bei den ganzrationalen Funktionen wollen wir darauf hinarbeiten, den Verlauf des Graphen zu bestimmen. Einiges Neues kommt hinzu, doch vieles bleibt, denn im Grunde bilden wir den Bruch aus zwei Funktionen, deren Verlauf wir jetzt schon bestimmen können. Es folgen noch zwei graphische Beispiele zu gebrochen-rationalen Funktionen:

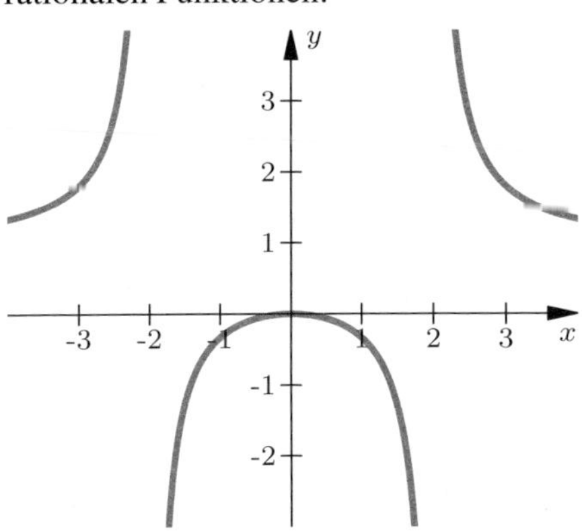

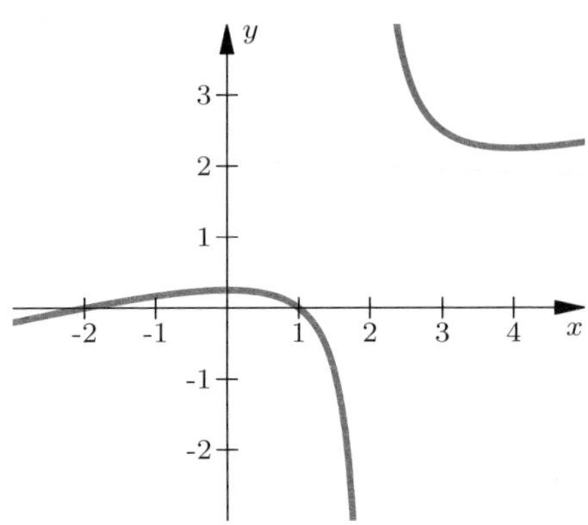

Wie wir auf den ersten Blick sehen, gibt es auch hier Nullstellen, Hochpunkte, Tiefpunkte, Wendepunkte usw. Doch gibt es etwas Neues – nämlich Stellen, an denen die Funktion nicht definiert ist, aber dazu später mehr.

9.2 Maximale Definitionsmenge

Bisher mussten wir uns (außer bei der Wurzelfunktion) selten Gedanken machen, was die maximale Definitionsmenge ist, denn wir konnten als Definitionsmenge fast immer $\mathbb{R}$ wählen. Bei gebrochen-rationalen Funktionen muss die Definitionsmenge häufig eingegrenzt werden, wie sich gleich zeigt:

$$f(x) = \frac{h(x)}{g(x)}$$

Aus der Definitionsmenge müssen alle Werte x ausgeschlossen werden, für die der Nenner $g(x)$ null wird, da nicht durch null geteilt werden kann.

Daher gehört fortan zur Bestimmung der Definitionsmenge das Bestimmen der Nullstellen im Nenner. Hierzu ist keine neue Mathematik erforderlich.

Beispiel:

$$f(x) = \frac{2\,x}{x^2 - 5\,x + 6}$$

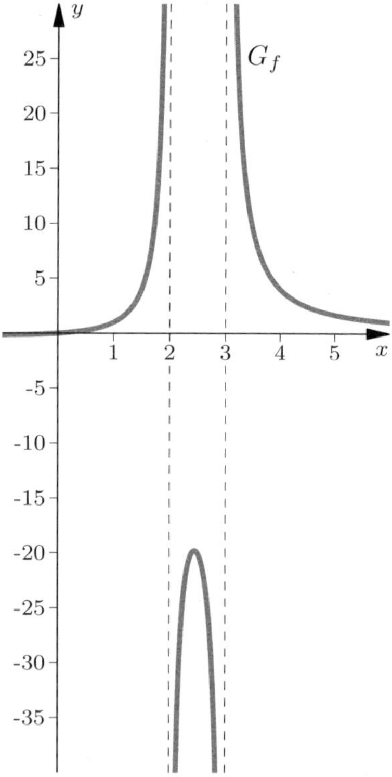

Für die Bestimmung der Definitionsmenge ist der Zähler belanglos, aber der Nenner darf niemals null werden:

$$x^2 - 5\,x + 6 \neq 0$$

Mithilfe der Mitternachtsformel erhalten wir $x_1 = 2$ und $x_2 = 3$.

Diese beiden Werte müssen daher aus der Definitionsmenge ausgeschlossen werden.

Die so entstehenden Lücken in der Definitionsmenge bezeichnet man als *Definitionslücken*.

Für die Definitionsmenge gilt daher:

$$\mathbb{D} = \mathbb{R} \setminus \{2;\ 3\}$$

9

9.3 Polstellen

Betrachten wir die Graphen von folgenden Funktionen:

f mit $f(x) = \frac{1}{x}$; $\mathbb{D} = \mathbb{R} \setminus \{0\}$

g mit $g(x) = \frac{1}{x^2}$; $\mathbb{D} = \mathbb{R} \setminus \{0\}$

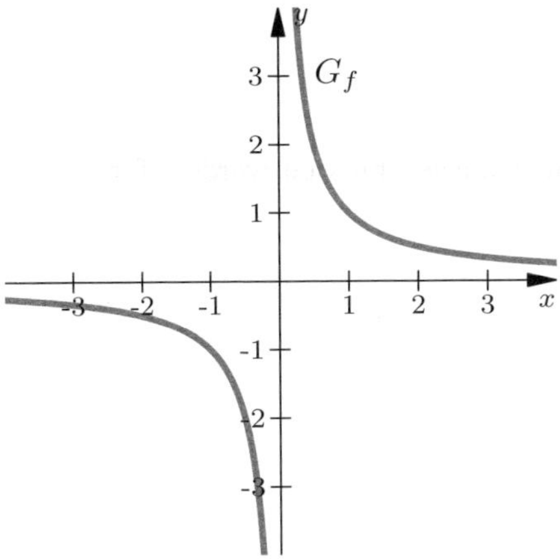

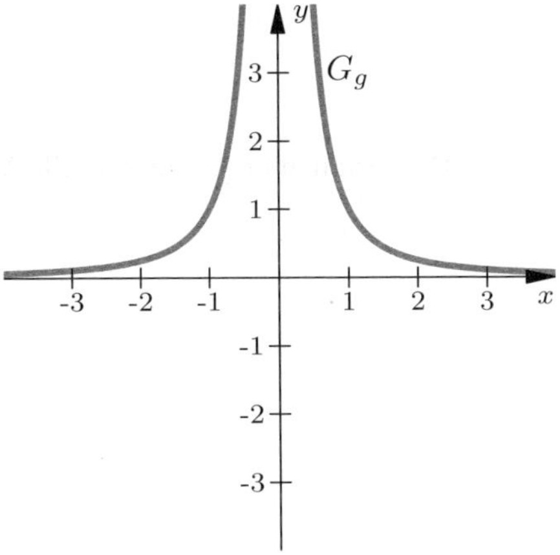

Beide Funktionen streben für $x \to \pm\infty$ gegen null:

$$\lim_{x \to \pm\infty} f(x) = \lim_{x \to \pm\infty} \frac{1}{x} = 0; \qquad \lim_{x \to \pm\infty} g(x) = \lim_{x \to \pm\infty} \frac{1}{x^2} = 0$$

Die Funktionen unterscheiden sich markant bei der Definitionslücke:

$$\lim_{x \to 0^+} f(x) = +\infty \qquad \lim_{x \to 0^+} g(x) = +\infty$$

$$\lim_{x \to 0^-} f(x) = -\infty \qquad \lim_{x \to 0^-} g(x) = +\infty$$

Beide Graphen nähern sich für $x \to \pm\infty$ der x-Achse. Für $x \to 0$ nähern sie sich der y-Achse. Die beiden Achsen nennen wir *Asymptoten* dieser Funktionen.

> Asymptoten sind Graphen, denen sich die Graphen von Funktionen beliebig nahe anschmiegen.

Im obigen Beispiel bedeutet dies, dass die beiden Graphen beliebig nahe an die beiden Achsen herankommen. Eine Definitionslücke wie oben $x = 0$, bei der eine vertikale Asymptote ist bzw. die Funktion ins Unendliche strebt, heißt *Polstelle*.

> Polstellen sind Definitionslücken, an denen der Graph der zugehörigen Funktion eine senkrechte Asymptote besitzt. Polstellen ungeraden Grades wechseln ihr Vorzeichen, Polstellen geraden Grades nicht.

9

9.4 Stetig behebbare Definitionslücken

Polstellen sind nicht die einzige Sorte von Definitionslücken. Dies zeigt das nächste

Beispiel: Gegeben ist die Funktion f mit $f(x) = \frac{x+1}{x+1}$.

Die Nullstelle des Nenners ist bei $x = -1$, daher ist $\mathbb{D}_{fmax} = \mathbb{R} \setminus \{-1\}$. Natürlich können wir den Zähler gegen den Nenner kürzen, jedoch gilt immer noch obige Definitionsmenge. Ihr Graph ist rechts abgebildet:

Bei $x = -1$ ist die Definitionslücke deutlich zu erkennen. Diese Stelle bezeichnet man als *stetig behebbare Definitionslücke*, da sie durch einen geeignet gewählten Punkt stetig zu beheben ist.

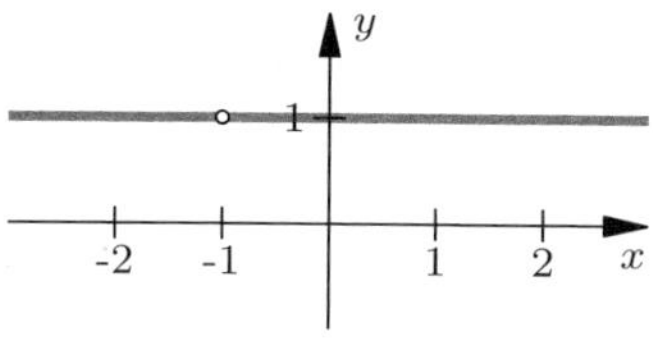

Hier wäre es der Punkt $P(-1 \mid 1)$, der das *Loch* im Graphen schließt.

Die *stetige Fortsetzung* $\tilde{f}$ setzt f an der Stelle $x = -1$ stetig fort. Sie ist abschnittsweise definiert:

$$\tilde{f} \text{ mit } \tilde{f}(x) = \begin{cases} f(x) & \text{für } x \neq -1 \\ 1 & \text{für } x = -1 \end{cases}$$

> **Stetig behebbare Definitionslücken** sind da, wo sich die Terme der Nenner- und Zählernullstellen so kürzen, dass der Term der Nennernullstelle wegfällt.

9

Beispiele: $\frac{x^2}{x} = x$, $\frac{x^2-1}{x+1} = \frac{(x+1)(x-1)}{x+1} = x - 1$

Achtung: Definitionslücken bestehen auch nach dem Kürzen weiter!

Die Loch-Koordinaten werden mithilfe einer Grenzwertuntersuchung ermittelt:

Beispiel: $k(x) = \frac{(x+1)}{(x+1)(x-1)}$; $\mathbb{D}_k = \mathbb{R} \setminus \{-1;\ 1\}$; $k(x) = \frac{1}{x-1}$

Da man Zähler und Nenner kürzen kann, befindet sich bei $x = -1$ eine stetig behebbare Definitionslücke. Wir untersuchen nun das Verhalten an dieser Definitionslücke:

$$\lim_{x \to -1^-} k(x) = \frac{1}{-1^- - 1} = \frac{1}{-2}; \qquad \lim_{x \to -1^+} k(x) = \frac{1}{-1^+ - 1} = \frac{1}{-2}$$

Bei der Definitionslücke $x = -1$ nähert sich die Funktion von beiden Seiten dem Grenzwert 0,5 an, daher ist dort eine stetig behebbare Definitionslücke, die durch den Punkt $P(-1 \mid -0{,}5)$ stetig geschlossen werden kann.

Durch Einsetzen von $x = -1$ in $k(x)$ ergibt sich ebenfalls die y-Koordinate von P:

$k(-1) = -0{,}5$

9.5 Nullstellen

Wie bei allen anderen Funktionen müssen wir, um die Nullstellen zu berechnen, die Funktionsgleichung einer gebrochen-rationalen Funktion f gleich null setzen. Das Schöne bei den gebrochen-rationalen Funktionen ist, dass der Nenner fast belanglos für den Ort der Nullstellen ist:

$$f(x) = \frac{g(x)}{h(x)} = 0 \qquad | \cdot h(x)$$

$$g(x) = 0$$

Der Nenner ist jedoch nicht völlig außer Acht zu lassen.

Beispiel: Erinnern wir uns an die Funktion f aus dem letzten Abschnitt mit:

$$f(x) = \frac{x+1}{x+1}$$

Der Zähler wird bei $x = -1$ null, doch besitzt diese Funktion dort keine Nullstelle, da $x = -1$ nicht in der Definitionsmenge liegt.

> Die Nullstellen einer gebrochen-rationalen Funktion sind dort, wo ihr Zähler gleich null wird, sofern die Zählernullstellen in der Definitionsmenge enthalten sind.

9.6 Symmetrieverhalten

Bei Symmetrieuntersuchungen muss zusätzlich auf die Symmetrie der Definitionsmenge geachtet werden, da jetzt Löcher und Polstellen vorkommen können.

Beispiel: f mit $f(x) = \frac{2(x-1)}{x^2(x-1)}$; $\mathbb{D} = \mathbb{R} \setminus \{0;\ 1\}$

Die Funktionsgleichung kann gekürzt werden zu $f(x) = \frac{2}{x^2}$.

Es gilt: $f(-x) = \frac{2}{(-x)^2} = \frac{2}{x^2} = f(x)$

Die Funktion scheint achsensymmetrisch zur y-Achse zu sein. Das trifft aber nicht zu, da die Definitionsmenge wegen der Definitionslücke bei $x = 1$ nicht symmetrisch zur y-Achse ($x = 0$) ist.

Anmerkung: Die Funktion g mit $g(x) = \frac{2(x-1)(x+1)}{x^2(x-1)(x+1)}$

ist achsensymmetrisch zur y-Achse, da zum einen $g(-x) = g(x)$ gilt und außerdem die Definitionsmenge $\mathbb{D}_g = \mathbb{R} \setminus \{-1;\ 0;\ 1\}$ symmetrisch zur y-Achse ist.

9

9.7 Verhalten im Unendlichen I

Wir betrachten nun drei unterschiedliche gebrochen-rationale Funktionen, bei denen der Zählergrad kleiner, gleich oder größer als der Nennergrad ist. Es wird sich herausstellen, dass dies charakteristisch für das Verhalten für $x \to \infty$ sein wird.

Zählergrad < Nennergrad **Beispiel:** $f(x) = \dfrac{2\,x^2 - 3}{6\,x^3 - 7\,x + 2}$

Um nun den Grenzwert für x gegen unendlich zu ermitteln, klammern wir das x aus dem Nenner mit der größten Potenz bei Zähler und Nenner aus:

$$f(x) = \frac{2\,x^2 - 3}{6\,x^3 - 7\,x + 2} = \frac{x^3(\frac{2}{x} - \frac{3}{x^3})}{x^3(6 - \frac{7}{x^2} + \frac{2}{x^3})} = \frac{\frac{2}{x} - \frac{3}{x^3}}{6 - \frac{7}{x^2} + \frac{2}{x^3}} \to \frac{0 - 0}{6 - 0 + 0}$$

Offensichtlich strebt der Zähler für x gegen unendlich gegen null und der Nenner gegen 6. Das wiederum bedeutet, dass der Grenzwert 0 ist. Tatsächlich ist der Grenzwert solcher Funktionen stets null, falls der Zählergrad kleiner als der Nennergrad ist.

Zählergrad = Nennergrad **Beispiel:** $g(x) = \dfrac{8\,x^2 - 3\,x}{7\,x^2 - x + 9}$

Auch hier verwenden wir den gleichen Trick wie im obigen Beispiel und klammern geschickt aus:

$$g(x) = \frac{8\,x^2 - 3\,x}{7\,x^2 - x + 9} = \frac{x^2(8 - \frac{3}{x})}{x^2(7 - \frac{1}{x} + \frac{9}{x^2})} = \frac{8 - \frac{3}{x}}{7 - \frac{1}{x} + \frac{9}{x^2}} \to \frac{8 - 0}{7 - 0 + 0}$$

Für x gegen unendlich ist der Grenzwert des Zählers 8 und der des Nenners 7. Damit ist der Limes der betrachteten Funktion $\frac{8}{7}$. Scharf beobachtet erkennt man, dass dies gerade mal die Vorfaktoren der jeweils größten Potenz von Zähler und Nenner sind. Dies gilt jedoch nicht nur in diesem Beispiel, sondern auch ganz allgemein, falls der Zählergrad gleich dem Nennergrad ist.

Über das Verhalten einer gebrochen-rationalen Funktion f für $x \to \infty$:

1. Fall Zählergrad < Nennergrad: $f(x) \to 0$

2. Fall Zählergrad = Nennergrad: $f(x) \to \dfrac{a}{d}$

3. Fall Zählergrad > Nennergrad: $f(x) \to \pm\infty$

a und d sind die höchsten Koeffizienten der Zähler- bzw. der Nennerfunktion.

Für die ersten beiden Fälle nähert sich der Graph der Funktion einer waagerechten Asymptote an. Der letzte Fall wird im nächsten Abschnitt ausführlich erklärt.

9.8 Verhalten im Unendlichen II

Jetzt soll das genauere Verhalten einer gebrochen-rationalen Funktion f für $x \to \pm\infty$ untersucht werden, wobei der höchste Grad des Zählers größer als der höchste Grad des Nenners ist (3. Fall im letzten Abschnitt).

Zählergrad > Nennergrad **Beispiel:** $f(x) = \dfrac{x^2 + 4x - 6}{x - 1}$; $\mathbb{D} = \mathbb{R} \setminus \{1\}$

Wir führen die Polynomdivision durch:

$$\begin{array}{l} (x^2 + 4x - 6) \div (x - 1) = x + 5 + \ldots \\ \underline{-(x^2 - x)} \\ 5x - 6 \\ \underline{-(5x - 5)} \\ -1 \end{array}$$

Diesmal geht die Polynomdivision nicht auf. Es bleibt der Rest $R = -1$. Diesen dürfen wir natürlich nicht einfach weglassen, sondern er muss auch wie alles andere durch $(x - 1)$ geteilt werden. Daher schreiben wir den Restterm als Bruch:

$$f(x) = x + 5 + \frac{-1}{x - 1}$$

Lassen wir x nun gegen unendlich gehen, so wird der Bruch beliebig klein und verschwindet.

Für große Werte x geht der Bruch im Funktionsterm gegen null. Somit nähert sich der Graph der Funktion f der Geraden $y = x + 5$ für große x-Werte an. Sie wird als *schiefe Asymptote* bezeichnet.

Wäre im Zähler eine Funktion dritten Grades und im Nenner eine Funktion ersten Grades, so hätte die Asymptote die Form einer Parabel.

Der Restbruch, der für $x \to \pm\infty$ gegen null geht, ist die verbleibende Ordinatendifferenz (Höhenunterschied der Graphen) um die sich die Funktion von der Asymptote unterscheidet.

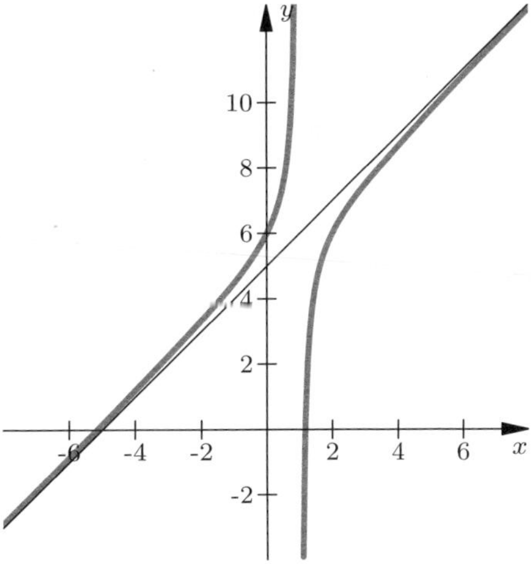

> Bei gebrochen-rationalen Funktionen ist der Grad der Asymptote gleich dem Grad des Zählers abzüglich dem Grad des Nenners.

9.9 Annäherung an Asymptoten

Wie bereits gezeigt wurde, gibt es Funktionen, die für $x \to \infty$ gegen einen Grenzwert (ein fester Wert, dem sich eine Funktion immer weiter annähert) streben.

Strebt eine Funktion f für $x \to \infty$ gegen einen festen Grenzwert a, so gibt es eine Eintauchstelle x_0, ab der die Funktion der Asymptoten $y = a$ stets näher ist als ein Zahlenwert ε (Epsilon).

Der Abstand des Graphen von f an der Stelle x zur Asymptote a ist die positive Differenz aus Funktionswert und a. Und dieser Abstand soll kleiner sein, als ein festlegbarer Zahlenwert ε, also $|f(x) - a| < \varepsilon$.

Beispiel: f mit $f(x) = \dfrac{2x+1}{x}$ und $\varepsilon = 0{,}4$

Der Grenzwert für $x \to \infty$ dieser Funktion ist $a = 2$ (durch Polynomdivision oder Vergleich des Nenner- und Zählergrades erschließbar).

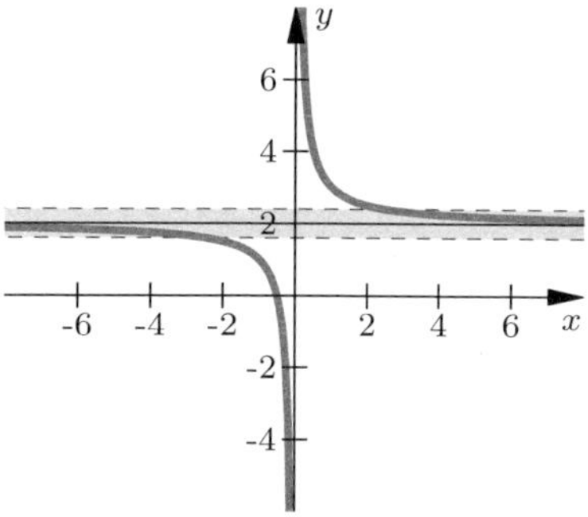

Somit ergibt sich für die ε-Umgebung der Asymptote der schraffierte Bereich in nebenstehender Abbildung. In diesem Bereich ist die Funktion weniger als $\varepsilon = 0{,}4$ von der Asymptote entfernt.

Der Ansatz $|f(x) - 2| < 0{,}4$ bedeutet: Wann ist die Differenz (= der Unterschied) von Funktion und Asymptote kleiner als 0,4 bzw. wann ist die Funktion weniger als 0,4 Einheiten von der Asymptote entfernt? Der Betrag verhindert dabei eine negative Differenz.

9

Wir wollen nun die Eintauchstellen x_1 und x_2 bestimmen und setzen dazu die Funktionsgleichung für $f(x)$ ein und lösen nach x auf:

$$\left|\frac{2x-1}{x} - 2\right| < 0{,}4 \qquad \left| -2 = \frac{-2x}{x}\right.$$

$$\left|\frac{2x-1-2x}{x}\right| < 0{,}4$$

$$\left|\frac{-1}{x}\right| < 0{,}4 \quad \Leftrightarrow \quad \left|\frac{1}{x}\right| < 0{,}4 \quad \Leftrightarrow \quad \frac{1}{x} < \pm 0{,}4$$

Für „+“: $\dfrac{1}{x} < +0{,}4 \quad \Leftrightarrow \quad 1 < 0{,}4\,x \quad \Leftrightarrow \quad 2{,}5 < x \quad \Leftrightarrow \quad x > 2{,}5$

Für „–“: $\dfrac{1}{x} < -0{,}4 \quad \Leftrightarrow \quad 1 < -0{,}4\,x \quad \Leftrightarrow \quad -2{,}5 > x \quad \Leftrightarrow \quad x < -2{,}5$

Unsere erste Eintauchstelle ist somit $x_1 = 2{,}5$. Die zweite Lösung $x_2 = -2{,}5$ bezieht sich auf die Eintauchstelle im 2. Quadranten des Koordinatensystems.

9.10 Die Vorzeichentabelle

Die *Vorzeichentabelle* gibt abhängig vom Ort x das Vorzeichen der Funktionswerte einer Funktion an. Mit ihr kann der Verlauf des Graphen leichter ermittelt werden.

Beispiel: Gegeben ist die Funktion f mit $f(x) = \frac{x(x-2)}{(x+3)}$.

Wir wollen nun wissen, wann die Funktionswerte positiv und wann sie negativ sind.

Dazu schauen wir die Faktoren im Zähler und Nenner an, um herauszufinden wann diese größer oder kleiner als null sind und erstellen eine sogenannte *Vorzeichentabelle*:

	$x < -3$	$x = -3$	$-3 < x < 0$	$x = 0$	$0 < x < 2$	$x = 2$	$x > 2$
x	$-$	$-$	$-$	0	$+$	$+$	$+$
$x-2$	$-$	$-$	$-$	$-$	$-$	0	$+$
$x+3$	$-$	0	$+$	$+$	$+$	$+$	$+$
$f(x)$	$-$	\	$+$	0	$-$	0	$+$

Links stehen die einzelnen Faktoren der Funktion. Die Tabelle zeigt an, welches Vorzeichen jeder Faktor in einem bestimmten Bereich hat. Das Vorzeichen der Funktion ist dann das Produkt der einzelnen Vorzeichen (minus mal minus gibt plus usw.).

Ist ein Faktor des Zählers gleich null, dann hat die Funktion dort eine Nullstelle.

Für $x = -3$ ist die Funktion nicht definiert, da dort der Nenner null wird. Durch die Vorzeichentabelle zeigt sich gut, dass dort eine Polstelle ersten Grades ist, denn davor ist die Funktion negativ, danach positiv – ohne die x-Achse geschnitten zu haben.

Oft wird verlangt, die Bereiche anzugeben, in denen eine Funktion steigt oder fällt. Dies kann ebenfalls durch eine Vorzeichentabelle der ersten Ableitung erfolgen. Aus ihr kann man sogar die Extrempunkte ablesen ohne die zweite Ableitung zu bilden.

Beispiel:

	$x < -1$	$x = -1$	$-1 < x < 0$	$x = 0$	$0 < x < 1$	$x = 1$	$x > 1$
$f'(x)$	$-$	\	$+$	0	$-$	0	$+$

Sähe die Vorzeichentabelle der ersten Ableitung einer Funktion so aus, hätte die Funktion einen Hochpunkt bei $x = 0$, da sie vorher ansteigt, bei $x = 0$ eine waagerechte Tangente besitzt und nach $x =$ wieder sinkt.

Bei $x = 1$ müsste zudem ein Tiefpunkt sein, da die Funktion zuvor sinkt und danach wieder ansteigt.

Was an der Stelle $x = -1$ ist, können wir nicht genau sagen, aber es wäre möglich, dass dort eine Polstelle 2. Ordnung ist, die nach unten geöffnet ist. Zuvor sinkt die Funktion nämlich und kurz danach steigt sie an.

Tipp: Bei schwierigeren Funktionstypen kann man mithilfe einer Vorzeichentabelle der ersten Ableitung viel schneller auf die Extrempunkte schließen als mit der zweiten Ableitung.

9.11 Monotonieverhalten

Ist nach dem *Monotonieverhalten* einer Funktion gefragt, soll untersucht werden, in welchen Bereichen eine Funktion steigt oder fällt. Man sagt dann, die Funktion *nimmt streng monoton zu* oder sie *nimmt streng monoton ab*.

Beispiel: Gegeben ist die Funktion f mit $f(x) = \frac{x^2 - 2x + 2}{5x - 6}$; $\mathbb{D}_f = \mathbb{R} \setminus \{\frac{6}{5}\}$.

Um das Steigungsverhalten zu bestimmen, benötigen wir die erste Ableitung:

$$f'(x) = \frac{(5x-6)(2x-2) - (x^2 - 2x + 2) \cdot 5}{(5x-6)^2}$$

Der Graph von f steigt, wenn die erste Ableitung positiv ist. Da der Nenner der Ableitung quadratisch ist, ist er immer positiv und spielt keine Rolle für das Vorzeichen von $f'(x)$. $f'(x)$ ist daher positiv, wenn der Zähler positiv, also größer null ist:

$$(5x-6)(2x-2) - 5(x^2 - 2x + 2) > 0$$
$$10x^2 - 10x - 12x + 12 - 5x^2 + 10x - 10 > 0$$
$$5x^2 - 12x + 2 > 0$$

Mit der Mitternachtsformel bestimmen wir die Lösungen von $5x^2 - 12x + 2 = 0$:

$$x_1 = 0{,}18 \quad \text{und} \quad x_2 = 2{,}22$$

Da die Parabel nach oben geöffnet ist, ist sie positiv für

$$x < 0{,}18 \quad \text{oder} \quad x > 2{,}22.$$

Der Graph von f ist streng monoton steigend (sms.) im Bereich $I_1 = \mathbb{R} \setminus\ ]0{,}18;\ 2{,}22[$.

Der Graph von f ist streng monoton fallend (smf.) im Bereich $I_2 = [0{,}18;\ 2{,}22] \setminus \{\frac{6}{5}\}$.

Die Stelle $x = \frac{6}{5} = 1{,}2$ muss ausgeschlossen werden, da sie nicht in der Definitionsmenge liegt.

Der Graph rechts bestätigt unsere Ergebnisse.

Die Grenzen der Intervalle werden beim Monotonieverhalten meist mit einbezogen.

Bei ihnen sind die Hoch- und Tiefpunkte, wenn dort keine Definitionslücken sind (siehe Vorzeichentabelle).

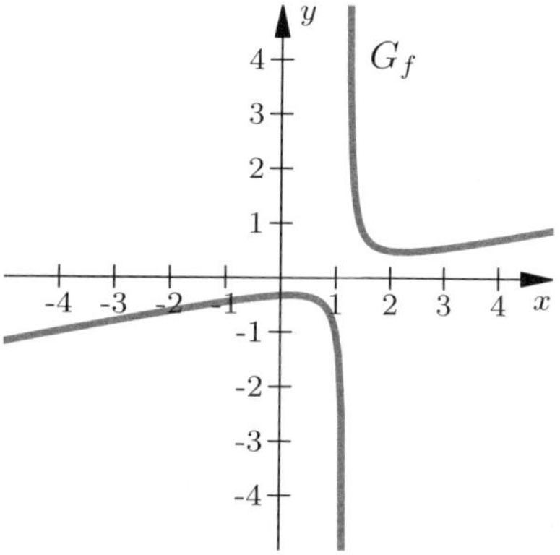

Bemerkung: Wenn eine Funktion in einem gewissen Intervall $[a; b]$ konstant ist, dann ist sie dort zwar *monoton*, aber nicht *streng monoton*.

10 Potenzen

10.1 Einführung

Wir wollen uns nun intensiver mit Ausdrücken der Form

n^m (sprich: *n* hoch *m*)

beschäftigen. Dabei ist *n* die *Basis* und *m* der *Exponent*.

Man berechnet n^m auf folgende Weise:

$$n^m = \underbrace{n \cdot n \cdot n \cdot \ \dots \ \cdot n}_{m \text{ Faktoren}}$$

Man definiert folgende Werte: $a^1 = a$, $a^0 = 1$ und $0^a = 0$. Der Ausdruck 0^0 ist hingegen nicht definiert.

Beispiele:

$$2^1 = 2 = 2$$
$$2^2 = 2 \cdot 2 = 4$$
$$2^{10} = 2 \cdot 2 \cdot 2 \cdot 2 \cdot 2 \cdot 2 \cdot 2 \cdot 2 \cdot 2 \cdot 2 = 1\,024$$
$$2^{100} = 1\,267\,650\,600\,228\,229\,401\,496\,703\,205\,376$$

Natürlich gibt es auch bei den Potenzen Rechenregeln, die angewandt werden können:

$n^a \cdot n^b = n^{a+b}$ Beispiel: $4^2 \cdot 4^3 = (4 \cdot 4) \cdot (4 \cdot 4 \cdot 4) = 4^5$

$\frac{n^a}{n^b} = n^{a-b}$ Beispiel: $\frac{4^5}{4^3} = \frac{4 \cdot 4 \cdot 4 \cdot 4 \cdot 4}{4 \cdot 4 \cdot 4} = 4 \cdot 4 = 4^2$

$(n^a)^b = n^{a \cdot b}$ Beispiel: $(4^2)^3 = 4^2 \cdot 4^2 \cdot 4^2 = 4^6$

$\left(\frac{a}{b}\right)^n = \frac{a^n}{b^n}$ Beispiel: $\left(\frac{3}{4}\right)^2 = \frac{3^2}{4^2} = \frac{9}{16}$

$a^{-n} = \frac{1}{a^n}$ Beispiel: $4^{-1} = \frac{1}{4}$

$a^0 = 1$ Beispiel: $1 = \frac{2^3}{2^3} = 2^{3-3} = 2^0$

$a^1 = a$

10.2 Wurzeln

Aus den frühen Kapiteln kennen wir bereits die Quadratwurzel, die wir durch das Symbol $\sqrt{\ }$ kennzeichneten. Hier sollen weitere Wurzelarten und insbesondere der Zusammenhang zwischen Wurzeln und Potenzen vorgestellt werden.

Potenzen und Wurzeln hängen folgendermaßen zusammen: $n^{\frac{a}{b}} = \sqrt[b]{n^a}$

$\sqrt[n]{x}$ heißt die *n-te Wurzel von x*. Sie ist diejenige Zahl, die man n mal mit sich selbst multiplizieren muss, um x zu erhalten.

Beispiele: $\sqrt[3]{8} = 2$, denn $2^3 = 8$ oder $\sqrt[4]{81} = 3$, denn $3^4 = 81$

Wurzeln lassen sich nach obiger Regel zu Potenz-Ausdrücken umformen.

Beispiele: $\sqrt[3]{8} = 8^{\frac{1}{3}} = 2$, $\sqrt[2]{x^3} = x^{\frac{3}{2}}$

Da alle möglichen Wurzeln zu Potenzen mit einem Bruch als Exponenten umgeformt werden können, wollen wir uns nicht weiter mit Wurzeln beschäftigen, insbesondere nicht auf ihre Rechengesetze eingehen, da die Potenzschreibweise ohnehin einfacher und übersichtlicher ist.

Nach der Definition der Potenz n^m als $\overbrace{n \cdot n \cdot \ldots \cdot n}^{m \text{ mal}}$ fällt es schwer sich vorzustellen, was z. B. $2^{0,5}$ ist. Trotzdem können Taschenrechner mit solchen Eingaben umgehen.

Da $2^{0,5}$ auch als $2^{\frac{1}{2}}$ geschrieben werden kann, erkennt man, dass $2^{0,5}$ nichts anderes als die Quadratwurzel von 2 ist.

Bemerkung: Ist der Exponent ein Bruch mit einer 1 im Zähler, dann ist $x^{\frac{1}{n}}$ einfach nur die n-te Wurzel von x!

Mit den Potenzregeln lassen sich auch Potenzen mit negativen Exponenten berechnen.

Beispiele: $2^{-3} = \frac{1}{2^3} = \frac{1}{8}$ oder $2^{-0,5} = \frac{1}{2^{0,5}} \approx 0,71$

Nun können wir uns einige Funktionen f mit $f(x) = x^n$ vorstellen, die kein n aus dem Bereich der ganzen Zahlen besitzen, wie etwa f_1 mit $f_1(x) = x^{\frac{1}{3}}$. Den Funktionsterm können wir umformen, da wir Potenzen in Wurzeln umwandeln können.

Es gilt $f_1(x) = \sqrt[3]{x}$. Diese Funktion unterscheidet sich graphisch kaum von der bereits behandelten Quadratwurzelfunktion, die wir damals nur Wurzelfunktion nannten. Daher gehen wir nicht näher auf sie ein. Zu erwähnen ist jedoch, dass Wurzelfunktionen genau so wie Potenzfunktionen abgeleitet werden können:

$$f(x) = x^n \Rightarrow f'(x) = n \cdot x^{n-1} \qquad \text{Beispiel: } f(x) = x^{\frac{1}{3}} \rightarrow f'(x) = \frac{1}{3} \cdot x^{-\frac{2}{3}}$$

10.3 Exponentialfunktionen

Die im vorletzten Abschnitt gelernten Potenzgesetze erlauben uns nun, Exponentialfunktionen der Form

$$f \text{ mit } f(x) = a \cdot n^x + c; \quad x, c \in \mathbb{R}, \quad n \in \mathbb{R}^+$$

zu untersuchen.

Beispiel: Gegeben ist die Funktion f mit $f(x) = 2^x$.

Zu dieser Funktion ergibt sich nebenstehender Graph.

Aus dem Graphen und den Rechengesetzen für Potenzen können wir auf folgende Eigenschaften schließen:

$$\mathbb{D} = \mathbb{R}$$

$$\mathbb{W} = \mathbb{R}^+$$

$$\lim_{x \to +\infty} 2^x = +\infty$$

$$\lim_{x \to -\infty} 2^x = 0^+$$

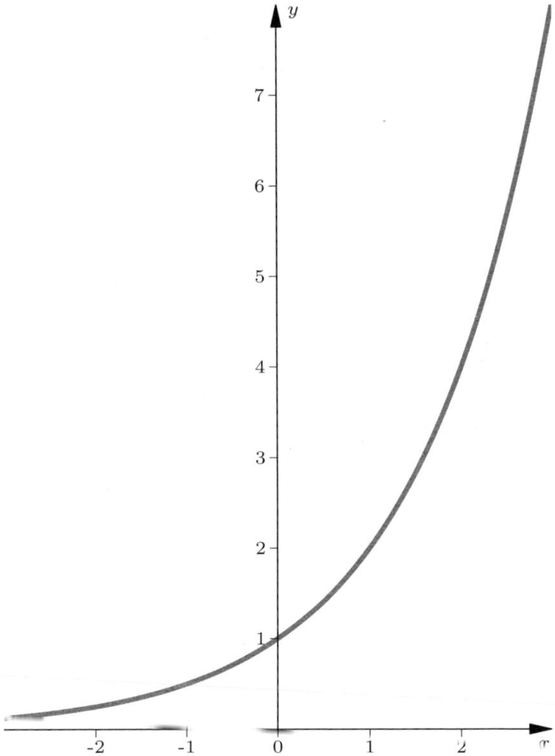

10

Exponentialfunktionen der Form $f(x) = n^x$ schneiden niemals die x-Achse.
Sie verlaufen jedoch alle durch den Punkt $P(0\,|\,1)$.

Bemerkung: Exponentialfunktionen steigen für $x \to +\infty$ schneller an, als alle anderen Polynomfunktionen.

10.4 Anwendungsbeispiele der Exponentialfunktionen

Exponentialfunktionen dienen hervorragend dazu, bestimmte Zuwachs- und Abbauprozesse zu beschreiben und zu berechnen.

Beispiel: Ein Guthaben von 10 000 € wird auf einer Bank angelegt. Es wird jährlich mit 3 % verzinst, wodurch es jährlich wächst. Wie viel Guthaben ist nach 10 Jahren auf dem Konto?

3 % eines Guthabens G sind $0{,}03 \cdot G$. Da die Zinsen dazu gezählt werden, sind nach der ersten Verzinsung $G + 0{,}03\,G$ auf dem Konto, was $1{,}03\,G$ entspricht. Um zu etwas 3 % dazuzuzählen, muss man es mit 1,03 multiplizieren. Nach 2 Jahren sind daher $1{,}03 \cdot 1{,}03 \cdot G = 1{,}03^2 \cdot G$ Euro auf dem Konto.

Nach t Jahren sind dann allgemein

$$y = G \cdot 1{,}03^t$$

Euro auf dem Konto.

Setzen wir unsere Werte ein, erhalten wir:

$$y = 10\,000 \cdot 1{,}03^{10} = 10\,000 \cdot 1{,}3439 = 13\,439$$

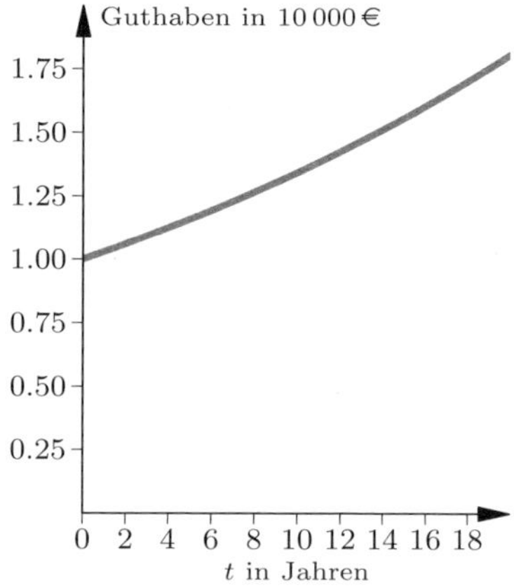

Beispiel: Ein radioaktives Element hat nach 10 000 Jahren die Hälfte seiner radioaktiven Masse verloren. Wie viel Restmasse ist nach 1 000 Jahren noch vorhanden?

10 000 Jahre nennen wir *Halbwertszeit*, da sich alle 10 000 Jahre die radioaktive Masse halbiert. Die Ausgangsmasse nennen wir M.

Nach 10 000 Jahren ist die verbleibende Masse $0{,}5 \cdot M$. Nach 20 000 Jahren ist die verbleibende Masse $0{,}5 \cdot 0{,}5 \cdot M = 0{,}5^2 \cdot M$.

Nach n mal 10 000 Jahren gilt für die Restmasse

$$m = M \cdot 0{,}5^n,$$

wobei die vergangene Zeit $t = n \cdot 10\,000$ ist.

$$m = M \cdot 0{,}5^n = M \cdot 0{,}5^{\frac{t}{10\,000}}$$

Eingesetzt erhalten wir:

$$m = 1 \cdot 0{,}5^{\frac{1\,000}{10\,000}} = 1 \cdot 0{,}93 = 93\,\%$$

Nach 1 000 Jahren sind noch immer etwa 93 % der Ausgangsmasse vorhanden.

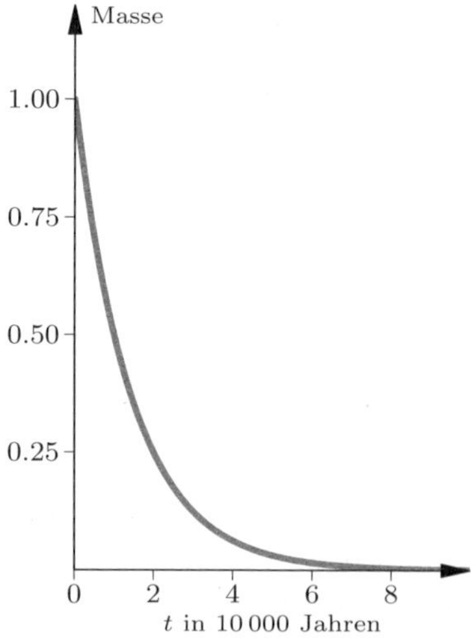

10.5 Der Logarithmus

Im letzten Abschnitt haben wir gesehen, dass die maximale Definitionsmenge für die gewöhnlichen Exponentialfunktionen ganz $\mathbb{R}$ ist und die Wertemenge dann $\mathbb{R}^+$ ist.

Daher muss die Gleichung $2^x = 10$ eine Lösung für x besitzen.

Bisher haben wir Gleichungen gelöst, indem wir Umkehroperationen genutzt haben (wenn auch unbewusst). War auf der einen Seite z. B. ein +4, so konnten wir diesen Summanden mit −4 eliminieren. Hat ein Quadrat gestört, zogen wir die Wurzel.

Die Umkehrfunktion einer Exponentialfunktion ist der *Logarithmus*. Da Exponentialfunktionen unterschiedliche Basen haben können, hängt auch der Logarithmus von einer Basis ab.

Beispiel: Zu der Funktion f mit $f(x) = 2^x$ ist die Umkehrfunktion:

f^{-1} mit $f^{-1}(x) = \log_2(x)$ (sprich: Logarithmus von x zur Basis 2)

Mithilfe des Logarithmus können wir obige Gleichung nun lösen:

$$2^x = 10$$
$$x = \log_2(10)$$
Der Taschenrechner liefert
$$x \approx 3{,}3219$$

Auch hier gibt es Rechenregeln, die sich von den Potenzgesetzen ableiten:

$$\log_n(a \cdot b) = \log_n(a) + \log_n(b)$$

$$\log_n\left(\frac{a}{b}\right) = \log_n(a) - \log_n(b)$$

$$\log_n\left(a^b\right) = b \cdot \log_n(a)$$

$$\log_b(a) = \frac{\log_c(a)}{\log_c(b)}$$

$$\log_b(a) = \frac{1}{\log_a(b)}$$

$$\log_a(a) = 1$$

$$\log_a(1) = 0$$

Achtung: $\log_n(a + b) \neq \log_n(a) \cdot \log_n(b)$

Der Logarithmus $\log_a(b)$ ist nur definiert, wenn sowohl a als auch b größer null sind.

10.6 Logarithmusfunktionen

Gegeben ist f mit $f(x) = 2^x$ und ihre Umkehrfunktion g mit $g(x) = \log_2(x)$.

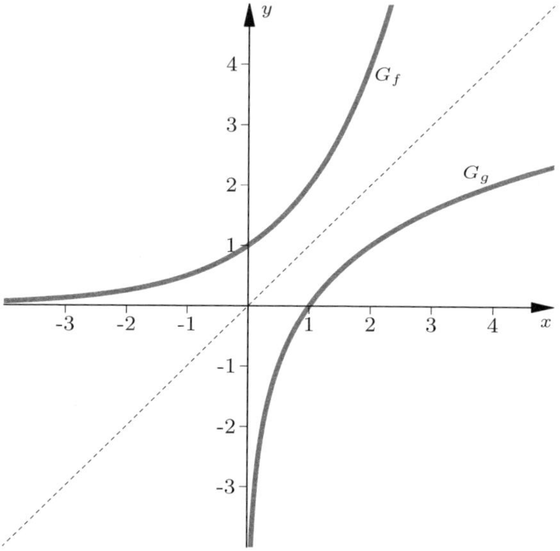

Die beiden Graphen ähneln sich, da sie Spiegelbilder sind.

Wie bei allen Umkehrfunktionen können die Graphen beider Funktionen durch Spiegelung an der 1. Winkelhalbierenden ineinander überführt werden.

Auch hier gilt:

$$\mathbb{D}_g = \mathbb{W}_f = \mathbb{R}^+$$
$$\mathbb{W}_g = \mathbb{D}_f = \mathbb{R}$$

Für das Verhalten an den Grenzen der Definitionsmenge gilt:

$$\lim_{x \to +\infty} \log_2(x) = +\infty$$
$$\lim_{x \to 0^+} \log_2(x) = -\infty$$

10

Die Logarithmusfunktion ist nur für positive x-Werte definiert. Alle Logarithmusfunktionen $\log_a(x)$ haben ihre Nullstelle bei $x = 1$.

Bemerkung: Eine interessante Eigenschaft der Logarithmusfunktion ist, dass sie die Steigung für $x \to \infty$ zwar beliebig flach wird, die Funktion aber trodem nicht beschränkt ist!
(Bei gebrochen-rationalen Funktionen ist das nicht so: Wird eine gebrochen-rationale Funktion beliebig flach, dann muss sie eine waagerechte Asymptote haben und ist durch sie beschränkt.)

Dank der Logarithmen lassen sich neuartige Aufgaben lösen.

Beispiel: In einem Teich schwimmen Seerosen, die zu Beginn die Fläche 1 m^2 einnehmen. Deren Gesamtfläche verdoppelt sich in jeder Woche. Nach 10 Wochen ist der See komplett bedeckt. In welcher Woche ist der See zu 15 % bedeckt?

$$A(t) = 2^t \quad \text{mit } t: \text{vergangene Zeit in Wochen}, \quad A(t): \text{Fläche nach } t \text{ Wochen}$$

Fläche des Sees: $A(10) = 2^{10} = 1\,024$; 15 % davon sind 153,6.

Unsere Gleichung lautet:

$$2^t = 153{,}6 \quad \Leftrightarrow \quad t = \log_2(153{,}6) = 7{,}26$$

Der See ist in der 8. Woche zu 15 % bedeckt (zwischen 0 und 1 liegt die erste Woche, zwischen 1 und 2 die zweite Woche usw.).

10.7 Die e- und ln-Funktion

Wir wollen nun eine spezielle Exponentialfunktion betrachten. Das Besondere an ihr ist, dass ihr Funktionsterm und ihre erste Ableitung übereinstimmen. (Damit stimmen sogar alle Ableitungen dieser Funktion mit dem Funktionsterm überein!)

Sie ist nach dem berühmten Mathematiker *Leonhard Euler* benannt und wird (eulersche) e-*Funktion* genannt. Es gilt:

$$f(x) = \mathrm{e}^x \quad \overset{\text{abgeleitet}}{\longrightarrow} \quad f'(x) = \mathrm{e}^x,$$ wobei e die *eulersche Zahl* ist

Wie bei π oder $\sqrt{2}$ kann man e nicht exakt als Dezimalzahl oder Bruch darstellen. Es gilt $\mathrm{e} \approx 2{,}718$. Diesen Wert muss man sich jedoch nicht genau merken, da er in jedem besseren Taschenrechner gespeichert ist.

An der Funktion f mit $f(x) = \mathrm{e}^x$ selber ist nichts neues. Sie hat die gleichen Eigenschaften wie alle anderen Exponentialfunktionen auch, weshalb wir hier nicht genauer auf sie eingehen. Ihr Graph ist unten abgebildet.

Ihre Umkehrfunktion g mit $g(x) = \log_{\mathrm{e}} x$ heißt natürlicher Logarithmus (ln-*Funktion*).

Man schreibt:

$$g(x) = \ln(x)$$

Auch dieser Graph ist unten abgebildet.

Den natürlichen Logarithmus gibt es auch auf den meisten Schultaschenrechnern, sodass wir die vorangegangen Logarithmen (fast) nicht mehr brauchen. Es gilt nämlich:

$$\log_a(b) = \frac{\ln b}{\ln a}$$

Ebenso lassen sich Exponentialfunktionen mit einer beliebigen Basis b als e-Funktion darstellen. Es gilt nämlich:

$$x = \mathrm{e}^{\ln(x)} \quad \text{für alle } x \in \mathbb{R}$$

$$\overset{x \to b^x}{\Rightarrow} \quad b^x = \mathrm{e}^{\ln(b^x)}$$

$$b^x = \mathrm{e}^{x \cdot \ln(b)}$$

$\log_a(b^n) = n \cdot \log_a(b)$

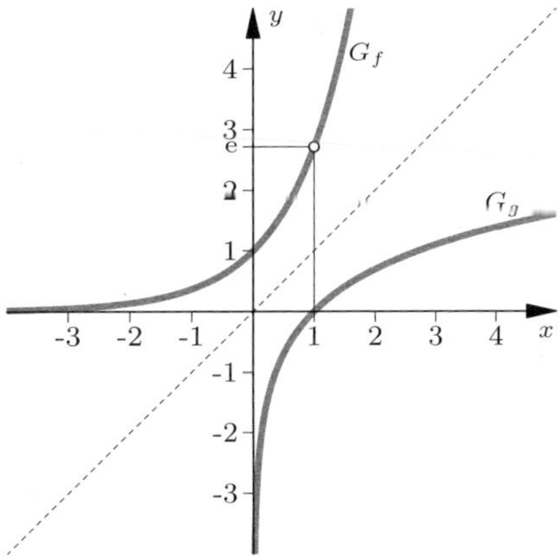

10.8 Lösen von Exponentialgleichungen

Die bisher gelernten Rechenregeln erlauben uns, verschiedene Gleichungstypen zu lösen. Diese sollten daher auswendig gewusst werden. Einige sind zur Übersicht hier noch einmal aufgelistet.

(1) $\log_n(a^b) = b \cdot \log_n(a)$	(3) $n^{a+b} = n^a \cdot n^b$
(2) $\log_a(a) = 1$	(4) $a^1 = a$

Beispiel:

$$\begin{aligned}
e^{2x+1} &= 10 && \text{Wir logarithmieren beide Seiten}\\
\ln\left(e^{2x+1}\right) &= \ln(10) && \text{Anwendung von Regel (1)}\\
(2x+1)\cdot\ln(e) &= \ln(10) && \text{Anwendung von Regel (2)}\\
(2x+1)\cdot 1 &= \ln(10) && \text{Auflösen nach } x\\
x &= 0{,}5\cdot\ln(10) - 0{,}5 && \text{Der Taschenrechner liefert}\\
x &= 0{,}65
\end{aligned}$$

Beispiel:

$$\begin{aligned}
4^x - 2\cdot 2^x &= -0{,}25 && \text{Wir wandeln beide Potenzen zur Basis e um}\\
e^{x\ln(4)} - e^{x\ln(2)} &= -0{,}25 && \text{mit } 4 = 2^2 \text{ erhalten wir}\\
e^{x\ln(2^2)} - 2\cdot e^{x\ln(2)} &= -0{,}25 && \text{Anwendung von Regel (1)}\\
e^{2x\ln(2)} - 2\cdot e^{x\ln(2)} &= -0{,}25 && \text{Anwendung von Regel (3)}\\
\left(e^{x\ln(2)}\right)^2 - 2\cdot e^{x\ln(2)} &= -0{,}25 && \text{Substitution: } e^{x\ln(2)} = u\\
u^2 - 2\cdot u + 0{,}25 &= 0 && \text{Dies ist ein Binom}\\
(u-0{,}5)^2 &= 0\\
u &= 0{,}5 && \text{Rücksubstitution}\\
e^{x\ln(2)} &= 0{,}25 && \text{logarithmieren beider Seiten}\\
x\ln(2) &= \ln(0{,}25) && \text{Nach } x \text{ auflösen}\\
x &= \frac{\ln(0{,}25)}{\ln(2)} && \text{Der Taschenrechner liefert}\\
x &= -2
\end{aligned}$$

Die meisten Gleichungen in der Schule werden vermutlich leichter sein, aber wenn Sie diese hier sicher beherrschen, sollte Sie nichts mehr erschrecken.

10.9 Symmetrie

Auch hier kann weiterhin die Punktsymmetrie zum Ursprung oder die Achsensymmetrie zur y-Achse vorkommen. Doch es soll besonders betont werden, dass es Funktionen gibt, die nicht auf den ersten Blick symmetrisch erscheinen, auch nicht auf den zweiten, es aber doch sind.

Beispiel:

$$f(x) = \frac{e^x}{(e^x - 1)^2}, \qquad \mathbb{D} = \mathbb{R} \setminus \{0\}$$

Der Nachweis der Achsensymmetrie erfolgt durch die Überprüfung der Gleichung:

$$\begin{aligned}
f(-x) &= f(x) \\
\frac{e^{-x}}{(e^{-x} - 1)^2} &= \frac{e^x}{(e^x - 1)^2} \\
\frac{1}{e^x \cdot (e^{-x} - 1)^2} &= \frac{1}{e^{-x} \cdot (e^x - 1)^2} \\
\frac{1}{e^x \cdot (e^{-2x} - 2\,e^{-x} + 1)} &= \frac{1}{e^{-x} \cdot (e^{2x} - 2\,e^x + 1)} \\
\frac{1}{e^{-x} - 2 + e^x} &= \frac{1}{e^x - 2 + e^{-x}}
\end{aligned}$$

Da auch die Definitionsmenge symmetrisch zur Stelle $x = 0$ ist, ist die Funktion symmetrisch zur y-Achse. Ihr Graph kann das bestätigen:

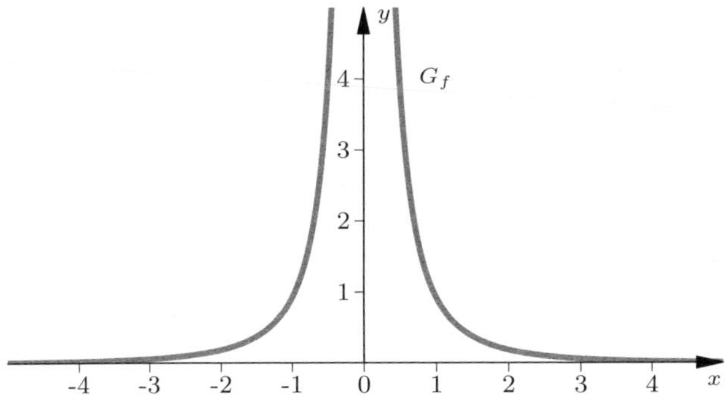

Es gilt stets bei allen Funktionen die Augen offen zu halten. Symmetrien sind oft schwerer zu erkennen als einem lieb ist.

10.10 Ableitung von verketteten e-Funktionen

Es wurde bereits erwähnt, dass die e-Funktion mit ihrer Ableitung übereinstimmt:

$$\mathrm{e}^{x} \xrightarrow{\text{abgeleitet}} \mathrm{e}^{x}$$

Bei verketteten e-Funktionen bedient man sich der Ableitungsregeln.

Beispiel: e^{2x^2+4x}

Die äußere Funktion ist die e-Funktion. Die innere ist $2x^2 + 4x$. Daher gilt für die Ableitung nach der Kettenregel:

$$\mathrm{e}^{2x^2+4x} \cdot (4x + 4)$$

Anmerkung: Sind die Nullstellen dieser Ableitung gesucht, muss man nur $(4x + 4)$ gleich null setzen, da die e-Funktion niemals null wird.

Beispiel: $\frac{1}{2x}\mathrm{e}^{x^2}$

Wir müssen zusätzlich zur Kettenregel auch noch die Produktregel anwenden. Dann heißt die Ableitung:

$$\frac{1}{2x}\mathrm{e}^{x^2} \cdot 2x - \frac{1}{2x^2}\mathrm{e}^{x^2} = \mathrm{e}^{x^2}\left(1 - \frac{1}{2x^2}\right)$$

Anmerkung: $\frac{1}{2x}$ lässt sich entweder nach der Quotientenregel ableiten oder man formt den Term um zu $0{,}5\,x^{-1}$. Der neue Term lässt sich ganz normal ableiten:

$$-1 \cdot 0{,}5\,x^{-2} = \frac{-1}{2x^2}$$

Ist die Basis nicht e sollte sie zuerst umgewandelt werden, d. h. wir müssen z. B. die Funktionsgleichung $f(x) = 2^x$ mithilfe der Potenzgesetze zu einer e-Funktion $\mathrm{e}^{g(x)}$ umwandeln.

$$\mathrm{e}^{g(x)} = 2^x$$

Durch Logarithmieren auf beiden Seiten erhalten wir

$$g(x) = \ln(2^x)$$

Und das formen wir um zu

$$g(x) = x \cdot \ln(2)$$

Unsere e-Funktion heißt also $2^x = \mathrm{e}^{x \cdot \ln(2)}$.

Für die Umformung zu einer e-Funktion gilt:

$$b^{g(x)} = \mathrm{e}^{g(x)\cdot\ln(b)}$$

Die Ableitung ist dann:

$$b^{g(x)} \xrightarrow{\text{abgeleitet}} \mathrm{e}^{g(x)\cdot\ln(b)} \cdot g'(x) \cdot \ln(b) = b^{g(x)} \cdot g'(x) \cdot \ln(b)$$

10.11 Ableitung von verketteten ln-Funktionen

Der natürliche Logarithmus wird wie folgt abgeleitet:

$$\ln(g(x)) \quad \overset{\text{abgeleitet}}{\longrightarrow} \quad \frac{1}{g(x)} \cdot g'(x)$$

Von der inneren Funktion wird der Kehrwert gebildet, d. h. im Nenner steht die unveränderte innere Funktion. Die Ableitung der inneren Funktion taucht im Zähler der Ableitungsfunktion auf.

Beispiele:

$$\ln(x) \quad \overset{\text{abgeleitet}}{\longrightarrow} \quad \frac{1}{x}$$

$$\ln(2\,x^2 + 4\,x) \quad \overset{\text{abgeleitet}}{\longrightarrow} \quad \frac{1}{2\,x^2 + 4\,x} \cdot (4\,x + 4)$$

$$\ln\left(\frac{1}{x^2 - 1}\right) \quad \overset{\text{abgeleitet}}{\longrightarrow} \quad \frac{x^2 - 1}{1} \cdot \frac{-2\,x}{(x^2 - 1)^2} = \frac{-2\,x}{x^2 - 1}$$

$$\ln(\sqrt{x}) \quad \overset{\text{abgeleitet}}{\longrightarrow} \quad \frac{1}{\sqrt{x}} \cdot \frac{1}{2\sqrt{x}} = \frac{1}{2\,x}$$

$$0{,}5 \cdot \ln(x) \quad \overset{\text{abgeleitet}}{\longrightarrow} \quad \frac{1}{2} \cdot \frac{1}{x} = \frac{1}{2\,x}$$

10

Warum kommt bei den letzten beiden Beispielen die gleiche Ableitung heraus? Versuchen Sie das herauszufinden.

Anmerkung: Die Ableitung der Logarithmusfunktion ist die gebrochen-rationale Funktion f mit $f(x) = \frac{1}{x}$. Die Steigung der ln-Funktion geht für x gegen unendlich daher offensichtlich gegen null.

Durch die Möglichkeit den natürlichen Logarithmus abzuleiten sind wir in der Lage jegliche Logarithmen abzuleiten, wenn wir sie zuerst in den natürlichen Logarithmus umwandeln.

Beispiel:

$$\log_4(2\,x) = \frac{\ln(2\,x)}{\ln(4)} \quad \overset{\text{abgeleitet}}{\longrightarrow} \quad \frac{1}{\ln(4)} \cdot \frac{1}{2\,x} \cdot 2 = \frac{1}{x \cdot \ln(4)}$$

11 Trigonometrische Funktionen

11.1 Grundlagen

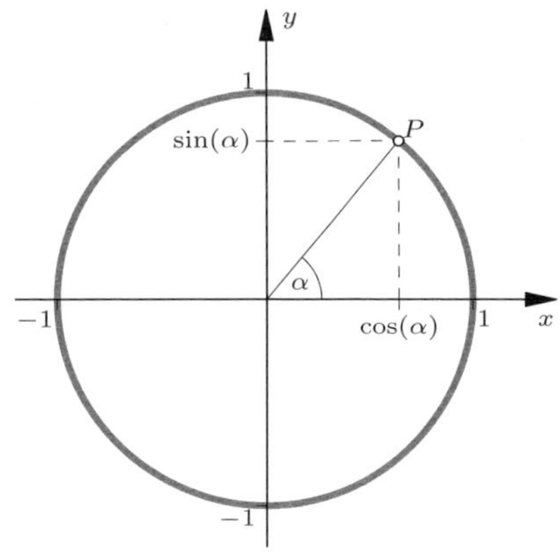

Der Punkt P in der rechten Abbbildung liegt auf dem *Einheitskreis* (Kreis um den Ursprung mit Radius $r = 1$).

Er ist genau eine Längeneinheit (1 LE) vom Ursprung O entfernt.

Der Winkel zwischen der x-Achse und der Strecke OP heißt α.

Die y-Koordinate von P definieren wir als $\sin(\alpha)$ (*Sinus*).

Die x-Koordinate von P sei $\cos(\alpha)$ (*Kosinus*).

Der Punkt P hat daher die Koordinaten:

$$P\,(\cos(\alpha)\mid\sin(\alpha))$$

11

Nun lassen wir den Punkt P auf dem Einheitskreis wandern. Dabei erreichen $\sin(\alpha)$ und $\cos(\alpha)$ folgende Werte:

Winkel	0°	90°	180°	270°	360°
$\cos(\alpha)$	1	0	−1	0	1
$\sin(\alpha)$	0	1	0	−1	0

Bei 360° ist der Punkt P wieder in der Ausgangssituation bei 0° angekommen. Die Sinus- und Kosinus-Werte wiederholen sich. Daher nennt man Sinus und Kosinus *periodische Funktionen*.

In der Mathematik und Physik werden Winkel meist nicht im *Gradmaß*, sondern im *Bogenmaß* gemessen. Im Bogenmaß hat ein Kreis nicht 360° sondern $2\,\pi$.

180° entsprechen dann $1\,\pi$ usw.

Die Umrechnungsformel zwischen Gradmaß und Bogenmaß:

$$\frac{\text{Winkel im Gradmaß}}{360^\circ} = \frac{\text{Winkel im Bogenmaß}}{2\,\pi}$$

11.2 Geometrische Bedeutung

Mithilfe von *trigonometrischen Formeln* kann man rechtwinklige Dreiecke berechnen.

In einem rechtwinkligen Dreieck, wird die Seite, die dem rechten Winkel gegenüber liegt, *Hypotenuse* genannt. Die *Ankathete* zu einem Winkel, liegt neben der Hypotenuse am Winkel, seine *Gegenkathete* liegt ihm gegenüber.

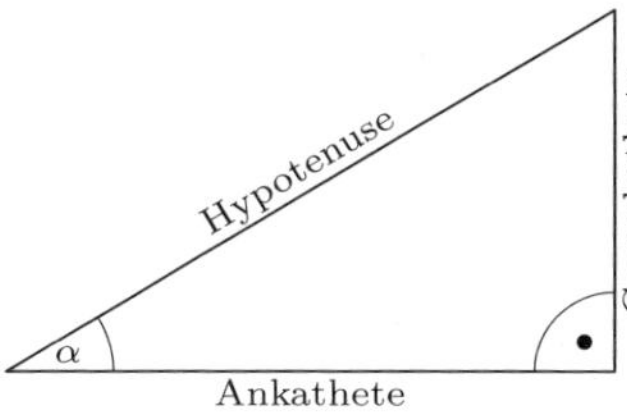

Die Hypotenuse hat die Länge h. Verkleinern wir das Dreieck, indem wir alle Längen durch h teilen, hat die Hypotenuse die Länge 1. Die Winkel bleiben dabei alle gleich. Das verkleinerte Dreieck passt nun in den Einheitskreis. Dann gilt:

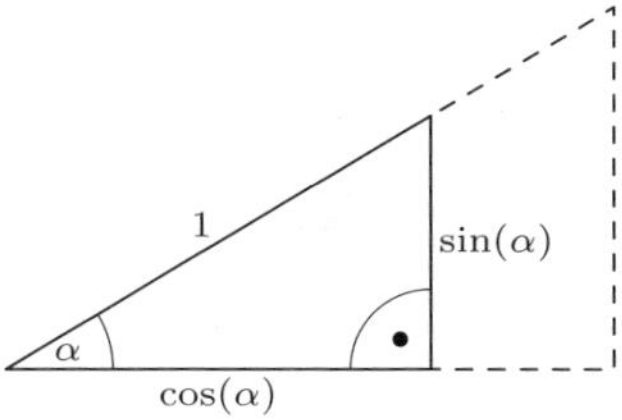

$$\sin(\alpha) = \text{verkleinerte Gegenkathete}$$
$$\cos(\alpha) = \text{verkleinerte Ankathete}$$

Da die verkleinerten Katheten ein h-tel ihrer Ursprungsgröße sind, gilt:

$$\sin(\alpha) = \frac{\text{Gegenkathete}}{h},$$
$$\cos(\alpha) = \frac{\text{Ankathete}}{h}.$$

Und schließlich war h die Länge der Hypotenuse.

In einem rechtwinkligen Dreieck gilt:

$$\sin(\alpha) = \frac{\text{Gegenkathete}}{\text{Hypotenuse}}$$

$$\cos(\alpha) = \frac{\text{Ankathete}}{\text{Hypotenuse}}$$

$$\tan(\alpha) = \frac{\sin(\alpha)}{\cos(\alpha)} = \frac{\text{Gegenkathete}}{\text{Ankathete}}$$

Anmerkung: Der Tangens wird später noch eingeführt, er steht hier nur der Vollständigkeit halber.

11.3 Wichtige Zusammenhänge

Nun betrachten wir Sinus und Kosinus wieder als Funktionen. Folgende Graphik zeigt die Graphen der Funktionen:

f mit $f(x) = \cos(x)$ $\qquad$ g mit $g(x) = \sin(x)$

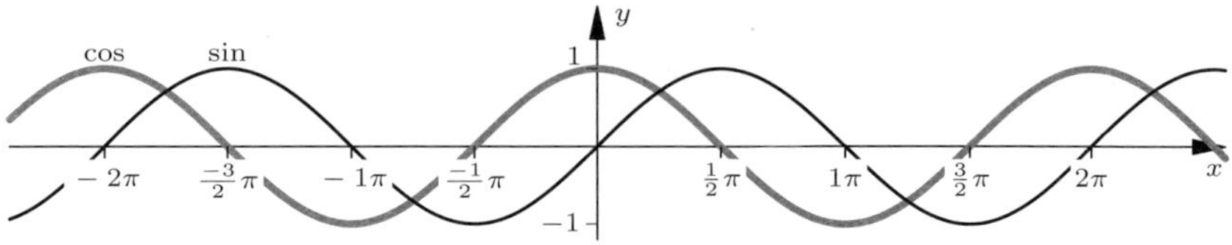

Für beide Funktionen gilt: $\mathbb{D}_{max} = \mathbb{R}$ und $\mathbb{W}_{max} = [-1;\ 1]$

Anhand obiger Abbildung wollen wir nun wichtige Zusammenhänge erschließen.

- Der Kosinus ist achsensymmetrisch zur y-Achse, es gilt: $\cos(-x) = \cos(x)$
- Der Sinus ist punktsymmetrisch zum Ursprung, es gilt: $\sin(-x) = -\sin(x)$
- Der Sinus läuft dem Kosinus um $\frac{\pi}{2}$ (90°) hinterher (der Sinus erreicht später die Kosinus-Werte).

  Es gilt:

  $$\sin\left(x + \frac{\pi}{2}\right) = \cos(x); \qquad \cos\left(x - \frac{\pi}{2}\right) = \sin(x);$$
  $$\sin\left(\frac{\pi}{2} - x\right) = \cos(x); \qquad \cos\left(\frac{\pi}{2} - x\right) = \sin(x).$$

- Betrachten wir nun das rechtsstehende, rechtwinkliges Dreieck im Einheitskreis. Dort gilt der Satz des Pythagoras. Daher gilt:

  $$(\sin(x))^2 + (\cos(x))^2 = 1^2$$

  Eine alternative Schreibweise lautet:

  $$\sin^2(x) + \cos^2(x) = 1$$

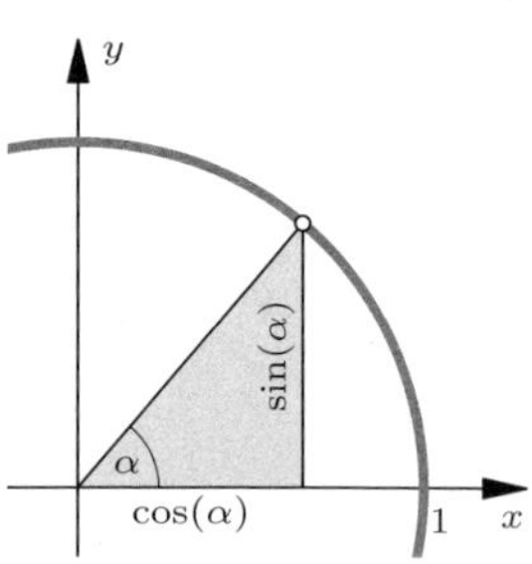

Viele weitere Formeln stehen in der Formelsammlung. Für den Unterricht ist es oft hilfreich, wenn einem die Funktionsgraphen bekannt sind.

11.4 Nullstellen

Wegen ihrem periodischen Verlauf haben die trigonometrischen Funktionen $\sin(x)$ und $\cos(x)$ keine begrenzte Zahl an Nullstellen sondern unendlich viele.

Der Graph der Sinuskurve zeigt, dass die Sinusfunktion Nullstellen bei allen Vielfachen von π hat.

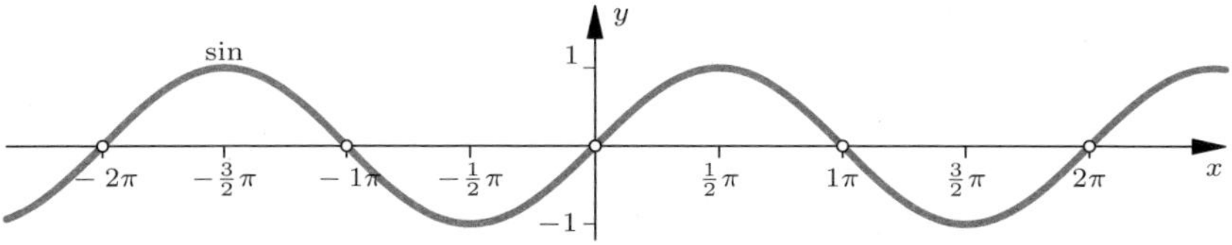

Aus $\sin(x) = 0$ folgt daher:

$$x = k \cdot \pi \quad \text{mit } k \in \mathbb{Z}$$

Der nächste Graph zeigt, dass die Kosinusfunktion eine Nullstelle bei $x = \dfrac{\pi}{2}$ hat.

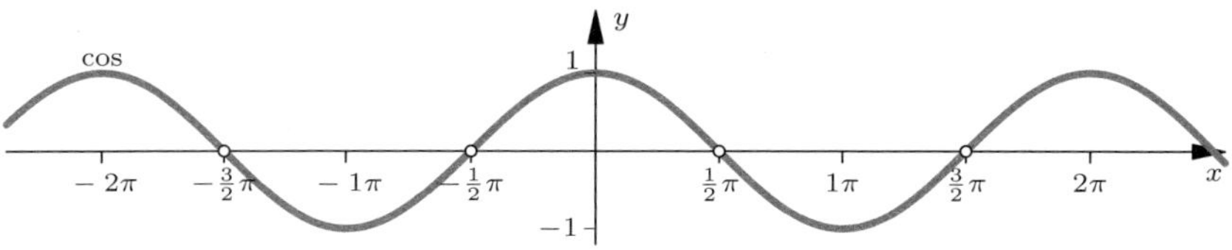

Weitere Nullstellen sind bei $x = \dfrac{\pi}{2} \pm 1 \cdot \pi$, $x = \dfrac{\pi}{2} \pm 2 \cdot \pi$ und $x = \dfrac{\pi}{2} \pm 3 \cdot \pi$.

Aus $\cos(x) = 0$ folgt daher:

$$x = \frac{\pi}{2} + k \cdot \pi \quad \text{mit } k \in \mathbb{Z}$$

bzw.

$$x = \pi\,(0{,}5 + k) \quad \text{mit } k \in \mathbb{Z}$$

11.5 Modulation der Sinuskurve I

Modulation bedeutet lediglich Veränderung. Wir wollen nun mittels Faktoren und Summanden die Sinuskurve verändern. Da für die Kosinuskurve alles analog gilt, wird sie ab hier nicht mehr berücksichtigt.

Die Amplitude

Gegeben sind die Funktionen

$$f \text{ mit } f(x) = \sin(x) \quad \text{und} \quad g \text{ mit } g(x) = 2\sin(x).$$

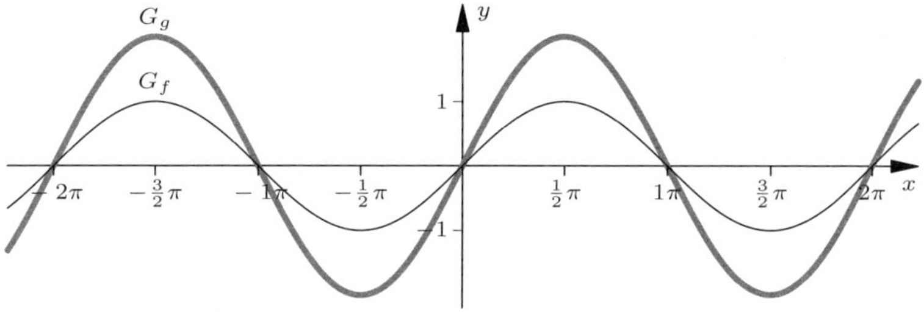

11

Der Faktor a bei den Funktionen $a \cdot \sin(x)$ bzw. $a \cdot \cos(x)$ bestimmt deren *Amplitude*. Sie gibt den maximalen Ausschlag an.

Die Periode

Wir vergleichen die Sinuskurve mit der Funktion

$$h \text{ mit } h(x) = \sin(2\,x).$$

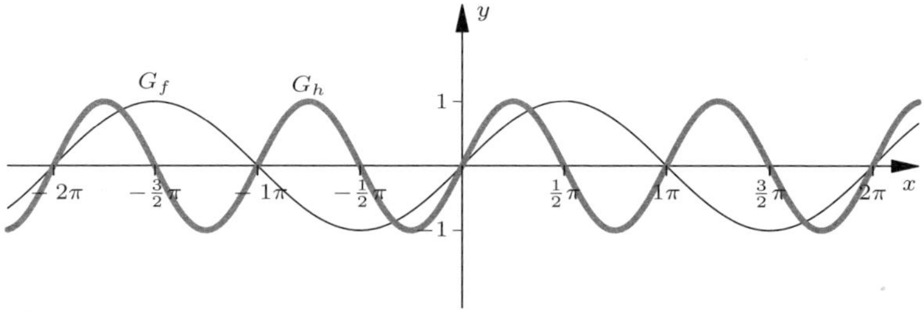

Der Faktor b bei trigonometrischen Funktionen $\sin(b\,x)$ bzw. $\cos(b\,x)$ bestimmt die Länge der *Periode* p. Es gilt: $\quad p = \dfrac{2\,\pi}{b}$

11.6 Modulation der Sinuskurve II

Die Phasenverschiebung

Wieder vergleichen wir die normale Sinuskurve mit einer veränderten Sinuskurve. Diese ist gegeben durch:

$$j \text{ mit } j(x) = \sin(x + \frac{\pi}{2})$$

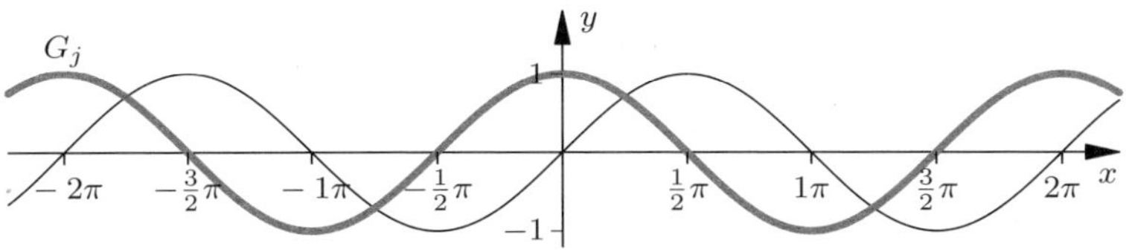

> Der Summand c in $a \cdot \sin(b(x + c))$ bzw. $a \cdot \cos(b(x + c))$ verschiebt den Graphen entlang der x-Achse. Er wird *Phasenverschiebung* genannt.

Nun können wir die Kurve der Sinus- und Kosinusfunktion in alle möglichen Richtungen verschieben, strecken und stauchen.

Beispiel: Zeichen Sie den Graphen der Funktion t mit $t(x) = 2\sin(2x + \pi) - 1$.
Zuerst müssen wir die Funktionsgleichung umformen zu $a \cdot \sin(b(x + c)) + d$:

$$t(x) = 2 \cdot \sin\left(2\left(x + \frac{\pi}{2}\right)\right) - 1$$

- Die Amplitude ist 2
- Die Periodenlänge ist $\frac{2\pi}{2} = \pi$
- Die Phasenverschiebung (im Vergleich zu $\sin(x)$) ist $+\frac{\pi}{2}$, d. h. eine halbe Periode nach links.
- Die Funktion ist um 1 nach unten verschoben.

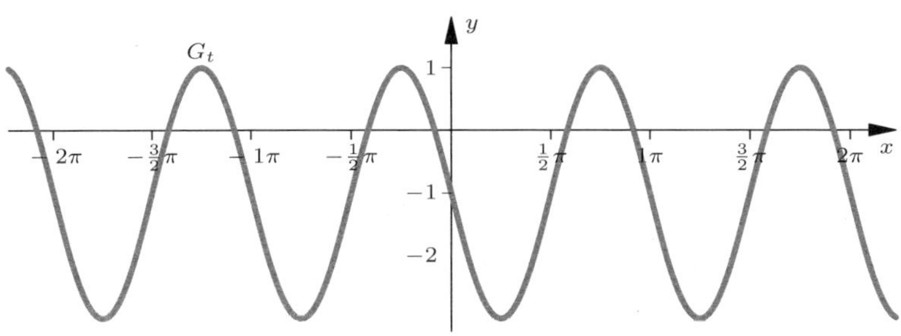

11.7 Die Tangensfunktion

Der Tangens $\tan(x)$ ist eine weitere trigonometrische Funktion. Er ist definiert durch:

$$\tan(x) = \frac{\sin(x)}{\cos(x)}; \quad \cos(x) \neq 0$$

Die Tangensfunktion besitzt folgende Eigenschaften:

- Da $\cos(x)$ für $x = \pi\,(0{,}5 + k)$ mit $k \in \mathbb{Z}$ gleich null wird, besitzt die Tangensfunktion dort Polstellen.
- Da $\sin(x)$ für $x = k \cdot \pi$ mit $k \in \mathbb{Z}$ gleich null wird, besitzt die Tangensfunktion dort wie der Sinus Nullstellen.
- Sie ist punktsymmetrisch zum Ursprung: $\tan(-x) = \dfrac{\sin(-x)}{\cos(-x)} = \dfrac{-\sin(x)}{\cos(x)} = -\tan(x)$
- Ihre Periodenlänge ist π, daher gilt:

  $\tan(x + k \cdot \pi) = \tan(x)$ mit $k \in \mathbb{Z}$.

Neben dem Tangens gibt es noch den Kotangens, von dem man zumindest wissen sollte, wie er definiert ist:

$$\cot(x) = \frac{1}{\tan(x)} = \frac{\cos(x)}{\sin(x)}; \qquad \sin(x) \neq 0$$

Der Kotangens verläuft zwar nicht durch den Ursprung, ist jedoch trotzdem punktsymmetrisch zum Ursprung. Seine Nullstellen, Polstellen und weitere Eigenschaften können wie oben beim Tangens aus seiner Definition erschlossen werden:

- Nullstellen: $x = \pi\,(0{,}5 + k)$ mit $k \in \mathbb{Z}$
- Polstellen: $x = k \cdot \pi$ mit $k \in \mathbb{Z}$
- Periode: $p = \pi$, d. h. $\cot(x + k \cdot \pi) = \cot(x)$ mit $k \in \mathbb{Z}$.

Die Abbildungen zeigen die Graphen der Tangens- und Kotangens-Funktion.

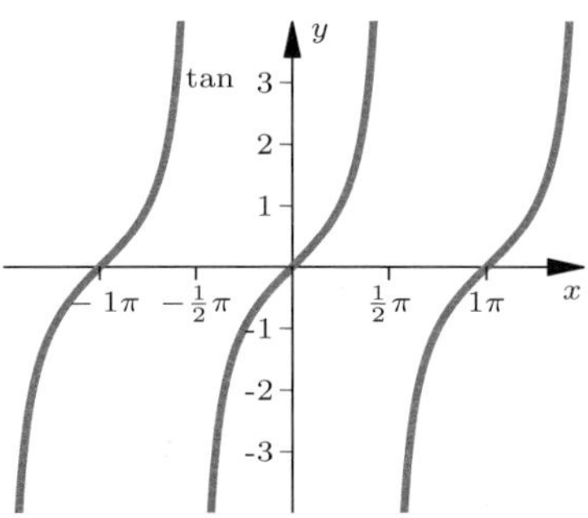

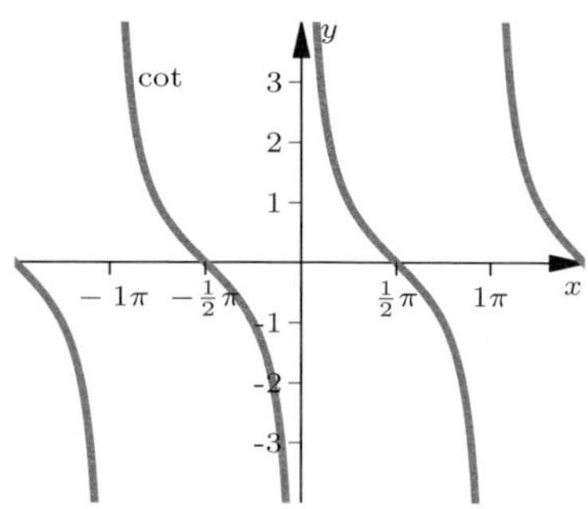

11.8 Trigonometrische Gleichungen

Beispiel: Bestimmen Sie *alle* Nullstellen der Funktion

f mit $f(x) = 3\sin(0{,}5\,x - 0{,}5) - 1$.

1. Schritt Funktion gleich null setzen: $3\sin(0{,}5\,x - 0{,}5) - 1 = 0$

2. Schritt Isolation des sin-/cos-Ausdruckes: $\sin(0{,}5\,x - 0{,}5) = \frac{1}{3}$

3. Schritt Substitution des Arguments durch α: $\sin(\alpha) = \frac{1}{3}$

mit $\alpha = 0{,}5\,x - 0{,}5$

4. Schritt Nutzung des Taschenrechners: $\alpha_1 = \sin^{-1}\left(\frac{1}{3}\right) \approx 0{,}34$

5. Schritt Anfertigung einer Skizze der Sinus-/Kosinusfunktion:

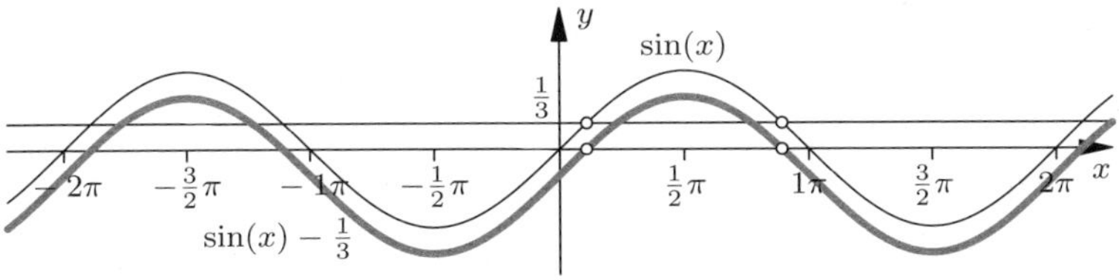

6. Schritt Bestimmung der anderen Lösung in der selben Periode (bei Sinus gilt $\alpha_2 = \pi - \alpha_1$, bei Kosinus gilt $\alpha_2 = 2\pi - \alpha_1$): $\alpha_2 = \pi - 0{,}34 = 2{,}80$

7. Schritt Angabe der restlichen Lösungen.

Die Sinusfunktion wiederholt sich stets nach 2π, daher erhält man die anderen Lösungen aus den gegebenen durch Addition ganzzahliger Vielfacher von 2π.

$\alpha_{1,k} = 0{,}34 + k \cdot 2\pi$

$\alpha_{2,k} = 2{,}80 + k \cdot 2\pi$

mit $k \in \mathbb{Z}$

8. Schritt Rücksubstitution: $\alpha = 0{,}5\,x - 0{,}5$

$$0{,}5\,x - 0{,}5 = 0{,}34 + k \cdot 2\pi \Rightarrow x = 1{,}68 + 4k\pi$$
$$0{,}5\,x - 0{,}5 = 2{,}80 + k \cdot 2\pi \Rightarrow x = 6{,}60 + 4k\pi$$
mit $k \in \mathbb{Z}$

Die Nullstellen von f sind bei $x = 1{,}68 + 4k\pi$ und $x = 6{,}60 + 4k\pi$ mit $k \in \mathbb{Z}$.

11

11.9 Ableitungen mit trigonometrischen Funktionen

Für die Ableitungen von verketteten trigonometrischen Funktionen gilt:

$$\sin(g(x)) \xrightarrow{\text{abgeleitet}} \cos(g(x)) \cdot g'(x)$$

$$\cos(g(x)) \xrightarrow{\text{abgeleitet}} -\sin(g(x)) \cdot g'(x)$$

Die Ableitung des Sinus ist der Kosinus und die Ableitung des Kosinus ist der negative Sinus.

Beispiele:

$$\sin(x) \xrightarrow{\text{abgeleitet}} \cos(x)$$

$$\sin(2x) \xrightarrow{\text{abgeleitet}} 2\cos(2x)$$

$$\cos(x) \xrightarrow{\text{abgeleitet}} -\sin(x)$$

$$\cos(2x) \xrightarrow{\text{abgeleitet}} -2\sin(2x)$$

$$\sin(x^2+2) \xrightarrow{\text{abgeleitet}} \cos(x^2+2) \cdot 2x$$

$$\cos(\sin(x)) \xrightarrow{\text{abgeleitet}} -\sin(\sin(x)) \cdot \cos(x)$$

Leitet man den Sinus viermal hintereinander ab, dann erhält man wieder den Sinus (dasselbe gilt auch für den Kosinus):

$$\sin(x) \xrightarrow{\text{abgeleitet}} \cos(x) \xrightarrow{\text{abgeleitet}} -\sin(x) \xrightarrow{\text{abgeleitet}} -\cos(x) \xrightarrow{\text{abgeleitet}} \sin(x)$$

Zum Schluß leiten wir noch die Ableitung des Tangens her:

$$\tan(x) = \frac{\sin(x)}{\cos(x)} \xrightarrow{\text{abgeleitet}} \frac{\cos(x)\cdot\cos(x) - \sin(x)\cdot\sin(x)}{\cos^2(x)}$$

$$= \frac{\cos^2(x) + \sin^2(x)}{\cos^2(x)}$$

$$= \frac{1}{\cos^2(x)}$$

Die Ableitungen der Grundfunktionen stehen natürlich in der Formelsammlung, doch sollten sie im Idealfall auswendig gekonnt werden.

12 Anwendungen von Ableitungen

12.1 Die Regel von de L'Hospital

Für die Funktionen f und g mit den Ableitungen f' und g' gilt:

Falls an der Stelle x_0 für $\frac{f(x_0)}{g(x_0)}$ der Fall *„null durch null"* oder *„unendlich durch unendlich"* vorliegt, dann muss man den Quotienten der Ableitungen an der Stelle x_0 betrachten, also:

$$\frac{f'(x_0)}{g'(x_0)}$$

Wenn dieser Quotient existiert, dann existiert auch $\frac{f(x_0)}{g(x_0)}$ und es gilt sogar:

$$\lim_{x \to x_0} \frac{f(x)}{g(x)} = \lim_{x \to x_0} \frac{f'(x)}{g'(x)}$$

12

Bemerkung: Die Regel von de L'Hospital (sprich: „Lopital") gilt auch für x_0 gegen plus oder minus unendlich. Man kann sie auch mehrfach hintereinander anwenden.

Beispiel:

Untersuchen Sie das Verhalten der Funktion f mit $f(x) = \dfrac{x}{e^x}$ im Unendlichen.

Für $x \to -\infty$ gilt:

$$\lim_{x \to -\infty} \frac{x}{e^x} = \frac{-\infty}{0^+} = -\infty$$

Für $x \to +\infty$ sieht die Sache aber anders aus. Dort strebt sowohl der Zähler als auch der Nenner gegen plus unendlich. Und der Ausdruck $\frac{\infty}{\infty}$ ist natürlich nicht definiert, da „unendlich" kein Wert ist. Hier verwenden wir die Regel von de L'Hospital. Wir leiten Zähler und Nenner getrennt von einander ab:

$$\lim_{x \to +\infty} \frac{x}{e^x} \overset{L'H}{=} \lim_{x \to +\infty} \frac{1}{e^x} = \frac{1}{\infty} = 0$$

Somit ist der Grenzwert im Unendlichen null, was zu erwarten war, da die e-Funktion bekanntlich schneller ansteigt als jede Polynomfunktion.

Es kommt oft vor, dass der Grenzwert einer Funktion, die nicht die Form eines Bruches hat, untersucht werden soll. Diese müssen wir dann in einen Bruch umwandeln:

$$\lim_{x \to 0} x^2 \cdot \ln(x) = \lim_{x \to 0} \frac{\ln(x)}{x^{-2}} \overset{L'H}{=} \lim_{x \to 0} \frac{\frac{1}{x}}{-2\,x^{-3}} = \lim_{x \to 0} \frac{1}{-2\,x^{-2}} = \lim_{x \to 0} -0{,}5\,x^2 = 0$$

12.2 Das Newtonverfahren

Eine weitere Anwendung von Ableitungen ist das *Newtonverfahren*. Es erlaubt uns Gleichungen wie $e^x + x = 0$ näherungsweise zu lösen. Das kann sehr hilfreich sein, falls wir keine Methode kennen, um eine exakte Lösung zu bestimmen.

Die allgemeine Formel für das Newtonverfahren lautet:

$$x_{n+1} = x_n - \frac{f(x_n)}{f'(x_n)} \quad \text{mit dem Startwert } x_0$$

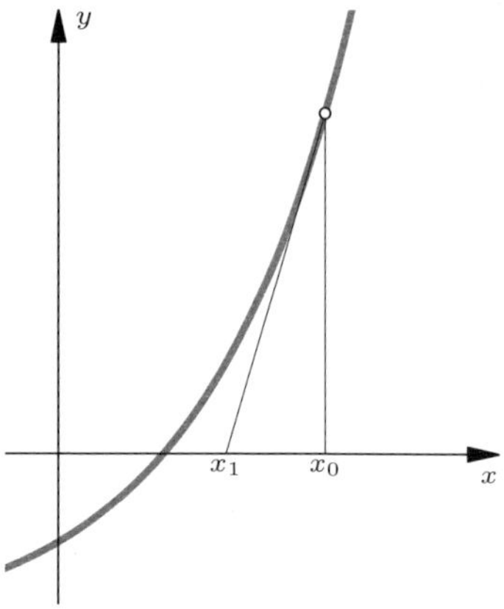

Zunächst wählt man einen Startwert x_0, der in der Nähe der gesuchten Nullstelle ist. An der Stelle x_0 wird die Steigungstangente von f gebildet, die per Definition durch den Punkt $P(x_0\,|\,f(x_0))$ geht und die Steigung $m = f'(x_0)$ besitzt.

Sie schneidet die x-Achse an einer neuen Stelle x_1. Diese Stelle x_1 ist die *erste Näherung* der gesuchten Nullstelle.

Jetzt setzt man x_1 erneut in diese Formel ein und erhält x_2, die *zweite Näherung* der gesuchten Nullstelle. Dies wiederholt man so oft, bis man die geforderte Genauigkeit erreicht hat.

Beispiel: Wir betrachten obige Gleichung $e^x + x = 0$ als Funktion f mit $f(x) = e^x + x$ und berechnen näherungsweise deren Nullstelle mit dem Startwert $x_0 = -1$.

Zunächst berechnen wir die erste Ableitung von f: $\quad f'(x) = e^x + 1$

Wir fertigen eine übersichtliche Tabelle an und berechnen die notwendigen Werte. Dabei ermitteln wir jeweils x_1, x_2 und x_3 mit den Werten aus der vorherigen Zeile. Beispielsweise ergibt sich x_1 folgendermaßen:

$$x_1 = x_0 - \frac{f(x_0)}{f'(x_0)} = -1 - \frac{f(-1)}{f'(-1)} = -1 - \frac{e^{-1} - 1}{e^{-1} + 1} = -0{,}5379$$

Startwert	$x_0 = -1$	$f(x_0) = 0{,}6321$	$f'(x_0) = 1{,}3679$
1. Schritt	$x_1 = -0{,}5379$	$f(x_1) = 0{,}0461$	$f'(x_1) = 1{,}5840$
2. Schritt	$x_2 = -0{,}5670$	$f(x_2) = 0{,}0002$	$f'(x_2) = 1{,}5672$
3. Schritt	$x_3 = -0{,}5671$	———	———

Nach drei Schritten erhalten wir die *dritte Näherung*: $\quad x_3 = -0{,}5671$

12.3 Extremwertaufgaben

Wenn ein bestimmter Zusammenhang durch eine Funktion beschrieben werden kann, dann sind die globalen Extremstellen dieser Funktion oft interessant. Diese befinden sich entweder bei den Nullstellen der ersten Ableitung oder am Rand der Definitionsmenge (am Rand braucht die ersten Ableitung für einen Extrempunkt nämlich nicht null zu sein).

Beispiel: Die Produktion einer nach oben offenen Kiste ist in Planung. Dabei sollen Länge und Breite im Verhältnis 3 : 2 stehen. Des Weiteren stehen für die Produktion je Kiste nur $1\,\text{m}^2$ Baumaterial zu Verfügung. Gesucht sind die Baumaße der Kiste, so dass ihr Volumen maximal wird.

Lösung: Die Kiste besitzt die Länge l, die Breite b und die Höhe h. Dabei gilt auf Grund der Aufgabenstellung: $1{,}5\,b = l$ (Verhältnis 3 : 2)

Für die Mantelfläche der Kiste (ohne Oberseite) gilt:

$$A = l \cdot b + 2 \cdot l \cdot h + 2 \cdot b \cdot h \quad \text{(Aufsummierung aller Flächen)}$$

Ersetzen wir nun l durch $1{,}5\,b$, dann erhalten wir:

$$A = 1{,}5\,b^2 + 3\,b\,h + 2\,b\,h = 5\,b^2 + 5\,b\,h$$

Da die Mantelfläche $1\,\text{m}^2$ beträgt, erhalten wir für die Höhe:

$$1 = 1{,}5\,b^2 + 5\,b\,h \quad \Rightarrow \quad h = \frac{1 - 1{,}5\,b^2}{5\,b}$$

Setzt man in der Formel für das Volumen $V(b) = l \cdot b \cdot h$ die Terme für l und h ein, so kommt man auf die Form:

$$V(b) = 1{,}5\,b \cdot b \cdot \frac{1 - 1{,}5\,b^2}{5\,b} = 1{,}5\,b^2 \cdot \frac{1 - 1{,}5\,b^2}{5\,b} = \frac{1{,}5\,b^2 - 2{,}25\,b^4}{5\,b} = 0{,}3\,b - 0{,}45\,b^3$$

Die Funktion V mit $\mathbb{D} = \mathbb{R}_0^+$ ist maximal, wenn gilt:

$$V'(b) = 0{,}3 - 1{,}35\,b^2 = 0$$

Es ergibt sich als Breite:

$$b = \sqrt{\frac{0{,}3}{1{,}35}} = \frac{\sqrt{2}}{3} \approx 0{,}47 \quad \text{(Rand: Für } b = 0 \text{ ist das Volumen minimal.)}$$

Weiterhin folgt nun:

$$V = 0{,}3 \cdot \frac{\sqrt{2}}{3} - 0{,}45 \cdot \left(\frac{\sqrt{2}}{3}\right)^3 = \frac{\sqrt{2}}{15} \approx 0{,}1\,\text{m}^3$$

$$l = 1{,}5 \cdot \frac{\sqrt{2}}{3} = \frac{\sqrt{2}}{2} \approx 0{,}71\,\text{m}$$

$$h = \frac{V}{l \cdot b} = 0{,}1 \div \left(\frac{\sqrt{2}}{3} \cdot \frac{\sqrt{2}}{2}\right) = 0{,}1 \div \frac{1}{3} = 0{,}3\,\text{m}$$

12

13 Integralrechnung

13.1 Einführung

Die folgenden zwei Funktionen werden genauer untersucht:

f mit $f(x) = x$

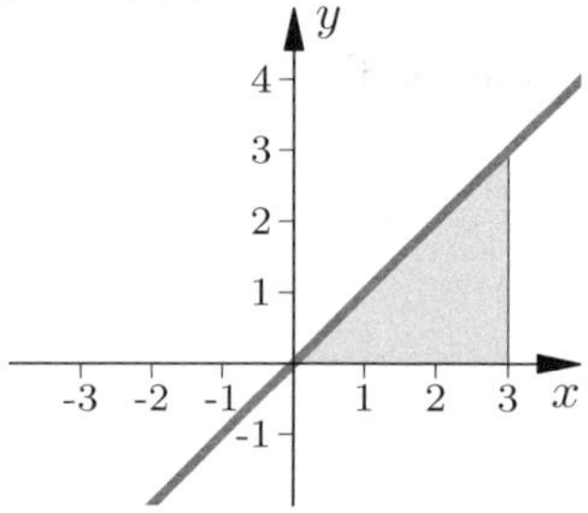

g mit $g(x) = x^2$

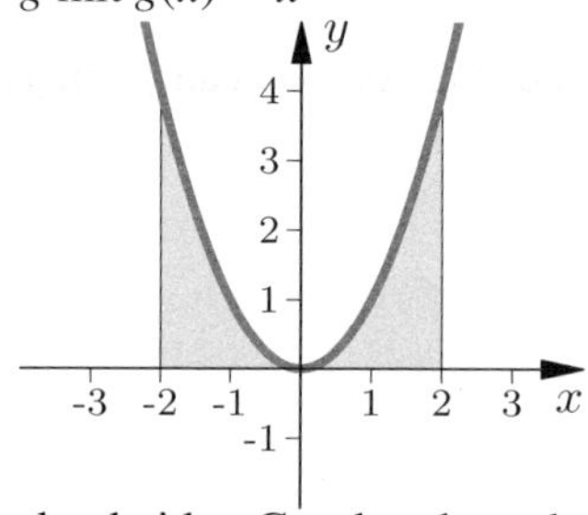

Wir wollen jeweils die graue Fläche unter den beiden Graphen berechnen. Im linken Fall sollte dabei niemand ein Problem haben, da die Fläche ein Dreieck ist:

$$A = 0{,}5 \cdot 3 \cdot 3 = 4{,}5$$

Aber wie gehen wir bei der rechten Seite vor? Hierzu soll erst ein anderer, neuer Weg für die linke Seite erklärt werden:

Wenn man sich gleich breite Rechtecke zwischen der x-Achse und dem Graphen vorstellt, kann man sich an die Dreiecksfläche annähern, indem man die Flächen aller Rechtecke summiert.

Um ein besseres Ergebnis zu erhalten, muss die Breite der Rechtecke immer kleiner werden. Die Summe wird immer näher an den Wert 4,5 herankommen.

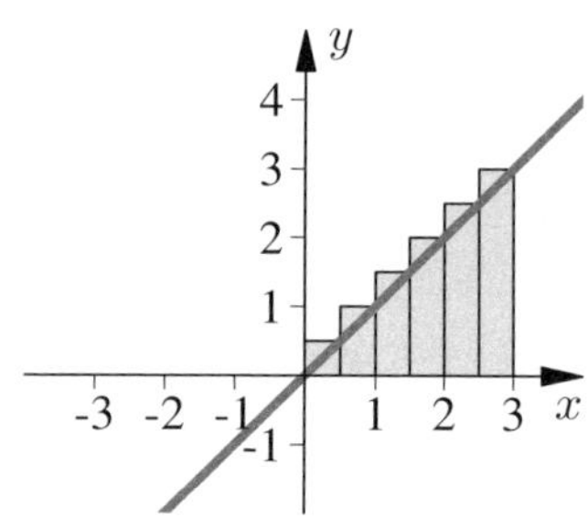

Wir nennen die Breite der Rechtecke dx. Die Höhe eines Rechtecks wird durch den Funktionswert am rechten Rand bestimmt. Somit ist die Fläche eines beliebig kleinen Rechteckes an der Stelle x gleich $dA = f(x)\,\mathrm{d}x$. Nun müssen wir alle Rechtecke von $x = 0$ bis $x = 3$ summieren. Man schreibt für diesen Grenzwert:

$$A = \int_0^3 f(x)\,\mathrm{d}x = 4{,}5$$

Dabei bedeutet das $\int$-Zeichen so viel wie „Summe“. Es ist das *Integralzeichen*. Die Zahlen 0 und 3 sind die *Integrationsgrenzen*, wobei 0 die *untere Grenze* und 3 die *obere Grenze* ist. $f(x)$ ist die Funktion, die integriert wird, man nennt sie auch *Integrand*. dx gibt die Integrationsvariable an, nach der integriert wird.

13.2 Flächeninhalte und Integration

Betrachten wir noch einmal die Vorgehensweise auf der letzten Seite:

Um einen Flächeninhalt zu bestimmen, haben wir zunächst ein gegebenes Intervall in viele kleine Stücke zerlegt. Danach haben wir die entstandenen Rechtecke aufsummiert, um schließlich einen Grenzwert zu bilden, indem wir die Breite der Rechtecke beliebig klein werden ließen.

Beispiel: Annäherung von oben an f mit $f(x) = x$ im Intervall [0; 3].

Die Summe über drei Rechtecke der Breite 1 ergibt:

$$1 + 2 + 3 = 6$$

Die Summe über sechs Rechtecke der Breite $\frac{1}{2}$ ergibt:

$$\tfrac{1}{2} \cdot (\tfrac{1}{2} + 1 + \tfrac{3}{2} + 2 + \tfrac{5}{2} + 3) = 5{,}25$$

Die Summe über $3 \cdot n$ Rechtecke der Breite $\frac{1}{n}$ ergibt:

$$\tfrac{1}{n} \cdot (\tfrac{1}{n} + \tfrac{2}{n} + \tfrac{3}{n} + \cdots + \tfrac{3n-2}{n} + \tfrac{3n-1}{n} + \tfrac{3n}{n}) \approx 4{,}5$$

Dieses Vorgehen ist zwar vollkommen korrekt, aber auch mit sehr viel Arbeitsaufwand verbunden.

Faszinierender Weise gibt es nun einen wichtigen Satz in der Mathematik, der es uns erlaubt, auf diese Prozedur zu verzichten, nämlich den *Hauptsatz der Differential- und Integralrechnung*.

Hauptsatz der Differential- und Integralrechnung

F heißt *Stammfunktion* von f, falls f die Ableitungsfunktion von F ist.

Die Fläche unter dem Graphen der positiven Funktion f in dem Intervall $[a; b]$ entspricht dann $F(b) - F(a)$.

Das *Finden und Auswerten einer Stammfunktion* nennt man auch *integrieren* einer Funktion. Integrieren ist also gewissermaßen das „Gegenteil" zum Ableiten.

Beispiel: Wollen wir die Funktion f mit $f(x) = x$ im Intervall [0; 3] integrieren, so müssen wir eine Funktion F mit $F(x)$ finden, für deren Ableitung $F'(x) = f(x)$ gilt.

Das wäre hier z. B. $F(x) = 0{,}5\,x^2$. Man schreibt:

$$A = \int_0^3 x \cdot \mathrm{d}x = \left[0{,}5\,x^2\right]_0^3$$

Um die Fläche zu erhalten, setzen wir die Grenzen ein und bilden die Differenz (obere Grenze eingesetzt minus untere Grenze eingesetzt):

$$A = (0{,}5 \cdot 3^2) - (0{,}5 \cdot 0^2) = 4{,}5$$

13

13.3 Das bestimmte Integral

Ein Integral der Form $A = \int_a^b f(x)\,\mathrm{d}x$ mit a und b als Integrationsgrenzen wird *bestimmtes Integral* genannt. Das bestimmte Integral ist gleich dem Flächeninhalt unter dem Graphen der Funktion f im Intervall $[a; b]$ (sofern f im Intervall nicht unterhalb der x-Achse verläuft). Das bestimmte Integral liefert also eine Zahl (die z. B. für einen Flächeninhalt steht).

Wie schon beim Differenzieren (Ableiten) gibt es auch beim Integrieren eine Regel für ganzrationale Funktionen. Die Regel beim Differenzieren war:

$$x^n \quad \stackrel{\text{abgeleitet}}{\longrightarrow} \quad n \cdot x^{n-1}$$

Somit lautet die Regel für das Integrieren ganzrationaler Funktionen:

$$x^n \quad \stackrel{\text{integriert}}{\longrightarrow} \quad \frac{1}{n+1} \cdot x^{n+1} \qquad n \neq -1$$

13

Beispiel: Wir können nun die zweite Fläche aus dem vorletzten Abschnitt berechnen. Sie war eingegrenzt zwischen der Normalparabel und der x-Achse. Die Integrationsgrenzen waren −2 und 2. Wir erhalten:

$$A = \int_{-2}^{2} x^2\,\mathrm{d}x$$

Eine Stammfunktion zu $g(x) = x^2$ können wir mit der obigen Regel bestimmen.

$$A = \int_{-2}^{2} x^2\,\mathrm{d}x = \left[\frac{1}{3}x^3\right]_{-2}^{2} = \frac{1}{3} \cdot 2^3 - \frac{1}{3} \cdot (-2)^3 = \frac{8}{3} + \frac{8}{3} = \frac{16}{3}$$

Rechengesetze beim Integrieren

- Herausziehen konstanter Faktoren:

$$\int_a^b k \cdot f(x)\,\mathrm{d}x = k \cdot \int_a^b f(x)\,\mathrm{d}x$$

- Aufteilung von Summen:

$$\int_a^b (f(x) + g(x))\,\mathrm{d}x = \int_a^b f(x)\,\mathrm{d}x + \int_a^b g(x)\,\mathrm{d}x$$

- Aufteilung von Intervallen:

$$\int_a^b f(x)\,\mathrm{d}x = \int_a^c f(x)\,\mathrm{d}x + \int_c^b f(x)\,\mathrm{d}x, \qquad c \in [a; b]$$

13.4 Die Flächenbilanz

Beispiel: Gegeben ist die Funktion f mit $f(x) = \frac{3}{4}x^2 - 1$. Wir wollen den Flächeninhalt der grauen Fläche bestimmen.

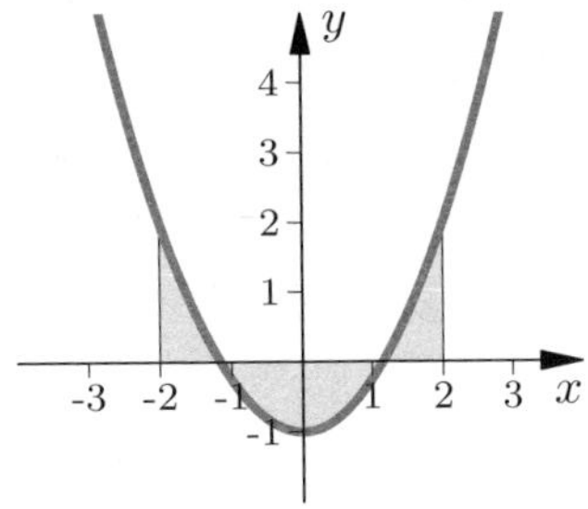

Die Integrationsgrenzen sind -2 und 2.

Um den Summanden -1 bei $f(x)$ zu integrieren, geht man ebenfalls nach der Integrationsregel für ganzrationale Funktionen vor:

$$-1 = -1\,x^0 \quad \xrightarrow{\text{integriert}} \quad -\frac{1}{1}x^1 = -x$$

Also muss für das bestimmte Integral gelten:

$$A = \int_{-2}^{2} \left(\frac{3}{4}x^2 - 1\right) \mathrm{d}x = \left[\frac{1}{4}x^3 - x\right]_{-2}^{2} = \left(\frac{1}{4} \cdot 2^3 - 2\right) - \left(\frac{1}{4} \cdot (-2)^3 - (-2)\right) = 0$$

Das Integral ist null, doch kann die graue Fläche nicht den Flächeninhalt null haben!

> Das bestimmte Integral liefert nicht immer einen Flächeninhalt, sondern eine *Flächenbilanz*. Flächen, die unterhalb der x-Achse sind, werden als negative Flächen gewertet und verkleinern somit die Flächenbilanz. Befinden sich Flächen unterhalb der x-Achse, müssen diese einzeln bestimmt werden. Die Summe ihrer Beträge ergibt deren Gesamtfläche.

Da die Funktion achsensymmetrisch ist, können wir uns auf das Intervall $[0; 2]$ beschränken. Dadurch müssen wir nämlich nur noch eine Nullstelle von f bestimmen. Wir dürfen am Ende nur nicht vergessen den Flächeninhalt zu verdoppeln.

$$\frac{3}{4}x^2 - 1 = 0 \Leftrightarrow x^2 = \frac{4}{3} \Leftrightarrow x_0 = \pm\frac{2}{3}\sqrt{3}$$

Die gesuchte Nullstelle, an der $f(x)$ das Vorzeichen wechselt, ist somit $x_0 = \frac{2}{3}\sqrt{3}$. Die beiden Teilflächen A_1 und A_2 können wir nun einzeln berechnen:

$$A_1 = \left|\int_0^{\frac{2}{3}\sqrt{3}} \frac{3}{4}x^2 - 1\,\mathrm{d}x\right| = \left|\left[\frac{x^3}{4} - x\right]_0^{\frac{2}{3}\sqrt{3}}\right| = \left|\frac{\left(\frac{2}{3}\sqrt{3}\right)^3}{4} - \frac{2}{3}\sqrt{3} - 0\right| \approx |-0{,}77| = 0{,}77$$

$$A_2 = \left|\left[\frac{x^3}{4} - x\right]_{\frac{2}{3}\sqrt{3}}^{2}\right| = \left|\frac{(2)^3}{4} - 2 - \left(\frac{\left(\frac{2}{3}\sqrt{3}\right)^3}{4} - \frac{2}{3}\sqrt{3}\right)\right| \approx |0{,}77| = 0{,}77$$

Für die Gesamtfläche gilt somit: $A = 2 \cdot (A_1 + A_2) \approx 2 \cdot (0{,}77 + 0{,}77) = 3{,}08$

Achtung: Für das Flächenmaß darf nicht über Nullstellen mit Vorzeichenwechsel hinaus integriert werden! Daher sollten Nullstellen stets Grenzen von Teilflächen sein.

13.5 Flächen zwischen Graphen

Nun wollen wir die Fläche berechnen, die folgende zwei Funktionen einschließen:
f mit $f(x) = 0{,}5\,x^2 - x - 1$ und g mit $g(x) = 0{,}5\,x + 1$

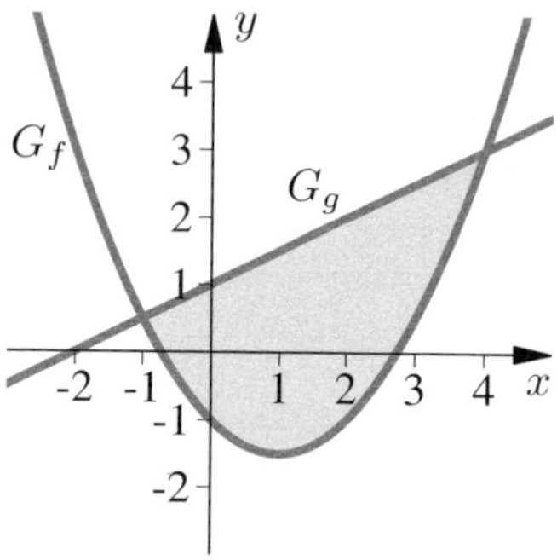

Wie wir sehen, liegen die Integrationsgrenzen bei den Schnittpunkten der beiden Funktionsgraphen.

$$f(x) = g(x)$$
$$0{,}5\,x^2 - x - 1 = 0{,}5\,x + 1$$
$$x^2 - 3\,x - 4 = 0$$
$$(x+1)(x-4) = 0$$

Die Integrationsgrenzen sind daher:

$$x_1 = -1 \quad \text{und} \quad x_2 = 4$$

Die Grenzen fürs Integral haben wir nun. Doch was integrieren wir? Wir müssen die Differenz beider Funktionen integrieren, da sie der Abstand der beiden Funktionen an jeder Stelle x ist (und somit die Höhe der gedachten unendlich dünnen Rechtecksflächen, die bei der Integration aufsummiert werden).

Die Differenz beider Funktionen ist: $D(x) = f(x) - g(x) = 0{,}5\,x^2 - 1{,}5\,x - 2$

Dabei ist im Prinzip egal, welche Funktion von welcher abgezogen wird, solange man bei der Integration von $D(x)$ nicht über die Nullstellen von $D(x)$ hinaus integriert (die Nullstellen sind aber gerade unsere Integrationsgrenzen).

Für die Fläche gilt jetzt:

$$\begin{aligned}
A &= \left| \int_{-1}^{4} (0{,}5\,x^2 - 1{,}5\,x - 2)\,\mathrm{d}x \right| \\
&= \left| \left[\frac{1}{6}\,x^3 - \frac{3}{4}\,x^2 - 2\,x \right]_{-1}^{4} \right| \\
&= \left| \left(\frac{1}{6}\,4^3 - \frac{3}{4}\,4^2 - 2 \cdot 4 \right) - \left(\frac{1}{6} \cdot (-1)^3 - \frac{3}{4} \cdot (-1)^2 - 2 \cdot (-1) \right) \right| \\
&= \left| \left(\frac{64}{6} - 12 - 8 \right) - \left(-\frac{1}{6} - \frac{3}{4} + 2 \right) \right| \\
&= \left| -\frac{28}{3} - \frac{13}{12} \right| \quad \approx 10{,}42
\end{aligned}$$

Schneiden sich Funktionen mehr als zweimal, so gibt es auch mehrere einzelne Teilflächen, die berechnet werden müssen. Am sichersten ist es dann, um jedes Teilintegral Betragsstriche zu setzen.

13.6 Unbestimmte Integrale

Bei den *unbestimmten Integralen* geht es nicht um Flächen, sondern darum, eine Funktion F zu finden, deren Ableitung f ist.

Ergibt $F(x)$ abgeleitet $f(x)$ so ist jede Funktion F_C mit $F_C(x) = F(x) + C$ auch abgeleitet $f(x)$, da die konstante Zahl C beim Ableiten wegfällt. Somit gibt es unendlich viele Funktionen F_C, die abgeleitet f ergeben.

Wichtige unbestimmte Integrale

- Potenzfunktionen ($n \neq -1$):

$$ax^n \overset{\text{integriert}}{\longrightarrow} \frac{a}{n+1}x^{n+1} + C$$

- e-Funktionen:

$$\mathrm{e}^x \overset{\text{integriert}}{\longrightarrow} \mathrm{e}^x + C$$

$$\mathrm{e}^{n\cdot x} \overset{\text{integriert}}{\longrightarrow} \frac{1}{n}\mathrm{e}^{n\cdot x} + C$$

$$g'(x)\cdot \mathrm{e}^{g(x)} \overset{\text{integriert}}{\longrightarrow} \mathrm{e}^{g(x)} + C$$

- Sinus- und Kosinusfunktionen:

$$\sin(x) \overset{\text{integriert}}{\longrightarrow} -\cos(x) + C$$

$$\sin(n\cdot x) \overset{\text{integriert}}{\longrightarrow} -\frac{1}{n}\cos(n\cdot x) + C$$

$$g'(x)\cdot \sin(g(x)) \overset{\text{integriert}}{\longrightarrow} -\cos(g(x)) + C$$

$$\cos(x) \overset{\text{integriert}}{\longrightarrow} \sin(x) + C$$

$$\cos(n\cdot x) \overset{\text{integriert}}{\longrightarrow} \frac{1}{n}\sin(x) + C$$

$$g'(x)\cdot \cos(g(x)) \overset{\text{integriert}}{\longrightarrow} \sin(g(x)) + C$$

- Gebrochen-rationale Funktionen:

$$\frac{1}{x} \overset{\text{integriert}}{\longrightarrow} \ln(|x|) + C$$

$$\frac{n}{x} \overset{\text{integriert}}{\longrightarrow} n\cdot \ln(|x|) + C$$

$$\frac{g'(x)}{g(x)} \overset{\text{integriert}}{\longrightarrow} \ln(|g(x)|) + C$$

Sie können diese Formeln alle ganz leicht überprüfen, indem Sie jeweils die rechte Seite ableiten!

13.7 Die Stammfunktion

Wir wissen bereits, was eine Stammfunktion ist:

> F ist eine *Stammfunktion* von f, wenn f die Ableitung von F ist. Es gilt:
>
> $$F'(x) = f(x)$$

Beispiel: Zeigen Sie, dass F eine Stammfunktion von f ist. Es ist

$$F(x) = x^2 \cdot \left(\ln\left(\sqrt{x}\right) - 0{,}25\right) \quad \text{und} \quad f(x) = x \cdot \ln(x).$$

Es ist nicht notwendig, die Funktion f zu integrieren. Es genügt zu zeigen, dass $F'(x) = f(x)$ gilt. Hierzu vereinfachen wir zuerst $F(x)$:

$$F(x) = x^2 \cdot \left(\ln\left(\sqrt{x}\right) - 0{,}25\right) = x^2 \cdot \left(\ln(x^{0{,}5}) - 0{,}25\right)$$
$$= x^2 \cdot (0{,}5 \ln(x) - 0{,}25) = 0{,}5\, x^2 \cdot \ln(x) - 0{,}25\, x^2$$

13

Wir leiten nach den uns bekannten Regeln ab:

$$F'(x) = 0{,}5\, x^2 \cdot \frac{1}{x} + x \cdot \ln(x) - 0{,}5\, x$$
$$F'(x) = x \cdot \ln(x) = f(x)$$

Somit ist F eine Stammfunktion von f.

Beispiel: Finden Sie eine Stammfunktion von f, die durch den Punkt $P(-2\,|\,0{,}5)$ verläuft.

$$f(x) = \frac{1}{x^3} + e^{2x+4} + \frac{4x}{x^2 - 3}$$

Es gilt:

$$F_C(x) = \int \left(x^{-3} + e^{2x+4} + 2 \cdot \frac{2x}{x^2 - 3}\right) dx$$
$$= -\frac{1}{2}x^{-2} + \frac{1}{2}e^{2x+4} + 2 \cdot \ln(x^2 - 3) + C$$

Das ist die Gleichung aller möglichen Stammfunktionen. Wir suchen aber genau jene, die P enthält. Um das passende C zu ermitteln, setzen wir einfach die Koordinaten von P ein und lösen nach C auf. Also $x = -2$ und $F(-2) = 0{,}5$.

$$-\frac{1}{2} \cdot (-2)^{-2} + \frac{1}{2}e^{-4+4} + 2 \cdot \ln(1) + C = 0{,}5$$
$$\frac{-1}{8} + \frac{1}{2} + 0 + C = \frac{1}{2} \Leftrightarrow C = \frac{1}{8}$$

Für die gesuchte Stammfunktion F gilt: $F(x) = -\frac{1}{2}x^{-2} + \frac{1}{2}e^{2x+4} + 2 \cdot \ln(x^2 - 3) + \frac{1}{8}$

13.8 Integration durch Polynomdivision

Beispiel: Finden Sie eine Stammfunktion von f mit $f(x) = \dfrac{4x^3 + 16x^2 + 16x + 2}{x^2 + x}$.

Hier können wir mit keiner bekannten Regel integrieren. Da der Zählergrad größer als der Nennergrad ist, können wir jedoch eine Polynomdivision durchführen:

$$\begin{array}{l}
(4x^3 + 16x^2 + 16x + 2) \div (x^2 + x) = 4x + 12 + \dfrac{4x + 2}{x^2 + x} \\
\underline{-(4x^3 + 4x^2)} \\
\phantom{-(4x^3 +{}} 12x^2 + 16x + 2 \\
 \underline{-(12x^2 + 12x)} \\
 4x + 2
\end{array}$$

Wir klammern 2 im Zähler aus und erhalten:

$$f(x) = 4x + 12 + 2 \cdot \frac{2x + 1}{x^2 + x}$$

Man erkennt: Der Zähler des Bruchterms ist die Ableitung des Nenners, daher ist die Stammfunktion von f:

$$\begin{aligned}
F(x) &= \int f(x)\,\mathrm{d}x \\
&= \int \left(4x + 12 + 2 \cdot \frac{2x + 1}{x^2 + x}\right) \mathrm{d}x \\
&= 2x^2 + 12x + 2\ln\left(x^2 + x\right) + C
\end{aligned}$$

Diese Methode ist natürlich nur durchführbar, wenn der Zählergrad größer als der Nennergrad ist. Wenn das der Fall ist, dann ist eine geeignete Polynomdivision meist der erste Schritt zur erfolgreichen Lösung.

13

14 Grundlagen zu Vektoren

14.1 Berechnen eines Vektors

Beispiel: Die beiden Punkte $A\,(1;-3;2)$ und $B\,(-2;3;-5)$ legen den Vektor $\overrightarrow{AB}$ fest. Berechnen Sie die Koordinaten von $\overrightarrow{AB}$.

> Wir verwenden hierfür den Ansatz:
>
> $\overrightarrow{AB} = B - A \quad$ (= „Spitze minus Fuß“)

Mit unseren Zahlenwerten erhalten wir:

$$\overrightarrow{AB} = \begin{pmatrix} -2-1 \\ 3-(-3) \\ -5-2 \end{pmatrix} = \begin{pmatrix} -3 \\ 6 \\ -7 \end{pmatrix}$$

14.2 Addition von Vektoren

Beispiel: Das Parallelogramm $ABCD$ mit $A\,(1;-3;2)$, $B\,(-2;3;-5)$ und $C\,(1;1;0)$ ist schon mit diesen drei vorgegebenen Punkten eindeutig festgelegt. Bestimmen Sie die Koordinaten des Eckpunktes D. Eine kleine Skizze hilft beim Lösen.

> Den Ortsvektor $\vec{d}$ (= $\overrightarrow{OD}$) des Punktes D erhalten wir durch Vektoraddition. Wir erreichen den Punkt D, indem wir vom Ursprung O zum Punkt A mit $\vec{a}$ (= $\overrightarrow{OA}$) und dann den Vektor $\overrightarrow{AD}$ entlangwandern.

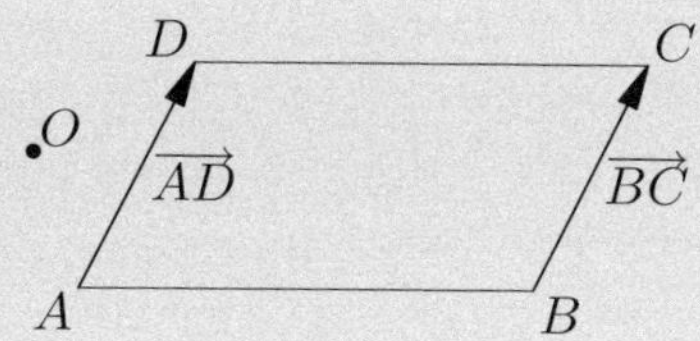

Damit ist der Ansatz gegeben durch:

$$\vec{d} = \vec{a} + \overrightarrow{AD}$$

Den noch unbekannten Vektor $\overrightarrow{AD}$ können wir durch $\overrightarrow{BC}$ ersetzen, da es sich um ein Parallelogramm handelt. Hier nutzen wir die Parallelität der gegenüberliegenden Seiten aus. Dies wirkt sich auf unseren Ansatz folgendermaßen aus:

$$\vec{d} = \vec{a} + \overrightarrow{BC}$$

Durch Einsetzen erhalten wir dann: $\vec{d} = \begin{pmatrix} 1 \\ -3 \\ 2 \end{pmatrix} + \begin{pmatrix} 1 - (-2) \\ 1 - 3 \\ 0 - (-5) \end{pmatrix} = \begin{pmatrix} 4 \\ -5 \\ 7 \end{pmatrix}$

Der Punkt D hat demnach die Koordinaten $D\,(4;-5;7)$.

14.3 Abstand zweier Punkte

Beispiel: Ermitteln Sie den Abstand der Punkte $A\,(1; 2; 4)$ und $B\,(2; 4; 2)$.

Um den Abstand zu bestimmen, berechnen wir zunächst den Vektor $\overrightarrow{AB}$ und erhalten:

$$\overrightarrow{AB} = \begin{pmatrix} 2-1 \\ 4-2 \\ 2-4 \end{pmatrix} = \begin{pmatrix} 1 \\ 2 \\ -2 \end{pmatrix}$$

Mit dem Satz des Pythagoras können wir die *Länge eines Vektors* berechnen:

$$|\vec{v}| = \left| \begin{pmatrix} x \\ y \\ z \end{pmatrix} \right| = \sqrt{x^2 + y^2 + z^2} \qquad \text{(auch } \textit{Betrag des Vektors} \text{ genannt)}$$

Für unsere Aufgabe gilt also $\left|\overrightarrow{AB}\right| = \left| \begin{pmatrix} 1 \\ 2 \\ -2 \end{pmatrix} \right| = \sqrt{1^2 + 2^2 + (-2)^2} = \sqrt{9} = 3$

Der Abstand der beiden Punkte A und B beträgt 3 LE.

14.4 Parallelität von Vektoren

Beispiel: Überprüfen Sie die Vektoren $\vec{u} = \begin{pmatrix} -3 \\ 6 \\ -7 \end{pmatrix}$ und $\vec{v} = \begin{pmatrix} 6 \\ -12 \\ 14 \end{pmatrix}$ auf Parallelität.

Zwei Vektoren $\vec{u}$ und $\vec{v}$ sind genau dann zueinander parallel, wenn sie *linear abhängig* sind, d. h. wenn ein Vektor ein Vielfaches des anderen Vektor ist. Es gilt:

$$\vec{u} \parallel \vec{v} \quad \Leftrightarrow \quad \vec{v} = k \cdot \vec{u} \quad \text{mit } k \in \mathbb{R}; \quad \vec{u} \neq \vec{0}$$

Wir untersuchen daher die Gleichung $\begin{pmatrix} -3 \\ 6 \\ -7 \end{pmatrix} = k \cdot \begin{pmatrix} 6 \\ -12 \\ 14 \end{pmatrix}$.

Dazu lösen wir das dazugehörige Gleichungssystem zeilenweise:

$$\begin{aligned} -3 &= k \cdot 6 & \Leftrightarrow \quad k &= -0{,}5 \\ 6 &= k \cdot (-12) & \Leftrightarrow \quad k &= -0{,}5 \\ -7 &= k \cdot 14 & \Leftrightarrow \quad k &= -0{,}5 \end{aligned}$$

Tatsächlich existiert für $k \in \mathbb{R}$ eine Lösung der Gleichung, so dass $\vec{u} \parallel \vec{v}$ gilt. Damit sind beide Vektoren zueinander parallel (kämen unterschiedliche Werte für k heraus, wären die Vektoren nicht parallel).

14.5 Das Skalarprodukt

Beispiel: Prüfen Sie, ob die Vektoren $\vec{u} = \begin{pmatrix} -3 \\ 6 \\ -7 \end{pmatrix}$ und $\vec{v} = \begin{pmatrix} 2 \\ 1 \\ 0 \end{pmatrix}$ orthogonal sind.

Zwei Vektoren $\vec{u}$ und $\vec{v}$ sind zueinander senkrecht (bzw. sind orthogonal), falls das sogenannte *Skalarprodukt* $\vec{u} \circ \vec{v}$ dieser Vektoren null ist. Es gilt:

$$\vec{u} \perp \vec{v} \quad \Leftrightarrow \quad \vec{u} \circ \vec{v} = 0$$

Die allgemeine Formel für das Skalarprodukt lautet:

$$\vec{u} \circ \vec{v} = \begin{pmatrix} u_1 \\ u_2 \\ u_3 \end{pmatrix} \circ \begin{pmatrix} v_1 \\ v_2 \\ v_3 \end{pmatrix} = u_1 v_1 + u_2 v_2 + u_3 v_3$$

14

Mit unseren Werten erhalten wir:

$$\vec{u} \circ \vec{v} = \begin{pmatrix} -3 \\ 6 \\ -7 \end{pmatrix} \circ \begin{pmatrix} 2 \\ 1 \\ 0 \end{pmatrix} = -3 \cdot 2 + 6 \cdot 1 - 7 \cdot 0 = 0$$

Da die Bedingung (Skalarprodukt = 0) erfüllt ist, müssen beide Vektoren senkrecht zueinander sein.

14.6 Der Einheitsvektor

Beispiel: Bestimmen Sie den Einheitsvektor zu $\vec{v} = \begin{pmatrix} 6 \\ 6 \\ 3 \end{pmatrix}$.

Der *Einheitsvektor* $\vec{v_0}$ hat die gleiche Orientierung und Richtung wie der eigentliche Vektor $\vec{v}$, jedoch die Länge bzw. den Betrag eins. Teilen wir einen Vektor durch seine Längenmaßzahl, so ist der Betrag des neuen Vektors immer eins. Genau dann bezeichnet man ihn als Einheitsvektor.

Der Einheitsvektor $\vec{v_0}$ eines Vektors $\vec{v}$ ergibt sich durch:

$$\vec{v}_0 = \frac{1}{|\vec{v}|} \cdot \vec{v}$$

Der Einheitsvektor von $\vec{v} = \begin{pmatrix} 6 \\ 6 \\ 3 \end{pmatrix}$ ist also: $\quad \vec{v}_0 = \frac{1}{\sqrt{6^2 + 6^2 + 3^2}} \begin{pmatrix} 6 \\ 6 \\ 3 \end{pmatrix} = \frac{1}{9} \cdot \begin{pmatrix} 6 \\ 6 \\ 3 \end{pmatrix}$

14.7 Winkelmaß zwischen zwei Vektoren

Beispiel: Die beiden Vektoren $\vec{u} = \begin{pmatrix} 1 \\ 1 \\ 0 \end{pmatrix}$ und $\vec{v} = \begin{pmatrix} 2 \\ 1 \\ 0 \end{pmatrix}$ stehen weder parallel noch senkrecht zueinander.

Berechnen Sie das Maß des eingeschlossenen Winkels beider Vektoren.

> Um den Winkel zwischen $\vec{u}$ und $\vec{v}$ zu berechnen, benutzen wir folgende Formel:
>
> $$\cos\alpha = \frac{\text{Skalarprodukt}}{\text{Vektorlängenprodukt}} = \frac{\vec{u} \circ \vec{v}}{|\,\vec{u}\,| \cdot |\,\vec{v}\,|}$$

Für das Skalarprodukt gilt:

$$\begin{pmatrix} 1 \\ 1 \\ 0 \end{pmatrix} \circ \begin{pmatrix} 2 \\ 1 \\ 0 \end{pmatrix} = 1 \cdot 2 + 1 \cdot 1 + 0 \cdot 0 = 3$$

Für das Produkt der beiden Vektorlängen folgt:

$$\sqrt{1^2 + 1^2 + 0^2} \cdot \sqrt{2^2 + 1^2 + 0^2} = \sqrt{10}$$

Zusammengefasst erhalten wir:

$$\cos\alpha = \frac{3}{\sqrt{10}} \quad \Rightarrow \quad \alpha \approx 18{,}44°$$

Der Winkel α hat das Maß 18,44°.

14.8 Der winkelhalbierende Vektor

Beispiel: Bestimmen Sie einen winkelhalbierenden Vektor $\vec{w}$ zu den beiden Vektoren $\vec{u} = \begin{pmatrix} 1 \\ 2 \\ 2 \end{pmatrix}$ und $\vec{v} = \begin{pmatrix} 1 \\ 0 \\ 0 \end{pmatrix}$.

Eine Skizze soll der Veranschaulichung dienen.

Addieren wir beide Vektoren, so erhalten wir durch Vektoraddition die Diagonale des aufgespannten Parallelogramms.

Diese ist im Allgemeinen jedoch nicht die Winkelhalbierende der dazugehörigen Seiten.

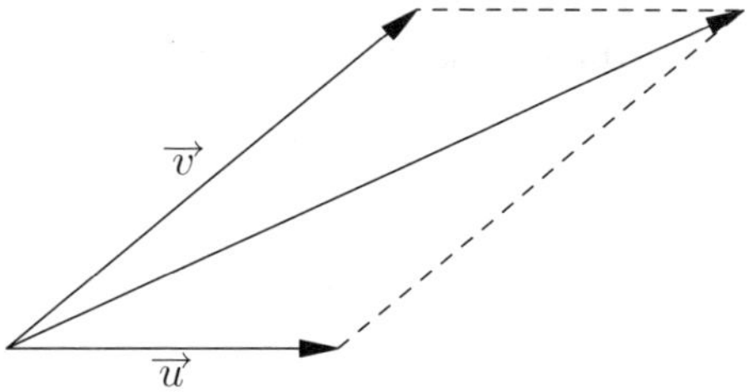

Für ein besonderes Parallelogramm, nämlich die Raute (mit gleichen Seitenlängen), erhalten wir durch Vektoraddition in jedem Fall die winkelhalbierende Diagonale.

Es empfiehlt sich daher die Einheitsvektoren von $\vec{u}$ und $\vec{v}$ zu verwenden, denn diese spannen eine Raute auf.

Also gilt:

$$\begin{aligned} \vec{w} &= \vec{u}_0 + \vec{v}_0 \\ &= \frac{\vec{u}}{|\,\vec{u}\,|} + \frac{\vec{v}}{|\,\vec{v}\,|} \end{aligned}$$

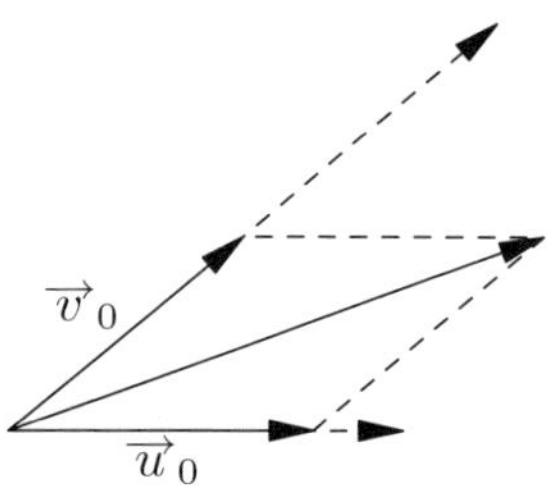

Für unser Beispiel gilt daher:

$$\begin{aligned} \vec{w} &= \frac{1}{\sqrt{1^2 + 2^2 + 2^2}} \begin{pmatrix} 1 \\ 2 \\ 2 \end{pmatrix} + \frac{1}{\sqrt{1^2}} \cdot \begin{pmatrix} 1 \\ 0 \\ 0 \end{pmatrix} \\ &= \frac{1}{3} \begin{pmatrix} 4 \\ 2 \\ 2 \end{pmatrix} \end{aligned}$$

14.9 Das Kreuzprodukt

Beispiel: Berechnen Sie die Koordinaten eines Vektors $\vec{v}$, der gleichzeitig zu

$$\vec{a} = \begin{pmatrix} 1 \\ 2 \\ 3 \end{pmatrix} \quad \text{und} \quad \vec{b} = \begin{pmatrix} 2 \\ 1 \\ 0 \end{pmatrix} \quad \text{senkrecht ist.}$$

Für diese Problemstellung empfiehlt sich das sogenannte *Kreuzprodukt*:

> Sind $\vec{a}$ und $\vec{b}$ Vektoren, so berechnet sich ein neuer Vektor $\vec{v}$, der zu beiden senkrecht ist, mit folgender Formel:
>
> $$\vec{v} = \vec{a} \times \vec{b} = \begin{pmatrix} a_1 \\ a_2 \\ a_3 \end{pmatrix} \times \begin{pmatrix} b_1 \\ b_2 \\ b_3 \end{pmatrix} = \begin{pmatrix} a_2b_3 - a_3b_2 \\ a_3b_1 - a_1b_3 \\ a_1b_2 - a_2b_1 \end{pmatrix}$$
>
> Dieser neue Vektor ist das Kreuzprodukt von $\vec{a}$ und $\vec{b}$.

Für unsere Aufgabe heißt das:

$$\vec{v} = \vec{a} \times \vec{b} = \begin{pmatrix} 1 \\ 2 \\ 3 \end{pmatrix} \times \begin{pmatrix} 2 \\ 1 \\ 0 \end{pmatrix} = \begin{pmatrix} 0-6 \\ 6-0 \\ 1-4 \end{pmatrix} = \begin{pmatrix} -6 \\ 6 \\ -3 \end{pmatrix}$$

Um zu prüfen, ob $\vec{v}$ wirklich senkrecht auf den beiden Vektoren steht, kann man die beiden Skalarprodukte $\vec{v} \circ \vec{a}$ und $\vec{v} \circ \vec{b}$ berechnen (beide müssen null ergeben).

14.10 Linearkombination von Vektoren

Beispiel: Stellen Sie $\vec{v} = \begin{pmatrix} 0 \\ 5 \\ 2 \end{pmatrix}$ als Linearkombination von $\vec{a} = \begin{pmatrix} 1 \\ 2 \\ 1 \end{pmatrix}$ und $\vec{b} = \begin{pmatrix} -2 \\ 1 \\ 0 \end{pmatrix}$ dar.

Wir müssen hier reelle Lösungen für die Parameter λ und μ finden, sodass folgende Gleichung bzw. folgendes Gleichungssystem erfüllt ist. Unsere *Linearkombination* lautet: $\vec{v} = \lambda\vec{a} + \mu\vec{b}$ Daraus ergibt sich folgendes Gleichungssystem:

$$\begin{aligned} (i) \quad & \lambda - 2\mu = 0 \\ (ii) \quad & 2\lambda + \mu = 5 \\ (iii) \quad & \lambda + 0 = 2 \end{aligned}$$

Aus (*iii*) erhalten wir $\lambda = 2$ und setzen dies in (*ii*) ein:

$$4 + \mu = 5 \quad \Leftrightarrow \quad \mu = 1$$

Zur Kontrolle setzen wir nun beide Ergebnisse in (*i*) ein: $2 - 2 = 0$ (wahr)

Wir erhalten die Linearkombination: $\vec{v} = 2 \cdot \vec{a} + 1 \cdot \vec{b}$

14.11 Lineare Unabhängigkeit dreier Vektoren

Eine *Basis* ist ein *linear unabhängiges Erzeugendensystem*, d. h. für *jeden* Vektor gibt es eine *eindeutige* Darstellung mithilfe der Basisvektoren. Im $\mathbb{R}^3$ enthält eine Basis immer genau drei Elemente.

Beispiel:

Bestimmen Sie a so, dass $\vec{a} = \begin{pmatrix}1\\1\\2\end{pmatrix}$, $\vec{b} = \begin{pmatrix}2\\1\\0\end{pmatrix}$ und $\vec{c} = \begin{pmatrix}2\\4\\a\end{pmatrix}$ keine Basis des $\mathbb{R}^3$ bilden.

Diese Vektoren bilden keine Basis des $\mathbb{R}^3$, wenn sie linear abhängig sind, d. h. wenn ein Vektor als Linearkombination der anderen Vektoren dargestellt werden kann.

14

Wir berechnen daher jenen Parameterwert a, für den der Vektor $\vec{c}$ eine Linearkombination von $\vec{a}$ und $\vec{b}$ ist, sodass also $\vec{c} = \lambda\,\vec{a} + \mu\,\vec{b}$ für reelle Zahlen μ und λ gilt:

$$\begin{pmatrix}2\\4\\a\end{pmatrix} = \lambda\begin{pmatrix}1\\1\\2\end{pmatrix} + \mu\begin{pmatrix}2\\1\\0\end{pmatrix}$$

Es ergibt sich das Gleichungssystem:

$$\begin{array}{ll} (i) & \lambda + 2\mu = 2 \\ (ii) & \lambda + \mu = 4 \\ (iii) & 2\lambda + 0 = a \end{array}$$

Wir subtrahieren $(i) - (ii)$ und erhalten: $\mu = -2$

Dies setzen wir in (ii) ein und folgern: $\lambda - 2 = 4 \quad \Leftrightarrow \quad \lambda = 6$

In (iii) eingesetzt eingesetzt ergibt: $a = 12$

Für $a = 12$ existiert also eine Linearkombination mit $\lambda = 6$ und $\mu = -2$ der dazugehörigen Vektoren und damit sind alle Vektoren linear abhängig. In diesem Fall können sie keine Basis des $\mathbb{R}^3$ bilden.

Alternative Berechnung

Drei Vektoren sind genau dann linear abhängig, wenn die Determinante dieser drei Vektoren den Wert null hat. Die Determinante setzt sich aus den drei Vektoren zusammen. Für die Determinante der Vektoren $\vec{a}$, $\vec{b}$ und $\vec{c}$ gilt:

$$\begin{vmatrix}2 & 1 & 2\\4 & 1 & 1\\a & 2 & 0\end{vmatrix} = a + 16 - 4 - 2a = 0 \quad \Leftrightarrow \quad a = 12$$

Mit $a = 12$ sind die Vektoren linear abhängig und bilden keine Basis des $\mathbb{R}^3$.

15 Geraden und Ebenen

15.1 Aufstellen von Geradengleichungen

Das Aufstellen einer *Geradengleichung* erfolgt nach der Formel:

$$\overrightarrow{\text{Geradenpunkt}} = \overrightarrow{\text{Aufpunkt}} + \lambda \cdot \overrightarrow{\text{Richtung}}, \qquad \lambda \in \mathbb{R}$$

15

Beispiel: Bestimmen Sie die Geradengleichung einer Geraden g, welche durch die Punkte $A\,(1; 6; -4)$ und $B\,(2; 3; 5)$ verläuft.

Mit einer Skizze erkennen wir deutlich:

- Sowohl A als auch B können als *Aufpunkte* gewählt werden.
- Als *Richtungsvektor* der Geradengleichung können wir $\overrightarrow{AB}$ oder $\overrightarrow{BA}$ wählen.

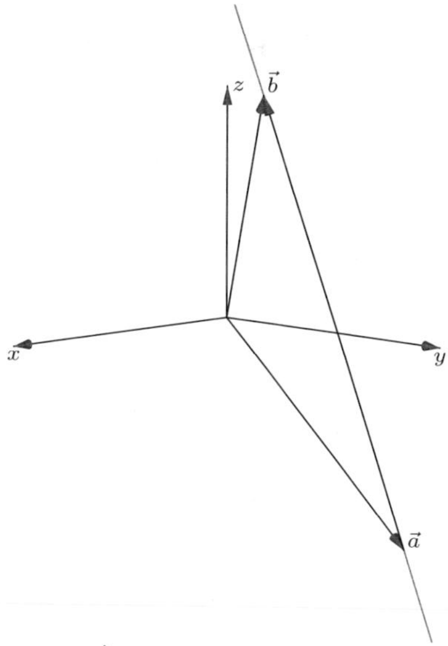

Wir entscheiden uns für $\qquad \vec{x} = \vec{a} + \lambda \cdot \overrightarrow{AB}$

Mit eingesetzten Werten erhalten wir: $\qquad \vec{x} = \begin{pmatrix} 1 \\ 6 \\ -4 \end{pmatrix} + \lambda \cdot \begin{pmatrix} 2-1 \\ 3-6 \\ 5+4 \end{pmatrix}$

Die Geradengleichung von g lautet also: $\qquad \vec{x} = \begin{pmatrix} 1 \\ 6 \\ -4 \end{pmatrix} + \lambda \cdot \begin{pmatrix} 1 \\ -3 \\ 9 \end{pmatrix}$

15.2 Aufstellen von Ebenengleichungen I

Beispiel: Bestimmen Sie die Parameter-, Normalen- und Koordinatenform einer Ebene E, welche durch die drei Punkte $A\,(1;6;-4)$, $B\,(1;1;1)$ und $C\,(3;4;-7)$ verläuft.

Für das Aufstellen der Ebenengleichung wird folgender Ansatz verwendet:

$$\overrightarrow{\text{Ebenenpunkt}} = \overrightarrow{\text{Aufpunkt}} + \lambda \cdot \overrightarrow{\text{1. Richtung}} + \mu \cdot \overrightarrow{\text{2. Richtung}}, \qquad \lambda, \mu \in \mathbb{R}$$

Sowohl A, B oder C können als *Aufpunkt* ausgesucht werden.

Die beiden *Richtungsvektoren* müssen *linear unabhängig* sein.

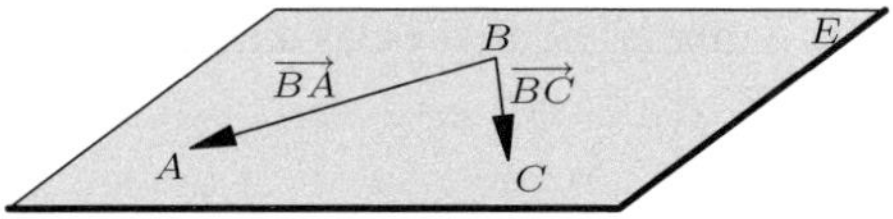

Parameterform: $\vec{x} = \vec{b} + \lambda \cdot \overrightarrow{BA} + \mu \cdot \overrightarrow{BC}$

$$\vec{x} = \vec{b} + \lambda \cdot \overrightarrow{BA} + \mu \cdot \overrightarrow{BC}$$

Werte einsetzen

$$\vec{x} = \begin{pmatrix} 1 \\ 1 \\ 1 \end{pmatrix} + \lambda \cdot \begin{pmatrix} 1-1 \\ 6-1 \\ -4-1 \end{pmatrix} + \mu \cdot \begin{pmatrix} 3-1 \\ 4-1 \\ -7-1 \end{pmatrix}$$

Die Ebenengleichung lautet

$$\vec{x} = \begin{pmatrix} 1 \\ 1 \\ 1 \end{pmatrix} + \lambda \cdot \begin{pmatrix} 0 \\ 5 \\ -5 \end{pmatrix} + \mu \cdot \begin{pmatrix} 2 \\ 3 \\ -8 \end{pmatrix}$$

Da nur die Richtung der Richtungsvektoren relevant ist, dürfen (nur) diese beliebig gekürzt oder erweitert werden

$$\vec{x} = \begin{pmatrix} 1 \\ 1 \\ 1 \end{pmatrix} + \lambda \cdot \begin{pmatrix} 0 \\ 1 \\ -1 \end{pmatrix} + \mu \cdot \begin{pmatrix} 2 \\ 3 \\ -8 \end{pmatrix}$$

Normalenform: $\overrightarrow{\text{Normalenvektor}} \circ [\overrightarrow{\text{Ebenenpunkt}} - \overrightarrow{\text{Aufpunkt}}] = 0$, wobei der Normalenvektor senkrecht zu den beiden Richtungsvektoren ist.

Für den Normalenvektor $\vec{n}$ gilt: $\vec{n} = \overrightarrow{BC} \times \overrightarrow{BA} = \begin{pmatrix} 2 \\ 3 \\ -8 \end{pmatrix} \times \begin{pmatrix} 0 \\ 1 \\ -1 \end{pmatrix} = \begin{pmatrix} 5 \\ 2 \\ 2 \end{pmatrix}$

Dann gilt für die Normalenform: $E : \begin{pmatrix} 5 \\ 2 \\ 2 \end{pmatrix} \circ \left[\vec{x} - \begin{pmatrix} 1 \\ 1 \\ 1 \end{pmatrix} \right] = 0$

Koordinatenform: $E : a\,x_1 + b\,x_2 + c\,x_3 + d = 0$

Das Ausmultiplizieren der Normalenform ergibt die Koordinatenform.

Sie lautet bei uns nun folgendermaßen: $E : 5\,x_1 + 2\,x_2 + 2\,x_3 - 9 = 0$

15.3 Aufstellen von Ebenengleichungen II

Beispiel: Ermitteln Sie die Ebenengleichung der Ebene E in Normalen- und Koordinatenform, welche senkrecht zur Geraden g mit $\vec{x} = \begin{pmatrix} 1 \\ 2 \\ 3 \end{pmatrix} + \mu \cdot \begin{pmatrix} 1 \\ -1 \\ 1 \end{pmatrix}$ verläuft und den Punkt $A\,(2; 1; 4)$ enthält.

Wie immer erleichtert eine Skizze das Lösen dieser Aufgabe:

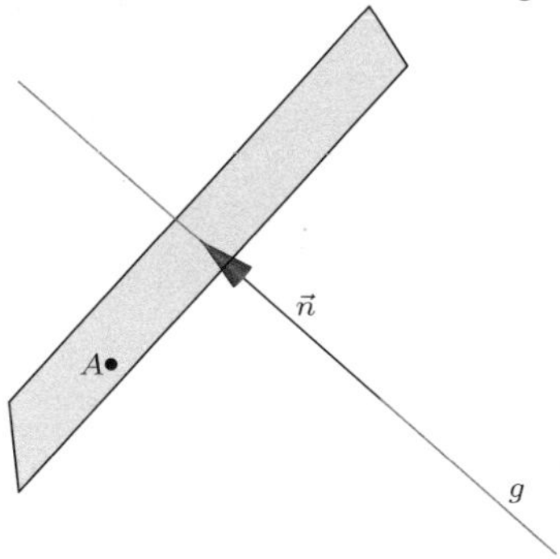

Man erkennt, dass der Normalenvektor $\vec{n}$ der Ebene E dem Richtungsvektor $\vec{v}$ der Geraden g entspricht.

Da die Ebene E den Punkt A enthält, können wir diesen natürlich als Aufpunkt der Ebene wählen.

Wir erhalten ohne rechnen zu müssen sofort die Normalengleichung:

$$\overrightarrow{\text{Normalenvektor}} \circ \left[\overrightarrow{\text{Ebenenpunkt}} - \overrightarrow{\text{Aufpunkt}}\right] = 0$$

$$E: \begin{pmatrix} 1 \\ -1 \\ 1 \end{pmatrix} \circ \left[\vec{x} - \begin{pmatrix} 2 \\ 1 \\ 4 \end{pmatrix}\right] = 0$$

Ausmultiplizieren liefert die Koordinatenform:

$$E: x_1 - x_2 + x_3 - 5 = 0$$

Hinweis: Bei diesem Aufgabentyp empfiehlt es sich immer eine Skizze anzufertigen, um die Lage wichtiger Vektoren zu überblicken. Die Herangehensweise sollte ebenfalls diesem Weg hier gleichen. Wenden Sie sich zunächst den relevanten Richtungsvektoren zu. Danach können Sie sich auf den Aufpunkt konzentrieren.

15.4 Aufstellen von Ebenengleichungen III

Beispiel: Ermitteln Sie den reellen Parameterwert a so, dass die Punkte $A\,(a; 2; -1)$, $B(2; 1; a)$ und $C\,(0; 3; -3)$ eine Ebene E eindeutig bestimmen.

Erinnern wir uns zunächst an die Bedingung für eine Ebene zurück:

Die beiden Richtungsvektoren müssen linear unabhängig sein.

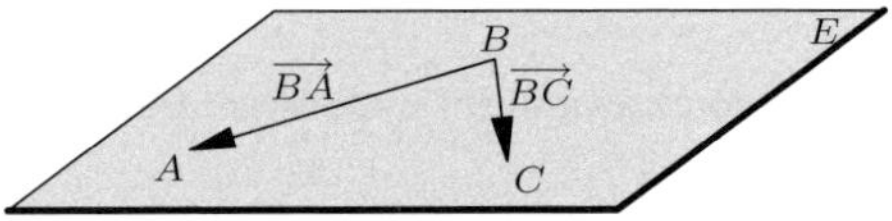

Zwei Vektoren sind genau dann linear abhängig, wenn sie parallel sind, d. h. wenn ein Vektor ein Vielfaches des anderen Vektors ist.

Wir folgern den Ansatz: $\overrightarrow{BA} \parallel \overrightarrow{BC} \quad \Leftrightarrow \quad \overrightarrow{BA} = k \cdot \overrightarrow{BC} \quad$ mit $k \in \mathbb{R}$

Wir untersuchen daher die Gleichung:

$$\begin{pmatrix} a & - & 2 \\ 2 & - & 1 \\ -1 & - & a \end{pmatrix} = k \cdot \begin{pmatrix} 0 & - & 2 \\ 3 & - & 1 \\ -3 & - & a \end{pmatrix} \quad \text{bzw.} \quad \begin{pmatrix} a-2 \\ 1 \\ -1-a \end{pmatrix} = k \cdot \begin{pmatrix} -2 \\ 2 \\ -3-a \end{pmatrix}$$

Es ergibt sich das Gleichungssystem:

$$\begin{array}{llcll} (i) & a-2 & = & -2k & \\ (ii) & 1 & = & 2k & \Leftrightarrow \quad k = 0{,}5 \\ (iii) & -1-a & = & -k \cdot (a+3) & \end{array}$$

Aus (ii) erhalten wir $k = 0{,}5$. Das setzen wir in (i) ein: $a - 2 = -1 \quad \Leftrightarrow \quad a = 1$

Zur Kontrolle setzen wir $k = 0{,}5$ und $a = 1$ in (iii) ein: $-2 = -2 \quad \Leftrightarrow \quad$ (wahr)

Tatsächlich existiert mit $k = 0{,}5$ eine Lösung der Gleichung bzw. des Gleichungssystems und damit gilt $\overrightarrow{BA} \parallel \overrightarrow{BC}$.

Beide Vektoren sind zueinander parallel und folglich auch linear abhängig, wenn für den Parameter a der Wert 1 gewählt wird. In diesem Fall legen die drei Punkte A, B und C keine Ebene E eindeutig fest.

Für $a \in \mathbb{R}\setminus\{1\}$ bestimmen dagegen die drei Punkte eindeutig eine Ebene E.

16 Punkte und Geraden

16.1 Punkte auf einer Geraden

Beispiel: Zeigen Sie, dass die Punkte $X\,(2-2\,a;\ 5+3\,a;\ -2+a)$ mit $a \in \mathbb{R}$ auf einer Geraden liegen.

Die Ortsvektoren dieser Punkte lauten:

$$\vec{x} = \begin{pmatrix} 2-2\,a \\ 5+3\,a \\ -2+a \end{pmatrix} = \begin{pmatrix} 2 \\ 5 \\ -2 \end{pmatrix} + a \cdot \begin{pmatrix} -2 \\ 3 \\ 1 \end{pmatrix}$$

Die Umformung zeigt, dass es sich um eine Geradengleichung handelt.

16.2 Punkt auf einer Geraden

Beispiel: Überprüfen Sie durch Rechnung, ob der Punkt A mit $A\,(1; 6; -4)$ auf der Geraden g liegt:

$$g: \vec{x} = \begin{pmatrix} 2 \\ 3 \\ -2 \end{pmatrix} + \lambda \cdot \begin{pmatrix} -1 \\ 2 \\ -2 \end{pmatrix} \text{ und } \lambda \in \mathbb{R}$$

Wenn der Punkt A auf der Geraden liegen sollte, müsste es genau einen Wert für λ geben, sodass das folgende Gleichungssystem gelöst werden kann.

Wir setzen den Punkt A ein und erhalten:

$$\begin{pmatrix} 1 \\ 6 \\ -4 \end{pmatrix} = \begin{pmatrix} 2 \\ 3 \\ -2 \end{pmatrix} + \lambda \cdot \begin{pmatrix} -1 \\ 3 \\ -2 \end{pmatrix}$$

Es entsteht folgendes Gleichungssystem:

$$\begin{aligned} 2-\lambda &= 1 \quad\Leftrightarrow\quad \lambda = 1 \\ 3+3\,\lambda &= 6 \quad\Leftrightarrow\quad \lambda = 1 \\ -2-2\,\lambda &= -4 \quad\Leftrightarrow\quad \lambda = 1 \end{aligned}$$

Für $\lambda = 1$ ist das Gleichungssystem erfüllt; der Punkt A liegt auf der Geraden g.

16.3 Streckenstücke

Um die Länge eines Streckenstücks zu berechnen, ermittelt man zunächst die Endpunkte des Streckenstücks. Anschließend berechnet man den Abstand dieser beiden Punkte mit der bekannten Formel.

Beispiel: Gegeben ist das Streckenstück s mit $\vec{x} = \begin{pmatrix} 2 \\ 3 \\ -2 \end{pmatrix} + \lambda \cdot \begin{pmatrix} -1 \\ 3 \\ -2 \end{pmatrix}$ und $\lambda \in [-1; 2]$.

Bestimmen Sie die Längenmaßzahl des Streckenstücks s.

16

Die Werte für λ begrenzen hier die Anzahl der Punkte auf der Geraden.

Für $\lambda = -1$ erhalten wir den ersten Endpunkte der Strecke.

$$\lambda = -1: \quad \vec{a} = \begin{pmatrix} 2 \\ 3 \\ -2 \end{pmatrix} - 1 \cdot \begin{pmatrix} -1 \\ 3 \\ -2 \end{pmatrix} = \begin{pmatrix} 3 \\ 0 \\ 0 \end{pmatrix}$$

Für $\lambda = 2$ erhalten wir den zweiten Endpunkte der Strecke.

$$\lambda = \ \ 2: \quad \vec{b} = \begin{pmatrix} 2 \\ 3 \\ -2 \end{pmatrix} + 2 \cdot \begin{pmatrix} -1 \\ 3 \\ -2 \end{pmatrix} = \begin{pmatrix} 0 \\ -3 \\ -6 \end{pmatrix}$$

Der Abstand dieser Endpunkte ist dann die Länge des Streckenstücks s.

$$\left|\overrightarrow{AB}\right| = \left|\begin{pmatrix} 0-3 \\ -3-0 \\ -6-0 \end{pmatrix}\right|$$

$$= \left|\begin{pmatrix} -3 \\ -3 \\ -6 \end{pmatrix}\right|$$

$$= \sqrt{3^2 + 2^2 + 6^2} \quad \Rightarrow \quad \text{Längenmaßzahl} = 3\sqrt{6}$$

Das Streckenstück hat eine Länge von $3\sqrt{6}$ LE.

16.4 Abstand zwischen Punkt und Gerade

Beispiel: Der Punkt A mit $A\,(0; 6; -3)$ liegt nicht auf der Geraden g mit

$$\vec{x} = \begin{pmatrix} 3 \\ 3 \\ -2 \end{pmatrix} + \lambda \cdot \begin{pmatrix} -1 \\ 3 \\ -2 \end{pmatrix}.$$

Ermitteln Sie den Abstand des Punktes A zur Geraden g.

Hier wird lediglich nach dem Abstand des Punktes A zu seinem dazugehörigen Lotfußpunkt F gefragt.

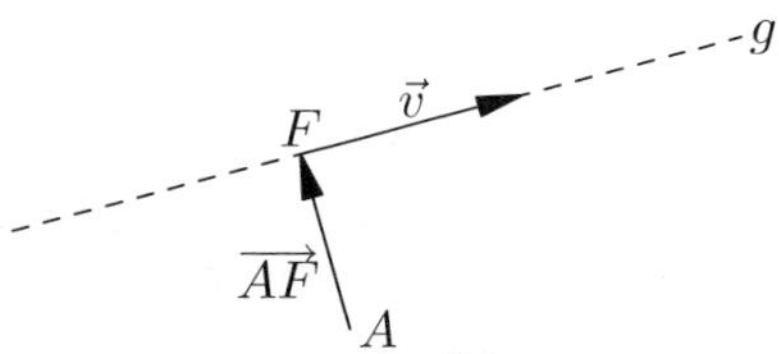

Berechnung des Lotfußpunktes *F*

Wir erkennen, dass der Richtungsvektor $\vec{v}$ senkrecht zu $\overrightarrow{AF}$ sein muss.

Es muss also gelten:

$$\vec{v} \perp \overrightarrow{AF} \qquad \text{bzw.} \qquad \vec{v} \circ \overrightarrow{AF} = 0$$

Mit $F \in g$ gilt für die Koordinaten von F allgemein:

$$F(3 - \lambda;\ 3 + 3\lambda;\ -2 - 2\lambda)$$

Nun ergänzen wir unseren Ansatz zu:

$$\begin{pmatrix} -1 \\ 3 \\ -2 \end{pmatrix} \circ \begin{pmatrix} (3 - \lambda) \\ (3 + 3\lambda) - 6 \\ (-2 - 2\lambda) + 3 \end{pmatrix} = 0 \quad \Leftrightarrow \quad \begin{pmatrix} -1 \\ 3 \\ -2 \end{pmatrix} \circ \begin{pmatrix} 3 - \lambda \\ -3 + 3\lambda \\ 1 - 2\lambda \end{pmatrix} = 0$$

Das Ausmultiplizieren liefert:

$$-3 + \lambda - 9 + 9\lambda - 2 + 4\lambda = 0 \quad \Leftrightarrow \quad \lambda = \frac{14}{14} = 1$$

Mit $F(2 - \lambda;\ 3 + 3\lambda;\ -2 - 2\lambda)$ und $\lambda = 1$ erhalten wir den Lotfußpunkt $F(2; 6; -4)$.

Der Lotfußpunkt kann alternativ auch mit einer Hilfsebene ermittelt werden.

Berechnung der Länge von $\overrightarrow{AF}$

$$\left|\overrightarrow{AF}\right| = \left|\begin{pmatrix} 2 - 0 \\ 6 - 6 \\ -4 + 3 \end{pmatrix}\right| = \left|\begin{pmatrix} 2 \\ 0 \\ 1 \end{pmatrix}\right| = \sqrt{2^2 + 0^2 + 1^2} = \sqrt{5}$$

Der Abstand beträgt folglich $\sqrt{5}$ LE.

17 Aufgaben zu Geraden

17.1 Parallelität von Geraden

Beispiel: Die Geraden g mit $\vec{x} = \begin{pmatrix} 2 \\ 3 \\ -2 \end{pmatrix} + \lambda \cdot \begin{pmatrix} -1 \\ 3 \\ -2 \end{pmatrix}$ und h mit $\vec{x} = \begin{pmatrix} 1 \\ 6 \\ -4 \end{pmatrix} + \lambda \cdot \begin{pmatrix} 2 \\ -6 \\ 4 \end{pmatrix}$ seien gegeben. Untersuchen Sie beide Geraden auf Parallelität.

Zwei Geraden sind genau dann parallel zueinander, wenn ihre Richtungsvektoren ebenfalls parallel verlaufen.

Es gilt:

$$\vec{u} \parallel \vec{v} \quad \Leftrightarrow \quad \vec{v} = k \cdot \vec{u} \text{ mit } k \in \mathbb{R}$$

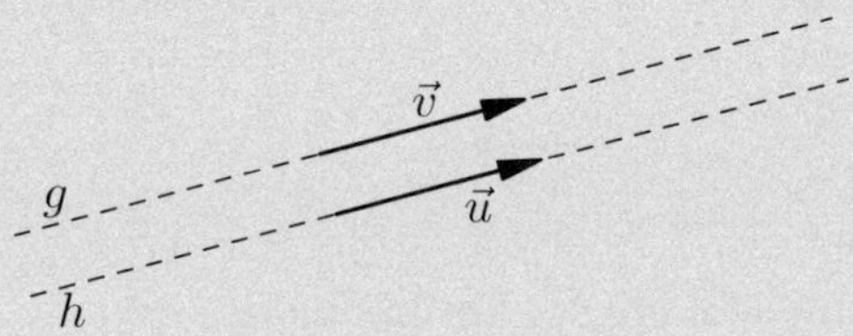

Es muss also die Gleichung $\begin{pmatrix} -1 \\ 3 \\ -2 \end{pmatrix} = k \cdot \begin{pmatrix} 2 \\ -6 \\ 4 \end{pmatrix}$ gelöst werden.

Dabei entsteht folgendes Gleichungssystem:

$$\begin{aligned} -1 &= k \cdot 2 & \Leftrightarrow \quad k &= -0,5 \\ 3 &= k \cdot (-6) & \Leftrightarrow \quad k &= -0,5 \\ -2 &= k \cdot 4 & \Leftrightarrow \quad k &= -0,5 \end{aligned}$$

Es existiert eine reelle Lösung k, d. h. es gilt $\vec{u} \parallel \vec{v}$ und damit auch $g \parallel h$. Beide Geraden sind zueinander parallel, jedoch können wir noch nicht entscheiden, ob sie vielleicht sogar identisch sind.

Um dies zu überprüfen, genügt es herauszufinden, ob wenigstens ein Punkt der Geraden g auch auf der Gearden h liegt (oder umgekehrt). In unserem Fall untersuchen wir, ob der Aufpunkt der Geraden g auf h liegt. Setzen wir diesen Punkt in h ein, so erhalten wir:

$$\begin{pmatrix} 2 \\ 3 \\ -2 \end{pmatrix} = \begin{pmatrix} 1 \\ 6 \\ -4 \end{pmatrix} + k \cdot \begin{pmatrix} -2 \\ -6 \\ 4 \end{pmatrix} \quad \Leftrightarrow \quad \left\{ \begin{aligned} 1 + 2\lambda &= 2 & \Leftrightarrow \quad \lambda &= 0,5 \\ 6 - 6\lambda &= 3 & \Leftrightarrow \quad \lambda &= 0,5 \\ -4 + 4\lambda &= -2 & \Leftrightarrow \quad \lambda &= 0,5 \end{aligned} \right.$$

Für $\lambda = 0{,}5$ ist das Gleichungssystem erfüllt und damit liegt der Aufpunkt von g auf der Geraden h.

Jetzt kann eindeutig gesagt werden, dass beide Geraden identisch sind.

17.2 Schnittpunkte von Geraden

Zur Bestimmung möglicher *Schnittpunkte zweier Geraden*, setzt man die Geradengleichungen gleich. Dann löst man das so entstandene lineare Gleichungssystem:

- Gibt es keine Lösung, dann schneiden sich die Geraden nicht.
- Gibt es eine eindeutige Lösung, dann gibt es einen Schnittpunkt.
- Gibt es mehrere Lösungen, dann liegen die Geraden aufeinander.

17

Beispiel: Überprüfen Sie durch Rechnung, ob die Geraden

$$g \text{ mit } \vec{x} = \begin{pmatrix} 2 \\ 3 \\ -2 \end{pmatrix} + \lambda \cdot \begin{pmatrix} -1 \\ 3 \\ -2 \end{pmatrix} \quad \text{und} \quad h \text{ mit } \vec{x} = \begin{pmatrix} 1 \\ 6 \\ -4 \end{pmatrix} + \mu \cdot \begin{pmatrix} 2 \\ -1 \\ 4 \end{pmatrix}$$

einen gemeinsamen Punkt besitzen.

Die Berechnung des Schnittpunktes S erfolgt nun mit dem Gleichsetzungsverfahren.

Wir erhalten:

$$\begin{pmatrix} 2 \\ 3 \\ -2 \end{pmatrix} + \lambda \cdot \begin{pmatrix} -1 \\ 3 \\ -2 \end{pmatrix} = \begin{pmatrix} 1 \\ 6 \\ -4 \end{pmatrix} + \mu \cdot \begin{pmatrix} 2 \\ -1 \\ 4 \end{pmatrix}$$

Es resultiert folgendes Gleichungssystem:

$$\begin{array}{lrcl} (i) & 2 - \lambda & = & 1 + 2\mu \\ (ii) & 3 + 3\lambda & = & 6 - \mu \\ (iii) & -2 - 2\lambda & = & -4 + 4\mu \end{array}$$

Nur wenn dieses Gleichungssystem reelle Lösungen für λ und μ liefert, haben die Geraden einen Schnittpunkt. Sollte dies nicht der Fall sein, so sind beide Geraden windschief zueinander.

Mit $(i) + 2 \cdot (ii)$ erhalten wir:

$$5\lambda = 5 \quad \Leftrightarrow \quad \lambda = 1$$

In (ii) eingesetzt ergibt sich:

$$6 = 6 - \mu \quad \Leftrightarrow \quad \mu = 0$$

Zur Kontrolle setzen wir unser Ergebnis in (iii) ein: $-2 = -2$ (wahr)

Die Lösungen $\lambda = 1$ und $\mu = 0$ zeigen, dass ein gemeinsamer Punkt existiert.

Mit $\mu = 0$ in h eingesetzt hat er die Koordinaten $S(1; 6; -4)$.

17.3 Abstand paralleler Geraden

Beispiel: Die Geraden g mit $\vec{x} = \begin{pmatrix} 1 \\ 1 \\ -6 \end{pmatrix} + \lambda \cdot \begin{pmatrix} 2 \\ 1 \\ 0 \end{pmatrix}$ und h mit $\vec{x} = \begin{pmatrix} 1 \\ 0 \\ 0 \end{pmatrix} + \lambda \cdot \begin{pmatrix} 2 \\ 1 \\ 0 \end{pmatrix}$ sind zueinander echt-parallel. Bestimmen Sie den Abstand von g und h.

17

Hier hilft erneut eine Skizze.

Man erkennt, dass der Abstand der beiden Geraden gleich der Länge des Vektors $\overrightarrow{AF}$ ist.

Dabei ist A der Aufpunkt der Geraden h und F der dazugehörige Lotfußpunkt auf der Geraden g.

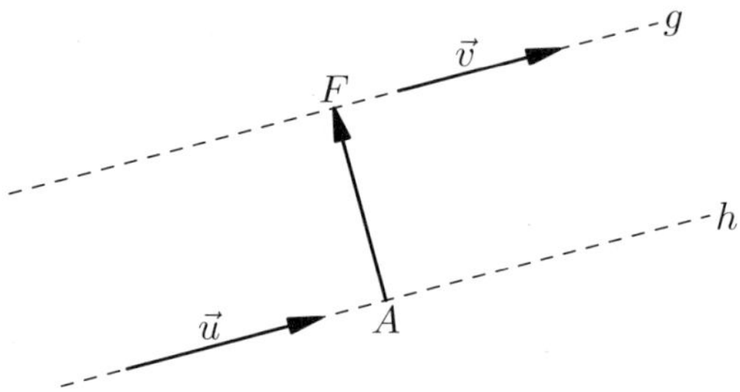

Berechnung des Lotfußpunktes *F*

Wir erkennen, dass der Richtungsvektor $\vec{v}$ von g senkrecht zu $\overrightarrow{AF}$ sein muss, es muss also gelten:

$$\vec{v} \perp \overrightarrow{AF} \quad \text{bzw.} \quad \vec{v} \circ \overrightarrow{AF} = 0$$

Mit $F \in g$ gilt für die Koordinaten von F allgemein:

$$F(1 + 2\lambda;\ 1 + \lambda;\ -6)$$

Nun ergänzen wir unseren Ansatz zu:

$$\begin{pmatrix} 2 \\ 1 \\ 0 \end{pmatrix} \circ \begin{pmatrix} (1 + 2\lambda) - 1 \\ (1 + \lambda) - 0 \\ (-6) - 0 \end{pmatrix} = 0$$

Das Ausmultiplizieren liefert die Gleichung $4\lambda + 1 + \lambda = 0$ mit der Lösung $\lambda = -0{,}2$.

Mit $F(1+2\lambda;\ 1+\lambda;\ -6)$ und $\lambda = -0{,}2$ erhalten wir den Lotfußpunkt $F(0{,}6;\ 0{,}8;\ -6)$.

Berechnung von $\left|\overrightarrow{AF}\right|$ (Abstand beider Geraden)

Uns interessiert der Vektor

$$\overrightarrow{AF} = \begin{pmatrix} 0{,}6 - 1 \\ 0{,}8 - 0 \\ -6 - 0 \end{pmatrix} = \begin{pmatrix} -0{,}4 \\ 0{,}8 \\ -6 \end{pmatrix}.$$

Es folgt: $\left|\overrightarrow{AF}\right| = \sqrt{0{,}4^2 + 0{,}8^2 + 6^2} = \sqrt{36{,}8} \approx 6{,}07$

Der Abstand der parallelen Ebenen beträgt etwa 6,07 LE.

17.4 Schnittwinkel zwischen zwei Geraden

Wir wissen bereits, wie man den Winkel α zwischen zwei Vektoren $\vec{u}$ und $\vec{v}$ berechnet:

$$\cos\alpha = \left|\frac{\text{Skalarprodukt}}{\text{Vektorlängenprodukt}}\right| = \left|\frac{\vec{u}\circ\vec{v}}{|\vec{u}|\cdot|\vec{v}|}\right|$$

Beispiel: Die Geraden g und h sind gegeben:

$$g \text{ mit } \vec{x} = \begin{pmatrix}1\\1\\-6\end{pmatrix} + \lambda\cdot\begin{pmatrix}-1\\6\\2\end{pmatrix} \quad \text{und} \quad h \text{ mit } \vec{x} = \begin{pmatrix}1\\1\\-6\end{pmatrix} + \lambda\cdot\begin{pmatrix}6\\-2\\-1\end{pmatrix}$$

Man erkennt leicht, dass sich g und h in einem Punkt schneiden. Aber wie groß ist der Schnittwinkel zwischen den Geraden?

Eine Skizze veranschaulicht das Ganze.

In unserem Fall ist der Schnittwinkel der Geraden genau der Winkel, den die beiden Richtungsvektoren der Geraden einschließen.

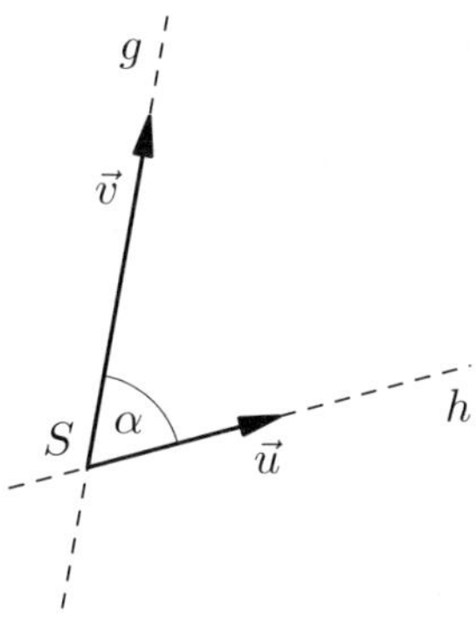

Es gilt:

$$\cos\alpha = \left|\frac{\vec{u}\circ\vec{v}}{|\vec{u}|\cdot|\vec{v}|}\right| = \left|\frac{\begin{pmatrix}-1\\6\\2\end{pmatrix}\circ\begin{pmatrix}6\\-2\\-1\end{pmatrix}}{\left|\begin{pmatrix}-1\\6\\2\end{pmatrix}\right|\cdot\left|\begin{pmatrix}6\\-2\\-1\end{pmatrix}\right|}\right| = \frac{20}{41}$$

Für den gesuchten Schnittwinkel gilt: $\alpha = 60{,}80°$

Hinweis: Der *Schnittwinkel* ist so definiert, dass er zwischen 0° und 90° liegt. Durch die Betragsstriche auf der rechten Seite ist das immer der Fall.

17.5 Orthogonale Geraden

Beispiel: Die Geraden

$$g \text{ mit } \vec{x} = \begin{pmatrix}1\\9\\0\end{pmatrix} + \lambda \cdot \begin{pmatrix}-1\\6\\2\end{pmatrix} \quad \text{und} \quad h \text{ mit } \vec{x} = \begin{pmatrix}1\\9\\0\end{pmatrix} + \lambda \cdot \begin{pmatrix}6\\a\\-1\end{pmatrix}$$

besitzen für jeden reellen Parameterwert a einen gemeinsamen Punkt.
Für welchen Parameterwert schneiden sich die Geraden senkrecht?

17

Zwei Geraden stehen senkrecht aufeinander, wenn die zugehörigen Richungsvektoren orthogonal sind.

Das Skalarprodukt der Vektoren muss daher null sein:

$$\vec{u} \perp \vec{v} \quad \Leftrightarrow \quad \vec{u} \circ \vec{v} = 0$$

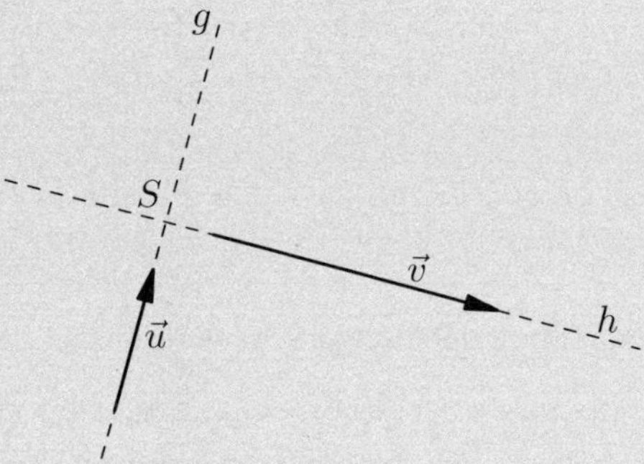

Hier also:

$$\begin{pmatrix}-1\\6\\2\end{pmatrix} \circ \begin{pmatrix}6\\a\\-1\end{pmatrix} = 0$$

Durch Ausmultiplizieren erhalten wir die Gleichung:

$$-6 + 6a - 2 = 0 \;\Leftrightarrow\; a = \frac{4}{3}$$

Für den Parameterwert $a = \frac{4}{3}$ sind die Geraden g und h senkrecht zueinander.

17.6 Die winkelhalbierende Gerade

Beispiel: Die Geraden g und h sind gegeben:

$$g \text{ mit } \vec{x} = \begin{pmatrix} 2 \\ 3 \\ -2 \end{pmatrix} + \lambda \cdot \begin{pmatrix} -1 \\ 6 \\ 2 \end{pmatrix} \quad \text{und} \quad h \text{ mit } \vec{x} = \begin{pmatrix} 1 \\ 9 \\ 0 \end{pmatrix} + \mu \cdot \begin{pmatrix} 6 \\ -2 \\ -1 \end{pmatrix}$$

Ermitteln Sie eine Geradengleichung der Winkelhalbierenden w von g und h.

> Die *winkelhalbierende Gerade* verläuft durch den Schnittpunkt S der Geraden g und h und besitzt die Richtung des winkelhalbierenden Vektors $\vec{w}$ von $\vec{u}$ und $\vec{v}$.

17

Berechnung des Schnittpunktes S

Der Schnittpunkt S kann mit dem Gleichsetzungsverfahren bestimmt werden:

$$\begin{pmatrix} 2 \\ 3 \\ -2 \end{pmatrix} + \lambda \cdot \begin{pmatrix} -1 \\ 6 \\ 2 \end{pmatrix} = \begin{pmatrix} 1 \\ 9 \\ 0 \end{pmatrix} + \mu \cdot \begin{pmatrix} 6 \\ -2 \\ -1 \end{pmatrix}$$

Es folgt:

$$\begin{aligned} 2 - \lambda &= 1 + 6\mu \\ 3 + 6\lambda &= 9 - 2\mu \\ -2 + 2\lambda &= 0 - \mu \end{aligned} \quad \Rightarrow \quad \begin{aligned} (i) \quad -\lambda - 6\mu &= -1 \\ (ii) \quad 6\lambda + 2\mu &= 6 \\ (iii) \quad 2\lambda + \mu &= 2 \end{aligned}$$

Mit $(i) + 3 \cdot (ii)$ erhalten wir: $17\lambda = 17 \quad \Leftrightarrow \quad \lambda = 1$

In (iii) eingesetzt ergibt sich: $2 + \mu = 2 \quad \Leftrightarrow \quad \mu = 0$

Mit $\mu = 0$ in h erhalten wir den *Schnittpunkt* $S(1;9;0)$.

Bestimmung des winkelhalbierenden Vektors $\vec{w} = \vec{u}_0 + \vec{v}_0$

$$\begin{aligned} \vec{w} &= \frac{1}{|\vec{u}|} \cdot \vec{u} + \frac{1}{|\vec{v}|} \cdot \vec{v} \\ &= \frac{1}{\sqrt{1^2 + 6^2 + 2^2}} \cdot \begin{pmatrix} -1 \\ 6 \\ 2 \end{pmatrix} + \frac{1}{\sqrt{6^2 + 2^2 + 1^2}} \cdot \begin{pmatrix} 6 \\ -2 \\ -1 \end{pmatrix} \\ &= \frac{1}{\sqrt{41}} \cdot \begin{pmatrix} 5 \\ 4 \\ 1 \end{pmatrix} \end{aligned}$$

Da nur die Richtung und nicht die Länge von $\vec{w}$ interessiert, können wir auch den Koeffizienten davor außer Acht lassen.

Damit ist unsere *winkelhalbierende Gerade* $w: \vec{x} = \begin{pmatrix} 1 \\ 9 \\ 0 \end{pmatrix} + \lambda \cdot \begin{pmatrix} 5 \\ 4 \\ 1 \end{pmatrix}$.

17.7 Abstand windschiefer Geraden

Beispiel: Die beiden Geraden g mit $\vec{x} = \begin{pmatrix}1\\2\\3\end{pmatrix} + \lambda\begin{pmatrix}1\\-1\\1\end{pmatrix}$ und h mit $\vec{x} = \begin{pmatrix}2\\1\\6\end{pmatrix} + \mu\begin{pmatrix}2\\-1\\2\end{pmatrix}$ sind windschief. Welchen Abstand haben beide Geraden zueinander?

17

Zunächst berechnen wir die Gleichung einer Hilfsebene H: In der Hilfsebene soll eine der beiden Geraden enthalten sein (hier: g) und die Ebene soll außerdem parallel zur anderen Geraden liegen (hier: h). Der Abstand der Ebene H zu der zur Ebene parallelen Geraden h entspricht dann dem Abstand der beiden Geraden.

Aufstellen der Hilfsebene *H*
Der Normalenvektor von H muss zu den beiden Richtungsvektoren senkrecht sein. Daher verwenden wir das Kreuzprodukt der beiden Richtungsvektoren:

$$\vec{n} = \vec{a} \times \vec{b} = \begin{pmatrix}1\\-1\\1\end{pmatrix} \times \begin{pmatrix}2\\-1\\2\end{pmatrix} = \begin{pmatrix}-1\\0\\1\end{pmatrix}$$

Der Aufpunkt von g sei zudem der Aufpunkt von E. Nun können wir die Ebenengleichung aufstellen:

$$H: \begin{pmatrix}-1\\0\\1\end{pmatrix} \circ \left[\vec{x} - \begin{pmatrix}1\\2\\3\end{pmatrix}\right] = 0$$

Das Ausmultiplizieren ergibt die Parameterform: $H: -x_1 + x_3 - 2 = 0$

> Die *hessesche Normalform* (kurz: HNF) beschreibt eine Ebene E durch:
>
> $E: \ \vec{x} \circ \vec{n}_0 - d = 0$ ($\vec{x}$ Punkt der Ebene E; $\vec{n}_0$ normierter Normalenvektor)

Hinweis: Setzt man für $\vec{x}$ einen beliebigen Punkt des Raumes ein, dann ist die rechte Seite der hesseschen Normalform gleich dem Abstand dieses Punktes zur Ebene E.

Abstand der Geraden *h* zur echt parallelen Ebene *H*
Die HNF von H erhalten wir, indem wir die Parameterform von H durch $\sqrt{2}$ teilen. Dadurch wird der Normalenvektor nämlich normiert.

Dann setzen wir $A(2; 1; 6)$ in die HNF von H ein:

$$H: \frac{-x_1 + x_3 - 2}{\sqrt{1^2 + 1^2}} = \frac{-2 + 6 - 2}{\sqrt{2}} = \frac{2}{\sqrt{2}} = \sqrt{2}$$

Beide Geraden sind also $\sqrt{2}$ LE $\approx$ 1,41 LE voneinander entfernt.

Alternativ: Eine Berechnung mithilfe des Lotfußpunktes ist ebenfalls möglich.

18 Punkte, Geraden und Ebenen

18.1 Punkte in einer Ebenen

Beispiel: Es soll untersucht werden, ob der Punkt $A(1;2;3)$ in der Ebene E mit $E: 2\,x_1 - 3\,x_3 - 2 = 0$ liegt.

Ein Punkt liegt genau dann in einer Ebene, wenn die Ebenengleichung mit den eingesetzten Punktkoordinaten erfüllt ist.

Wir setzen die Koordinaten von A in E ein:

$$2 \cdot 1 - 3 \cdot 3 - 2 = 0 \quad \Rightarrow \quad -6 = 0$$

Da die Gleichung nicht erfüllt ist, kann A kein Element der Ebene E sein.

18.2 Geraden in einer Ebene

Beispiel: Zeigen Sie, dass die Gerade

$$g: \vec{x} = \begin{pmatrix} 2 \\ 2 \\ -2 \end{pmatrix} + \lambda \begin{pmatrix} 2 \\ 2 \\ -3 \end{pmatrix}$$

in der Ebene $E: \ x_1 - x_2 = 0$ liegt.

Hier setzen wir alle Punkte X der Geraden in die Ebenengleichung ein.

Die Punkte $X(2 + 2\,\lambda; 2 + 2\,\lambda; -2 - 3\,\lambda)$ in E eingesetzt ergibt:

$$2 + 2\lambda - (2 + 2\lambda) = 0$$

Somit folgt, dass g in E liegt.

18

18.3 Orthogonalität von Geraden und Ebenen

Beispiel: Bestimmen Sie a so, dass die Gerade

$$g \text{ mit } \vec{x} = \begin{pmatrix} 2 \\ 3 \\ -2 \end{pmatrix} + \lambda \begin{pmatrix} a \\ 0 \\ 2 \end{pmatrix}$$

orthogonal zur Ebene E mit $E:\ 2\,x_1 + a\,x_3 - 2 = 0$ ist.

Eine Skizze erleichtert die Überlegung:

Eine Ebene und eine Gerade sind senkrecht zueinander, wenn der Richtungsvektor $\vec{v}$ der Geraden und der Normalenvektor $\vec{n}$ der Ebene parallel sind.

Es gilt:

$$\vec{v} \parallel \vec{n} \quad \Leftrightarrow \quad \vec{v} = k \cdot \vec{n} \text{ mit } k \in \mathbb{R}$$

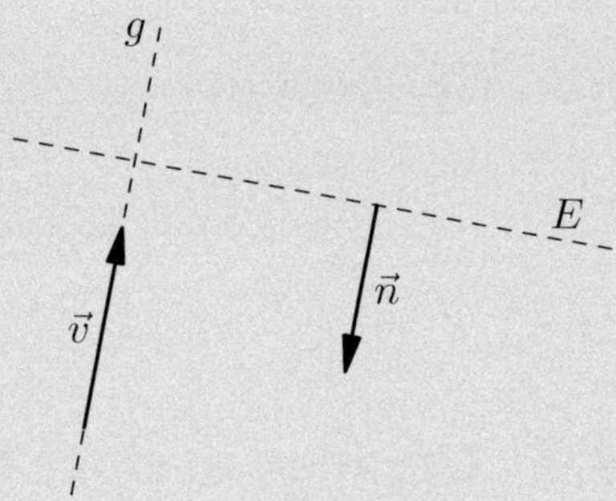

Wir untersuchen also die Gleichung $\begin{pmatrix} a \\ 0 \\ 2 \end{pmatrix} = k \cdot \begin{pmatrix} 2 \\ 0 \\ a \end{pmatrix}$ und bilden hieraus das folgende Gleichungssystem:

$(i)\quad a = k \cdot 2 \quad \Leftrightarrow \quad a = 2\,k$

$(ii)\quad 0 = k \cdot 0 \quad \Leftrightarrow \quad 0 = 0$ (wahre Aussage)

$(iii)\quad 2 = k \cdot a \quad \Leftrightarrow \quad 2 = a\,k$

Wir setzen (i) in (iii) ein und erhalten:

$$2 = 2\,k^2 \quad \Leftrightarrow \quad k = \pm 1$$

k in (i) eingesetzt ergibt schließlich: $a = \pm 2$

Für die Parameterwerte $a = \pm 2$ sind der Richtungsvektor der Geraden und der Normalenvektor der Ebene parallel, d. h. dann schneidet die Gerade die Ebene im rechten Winkel.

18.4 Schnittelemente von Geraden und Ebenen

Beispiel: Die Gerade $g\colon \vec{x} = \begin{pmatrix} 2 \\ 8 \\ -2 \end{pmatrix} + \lambda \cdot \begin{pmatrix} 2 \\ 0 \\ 2 \end{pmatrix}$ und die Ebene $E\colon 2\,x_1 - x_2 + x_3 = 0$ besitzen einen gemeinsamen Punkt S. Ermitteln Sie die Koordinaten von S.

Jeder Punkt der Geraden g genügt der Form: $X(2 + 2\,\lambda; 8; -2 + 2\,\lambda)$

Um den den Schnittpunkt von g und E zu ermitteln, setzen wir X in E ein:

$$4 + 4\,\lambda - 8 - 2 + 2\,\lambda = 0 \quad \Leftrightarrow \quad \lambda = 1$$

Mit $\lambda = 1$ und $X(2 + 2\,\lambda; 8; -2 + 2\,\lambda)$ erhalten wir den gesuchten Punkt $S\,(4; 8; 0)$.

18.5 Parallelität von Geraden und Ebenen

Beispiel: Für welchen reellen Parameterwert a ist die Gerade

$$g \text{ mit } \vec{x} = \begin{pmatrix} 2 \\ 3 \\ -2 \end{pmatrix} + \lambda \cdot \begin{pmatrix} a \\ -5 \\ 2 \end{pmatrix}$$

echt-parallel zur Ebene E mit $E:\ 2\,x_1 + a\,x_3 - 2 = 0$

Gerade und Ebene verlaufen genau dann parallel zueinander, wenn die Richtungsvektoren $\vec{v}$ und $\vec{n}$ senkrecht zueinander sind.

Es muss also gelten:

$$\vec{v} \perp \vec{n} \quad \Leftrightarrow \quad \vec{v} \circ \vec{n} = 0$$

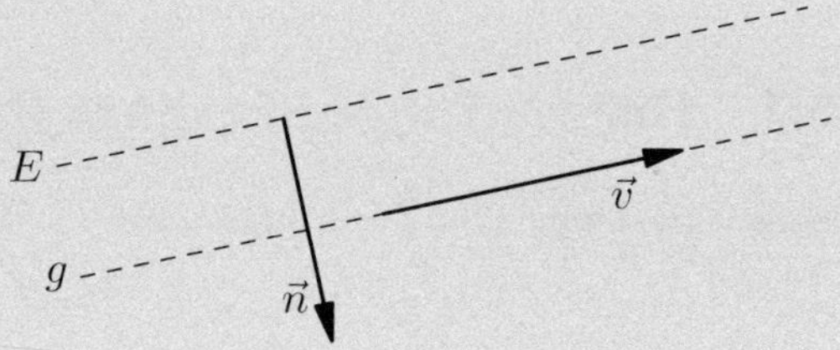

Wir bilden das Skalarprodukt von $\vec{v}$ und $\vec{n}$:

$$\vec{v} \circ \vec{n} = \begin{pmatrix} a \\ -5 \\ 2 \end{pmatrix} \circ \begin{pmatrix} 2 \\ 0 \\ a \end{pmatrix} = 0$$

Ausmultipliziert ergibt das: $2\,a + 2\,a = 0 \quad \Leftrightarrow \quad a = 0$

Zusätzlich ist zu prüfen, ob Gerade und Ebene für $a = 0$ echt-parallel sind. Dies können wir leicht durch Einsetzen eines Punktes der Geraden in die Ebenengleichung herausfinden. Wir wählen dafür den Aufpunkt $A(2; 3; -2)$. In E eingesetzt erhalten wir $2 \cdot 2 - 2 = 2 \neq 0$.

Der Aufpunkt von g liegt nicht in der Ebene E. Also folgt, dass g und E für $a = 0$ echt-parallel sind.

18.6 Berechnung eines Spurpunktes

> Die *Spurpunkte* einer Geraden sind die Schnittpunkte dieser Geraden mit den Grundebenen des Koordinatensystems.

Beispiel: Ermitteln Sie den Spurpunkt S der Geraden g mit $\vec{x} = \begin{pmatrix} 2 \\ 3 \\ -2 \end{pmatrix} + \lambda \cdot \begin{pmatrix} 2 \\ 0 \\ 2 \end{pmatrix}$ in der x_1-x_2-Ebene.

Es muss der gemeinsame Punkt der Geraden g mit der x_1-x_2-Ebene bestimmt werden. Die x_1-x_2-Ebene hat die Ebenengleichung $E : \ x_1 = 0$.

Jeder Punkt auf der Geraden g besitzt die Koordinaten $X(2 + 2\,\lambda; 3; -2 + 2\,\lambda)$.

Genau ein Punkt dieser Punktemenge ist der gesuchte Spurpunkt. Wir müssen also das dazugehörige λ berechnen.

Dazu setzen wir X in E ein: $\quad 2 + 2\,\lambda = 0 \quad \Leftrightarrow \quad \lambda = -1$

Mit $\lambda = -1$ und $X(2 + 2\,\lambda; 3; -2 + 2\,\lambda)$ ist der Spurpunkt dann $S\,(0; 3; -4)$.

18.7 Der Lotfußpunkt eines Punktes zu einer Ebene

Beispiel: Bestimmen Sie den Lotfußpunkt von $A(4; -1; 9)$ zu der Ebene

$$E : \ x_1 - x_2 + 2\,x_3 - 5 = 0.$$

Wie üblich hilft eine Skizze bei diesem Problem. Wir erkennen dabei, dass $\overrightarrow{AF}$ und $\vec{n}$ zueinander parallel sind.

Der Skizze entnimmt man, dass F auf der Geraden $\vec{f} = \vec{a} + k\,\vec{n}$ liegen muss.

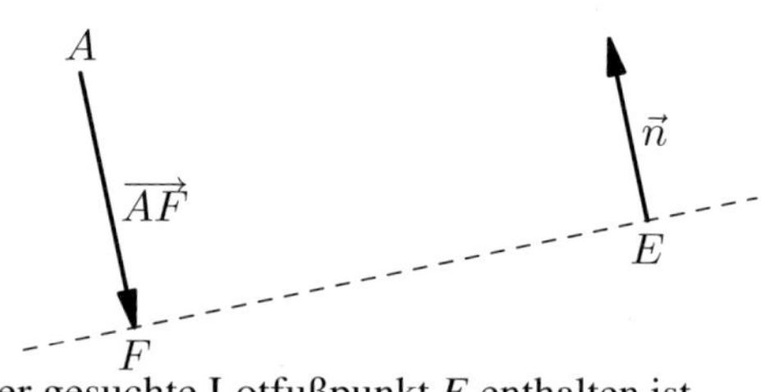

Wir erhalten so eine Hilfsgerade, in der der gesuchte Lotfußpunkt F enthalten ist.

Die Hilfsgerade ist $\vec{f} = \begin{pmatrix} 4 \\ -1 \\ 9 \end{pmatrix} + k \cdot \begin{pmatrix} 1 \\ -1 \\ 2 \end{pmatrix}$ mit $F(4 + k; -1 - k; 9 + 2\,k)$.

In E eingesetzt ergibt das: $\quad 4 + k - (-1 - k) + 2 \cdot (9 + 2\,k) - 5 = 0 \quad \Leftrightarrow \quad k = -3$

Mit $F(4 + k; -1 - k; 9 + 2\,k)$ und $k = -3$ ist der Lotfußpunkt dann $F(1; 2; 3)$.

18.8 Der Abstand eines Punktes zu einer Ebene

Beispiel: Bestimmen Sie den Abstand von $A(4;-1;9)$ zu der Ebene E mit $E: x_1 - x_2 + 2\,x_3 - 5 = 0$.

Der Lotfußpunkt $F(1;2;3)$ ist bereits aus dem vorigen Beispiel bekannt.

Daher muss nur noch die Länge des Vektors $\overrightarrow{AF}$ ermittelt werden.

18

Einsetzen der Koordinaten liefert (Spitze minus Fuß):

$$\overrightarrow{AF} = \begin{pmatrix} 1 \\ 2 \\ 3 \end{pmatrix} - \begin{pmatrix} 4 \\ -1 \\ 9 \end{pmatrix} = \begin{pmatrix} -3 \\ 3 \\ -6 \end{pmatrix}$$

Die Länge des Vektors $\overrightarrow{AF}$ ist dann:

$$\left|\overrightarrow{AF}\right| = \sqrt{3^2 + 3^2 + 6^2} = 3\sqrt{6}$$

Alternative Berechnung:

Mit der hesseschen Normalform lässt sich der Abstand von A zur Ebene E ebenfalls rasch ermitteln.

Für die HFN einer Ebene gilt:

$$E_{\text{HNF}}: \frac{1}{\left|\vec{n}\right|} \cdot (n_1 x_1 + n_2 x_2 + n_3 x_3 + a) = 0$$

Setzt man nun einen beliebigen Punkt in die linke Seite der Gleichung ein, dann ist der Betrag der linken Seite der Abstand des Punktes zur Ebene E.

Hinweis: Der Lotfußpunkt muss in diesem Fall gar nicht berechnet werden.

Wir setzen A in E_{HNF} ein:

$$\left| \frac{1}{\sqrt{1^2 + 1^2 + 2^2}} \cdot (4 + 1 + 2 \cdot 9 - 5) \right| = 3\sqrt{6}$$

Der Abstand des Punktes zur Ebene beträgt $3\sqrt{6}$ LE.

18.9 Spiegelung eines Punktes an einer Ebene

Beispiel: Der Punkt $A(4; 1; 2)$ wird an der Ebene $E : x_1 + 2\,x_3 - 3 = 0$ gespiegelt. Bestimmen Sie die Koordinaten des Spiegelpunktes A^*.

Mithilfe des Lotfußpunktes F von A, erhalten wir den Ortsvektor zu A^*:

$$\vec{a^*} = \vec{a} + 2 \cdot \overrightarrow{AF}$$

Der Skizze entnimmt man, dass F auf der Geraden $\vec{f} = \vec{a} + k\,\vec{n}$ liegen muss.

Der Schnittpunkt dieser Geraden mit der Ebene liefert den Lotfußpunkt F.

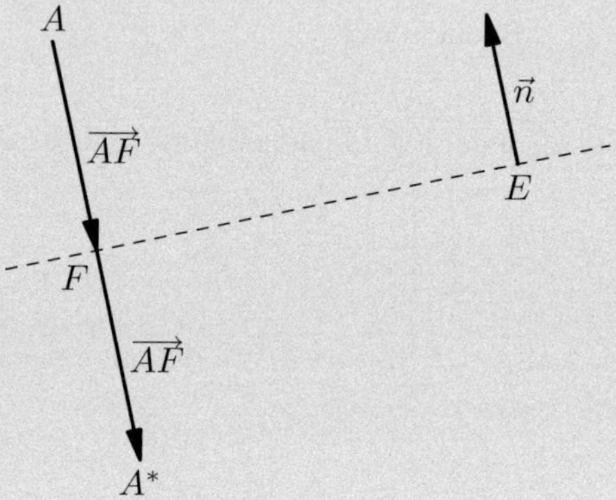

Mit $\vec{f} = \begin{pmatrix}4\\1\\2\end{pmatrix} + k \cdot \begin{pmatrix}1\\0\\2\end{pmatrix}$ und $F(4 + k; 1; 2 + 2\,k)$ erhalten wir eingesetzt in E:

$$4 + k + 2 \cdot (2 + 2\,k) - 3 = 0 \quad \Leftrightarrow \quad k = -1$$

Aus $\overrightarrow{AF} = k \cdot \vec{n}$ und $k = -1$ folgt $\overrightarrow{AF} = -1 \cdot \vec{n}$.

Also gilt:

$$\begin{aligned}\vec{a^*} &= \vec{a} + 2 \cdot \overrightarrow{AF}\\ &= \vec{a} + 2 \cdot (-1 \cdot \vec{n})\\ &= \vec{a} - 2\,\vec{n}\\ &= \begin{pmatrix}4\\1\\2\end{pmatrix} - 2 \cdot \begin{pmatrix}1\\0\\2\end{pmatrix} = \begin{pmatrix}2\\1\\-2\end{pmatrix}\end{aligned}$$

Die Koordinaten des Spiegelpunktes sind daher $A^*(2; 1; -2)$.

18.10 Schnittwinkel zwischen Geraden und Ebenen

Beispiel: Die Gerade

$$g \text{ mit } \vec{x} = \begin{pmatrix} 2 \\ 3 \\ -2 \end{pmatrix} + \lambda \cdot \begin{pmatrix} -1 \\ 6 \\ 2 \end{pmatrix}$$

und die Ebene E mit

$$E:\ 6\,x_1 - 2\,x_2 - x_3 = 0$$

sind nicht parallel. Unter welchem Winkel schneiden sich g und E?

Wir berechnen zunächst den Winkel β, unter dem sich der Normalenvektor $\vec{n}$ der Ebene E und der Richtungsvektor $\vec{v}$ der Geraden g schneiden.

Dazu verwenden wir die Formel:

$$\cos\beta = \left|\frac{\vec{n} \circ \vec{v}}{|\vec{n}| \cdot |\vec{v}|}\right|$$

Der *Schnittwinkel* α ergibt sich dann aus dem Zusammenhang:

$$\beta = 90^\circ - \alpha$$

Daher ist $\cos\beta = \sin\alpha$.

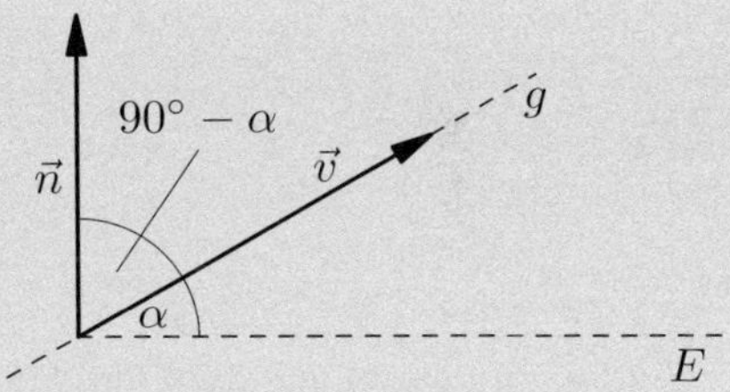

Es gilt also:

$$\begin{aligned} \cos\beta &= \cos(90^\circ - \alpha) \\ &= \sin\alpha \\ &= \left|\frac{\vec{n} \circ \vec{v}}{|\vec{n}| \cdot |\vec{v}|}\right| \\ &= \left|\frac{\begin{pmatrix} -1 \\ 6 \\ 2 \end{pmatrix} \circ \begin{pmatrix} 6 \\ -2 \\ -1 \end{pmatrix}}{\left|\begin{pmatrix} -1 \\ 6 \\ 2 \end{pmatrix}\right| \cdot \left|\begin{pmatrix} 6 \\ -2 \\ -1 \end{pmatrix}\right|}\right| = \frac{20}{41} \end{aligned}$$

Der Schnittwinkel beträgt dann $\alpha = 29{,}17^\circ$.

18.11 Abstand zwischen Geraden und Ebenen

Beispiel: Bestimmen Sie den Abstand der Gerade g mit $\vec{x} = \begin{pmatrix} 4 \\ -1 \\ 9 \end{pmatrix} + \lambda \begin{pmatrix} 1 \\ 1 \\ 0 \end{pmatrix}$ zur parallelen Ebene E mit $E:\ x_1 - x_2 + 2\,x_3 - 5 = 0$.

Wie üblich hilft eine Skizze.

Der Abstand zwischen g und E ist gleich der Länge des Vektors $\overrightarrow{AF}$.

A ist dabei ein beliebiger Punkt auf der Geraden (z. B. der Aufpunkt) und F ist der zugehörige Lotfußpunkt auf der Ebene E.

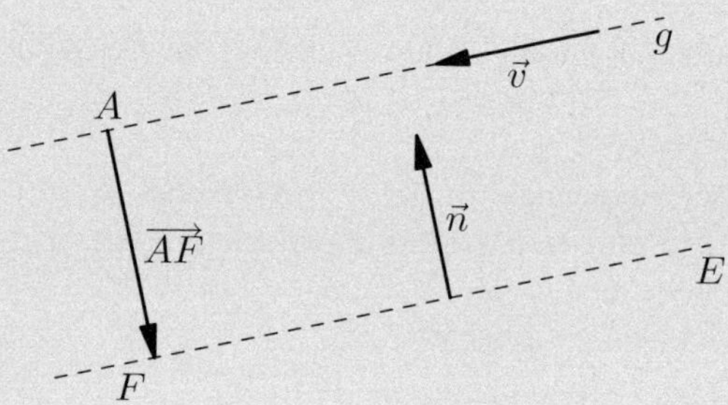

Der Skizze entnimmt man, dass F auf der Geraden $\vec{f} = \vec{a} + k\,\vec{n}$ liegen muss.

Daher hat F die Koordinaten $F(4 + k; -1 - k; 9 + 2\,k)$.

In E eingesetzt erhalten wir: $E:\ (4 + k) - (-1 - k) + 2\,(9 + 2\,k) - 5 = 0$

Aufgelöst nach k ergibt $k = -3$ und es folgt: $\overrightarrow{AF} = -3\,\vec{n}$

Für die Länge von $\overrightarrow{AF}$ gilt also:

$$\left|\overrightarrow{AF}\right| = 3 \cdot \left\|\begin{pmatrix} 1 \\ -1 \\ 2 \end{pmatrix}\right\| = 3 \cdot \sqrt{1 + 1 + 4} = 3\,\sqrt{6}$$

Alternativer Lösungsweg:
Hier kann ebenfalls die HNF der Ebene mit einem beliebigen Punkt auf der Geraden genutzt werden.

A in die HNF von E eingesetzt ergibt:

$$E:\ \left|\frac{1}{\sqrt{1 + 1 + 4}} \cdot (4 + 1 + 2 \cdot 9 - 5)\right| = 3\,\sqrt{6}$$

Da die Gerade und die Ebene parallel verlaufen, muss jeder Punkt auf der Geraden den gleichen Abstand zur Ebene haben. Wir können also sagen, dass die Gerade $3\,\sqrt{6}$ LE von der Ebene entfernt ist.

18.12 Senkrechte Projektion auf eine Ebene

Beispiel: Die Gerade g mit $\vec{x} = \begin{pmatrix}1\\3\\0\end{pmatrix} + \lambda \begin{pmatrix}1\\1\\3\end{pmatrix}$ wird senkrecht auf $E: x_1 - x_2 + 2\,x_3 - 4 = 0$ projiziert. Ermitteln Sie eine Geradengleichung der Bildgeraden g^*.

Es folgt zunächst eine Skizze:

Die Bildgerade g^* liegt in der Ebene E und verläuft durch den Schnittpunkt S ($g \cap E$) und durch einen beliebigen Lotfußpunkt (z. B. durch den Aufpunkt A von g).

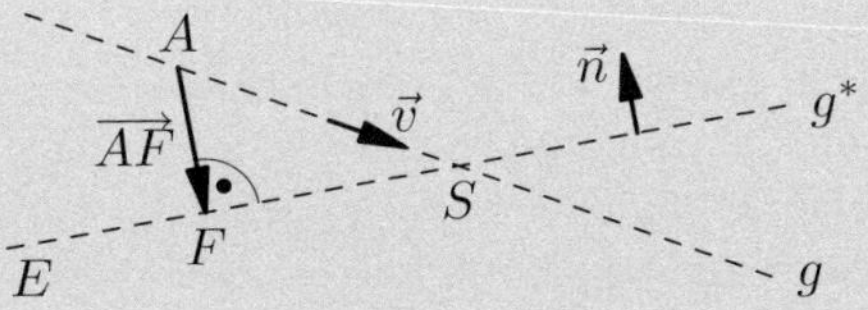

Berechnung von S
Die Punktkoordinaten aller Punkte auf g lauten: $X(1 + \lambda; 3 + \lambda; 3\,\lambda)$

In E eingesetzt erhalten wir: $(1 + \lambda) - (3 + \lambda) + 2 \cdot 3\,\lambda - 4 = 0$

Aufgelöst nach λ ergibt sich $\lambda = 1$ und wir folgern: $S(2; 4; 3)$

Berechnung von F
Der Lotfußpunkt F wird mit der Vektorkette $\vec{f} = \vec{a} + \overrightarrow{AF}$ ermittelt.

Umformungen ergeben: $\overrightarrow{AF} \parallel \vec{n} \quad \Rightarrow \quad \overrightarrow{AF} = k \cdot \vec{n} \quad \Rightarrow \quad \vec{f} = \vec{a} + k \cdot \vec{n}$

Wir erhalten also eine Hilfsgerade mit dem gesuchten Lotfußpunkt.
Sie hat die Form:

$$\vec{f} = \begin{pmatrix}1\\3\\0\end{pmatrix} + k \cdot \begin{pmatrix}1\\-1\\2\end{pmatrix} \text{ mit } F(1 + k; 3 - k; 2\,k)$$

In E eingesetzt erhalten wir: $E: (1 + k) - (3 - k) + 2 \cdot 2\,k - 4 = 0$

Aufgelöst nach k ergibt sich $k = 1$ und es folgt: $F(2; 2; 2)$

Aufstellen der Geradengleichung von g^*

$$g^*: \vec{x} = \vec{s} + \mu \cdot \overrightarrow{FS} = \begin{pmatrix}2\\4\\3\end{pmatrix} + \mu \begin{pmatrix}2-2\\4-2\\3-2\end{pmatrix} = \begin{pmatrix}2\\4\\3\end{pmatrix} + \mu \begin{pmatrix}0\\2\\1\end{pmatrix}$$

18.13 Spiegelung einer Geraden an einer Ebene I

Beispiel: Die Gerade g mit $\vec{x} = \begin{pmatrix} 4 \\ -1 \\ 9 \end{pmatrix} + \lambda \begin{pmatrix} 1 \\ 1 \\ 0 \end{pmatrix}$ wird an der parallelen Ebene E mit der Ebenengleichung $E : x_1 - x_2 + 2\,x_3 - 5 = 0$ gespiegelt. Ermitteln Sie eine Geradengleichung der Bildgeraden g^*.

18

Wie üblich hilft eine Skizze:

Die Bildgerade g^* besitzt den gleichen Richtungsvektor wie die ursprüngliche Gerade g, jedoch einen anderen Aufpunkt.

Spiegeln wir beispielsweise den Aufpunkt der Geraden g, so erhalten wir einen möglichen Aufpunkt der Bildgeraden g^*.

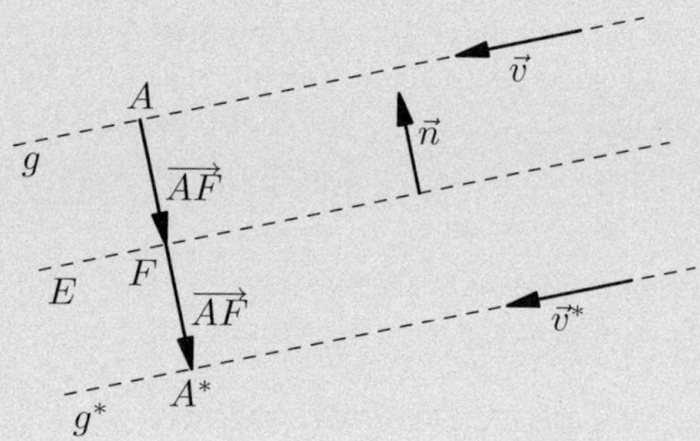

Die Bildgerade hat also die Form $\vec{x} = \vec{a}^* + \mu \cdot \vec{v}$ bzw. $\vec{x} = \vec{a}^* + \mu \cdot \begin{pmatrix} 1 \\ 1 \\ 0 \end{pmatrix}$.

Wir benötigen nur noch die Koordinaten des Bildpunktes A^* von A. Man erkennt, dass der Bildpunkt $A*$ über die Vektorkette $\vec{a}^* = \vec{a} + 2 \cdot \overrightarrow{AF}$ gewonnen werden kann.

Der Skizze entnimmt man, dass F auf der Geraden $\vec{f} = \vec{a} + k\,\vec{n}$ liegen muss.

Daher hat F die Koordinaten $F(4 + k; -1 - k; 9 + 2\,k)$.

In E eingesetzt erhalten wir: $E : (4 + k) - (-1 - k) + 2\,(9 + 2\,k) - 5 = 0$

Aufgelöst nach k ergibt sich $k = -3$ und es folgt: $\overrightarrow{AF} = -3\,\vec{n}$

Mit $\overrightarrow{AF} = -3 \cdot \vec{n}$ folgt:

$$\vec{a}^* = \vec{a} - 2 \cdot 3 \cdot \vec{n} = \begin{pmatrix} 4 \\ -1 \\ 9 \end{pmatrix} - 6 \cdot \begin{pmatrix} 1 \\ -1 \\ 2 \end{pmatrix} \quad \Rightarrow \quad A(-2; 5; -3)$$

Die Bildgerade g^* besitzt die Geradengleichung: $\vec{x} = \begin{pmatrix} -2 \\ 5 \\ -3 \end{pmatrix} + \mu \begin{pmatrix} 1 \\ 1 \\ 0 \end{pmatrix}$

18.14 Spiegelung einer Geraden an einer Ebene II

Beispiel: Die Gerade g mit $\vec{x} = \begin{pmatrix} 4 \\ -1 \\ 9 \end{pmatrix} + \lambda \begin{pmatrix} 1 \\ -1 \\ 0 \end{pmatrix}$ wird an der Ebene E mit der Ebenengleichung $E : x_1 - x_2 + 2\,x_3 - 5 = 0$ gespiegelt. Ermitteln sie eine Geradengleichung der Bildgeraden g^*.

Die Bildgerade kann mithilfe von zwei Punkten berechnet werden.

Da der Schnittpunkt S von g mit Ebene E ein *Fixpunkt* ist, muss auch S auf der Bildgeraden liegen.

Zusätzlich muss noch ein beliebiger Punkt der Geraden g auf g^* gespiegelt werden.

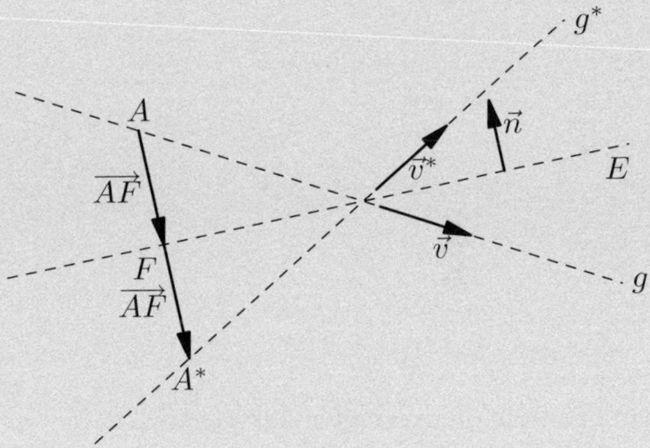

Berechnung von S

Die Punktkoordinaten aller Punkte von g lauten $X(4 + \lambda; -1 - \lambda; 9)$.

In E eingesetzt erhalten wir: $E : (4 + \lambda) - (-1 - \lambda) + 2 \cdot 9 - 5 = 0$

Aufgelöst nach λ ergibt sich $\lambda = -9$ und wir folgern daraus: $S(-5; 8; 9)$

Berechnung von A^*

Der Bildpunkt A^* wird mit $\vec{a}^* = \vec{a} + 2 \cdot \overrightarrow{AF}$ ermittelt.

Der Skizze entnimmt man, dass F auf der Geraden $\vec{f} = \vec{a} + k\,\vec{n}$ liegen muss.

Daher hat F die Koordinaten $F(4 + k; -1 - k; 9 + 2\,k)$.

Einsetzen in E: $(4 + k) - (-1 - k) + 2\,(9 + 2\,k) - 5 = 0 \quad \Rightarrow \quad k = -3$

Mit $\overrightarrow{AF} = -3 \cdot \vec{n}$ folgt: $\vec{a}^* = \begin{pmatrix} 4 \\ -1 \\ 9 \end{pmatrix} - 6 \cdot \begin{pmatrix} 1 \\ -1 \\ 2 \end{pmatrix} \quad \Rightarrow \quad A^*(-2; 5; -3)$

Aufstellen der Bildgeraden

$$g^* : \vec{x} = \vec{a}^* + \mu \cdot \overrightarrow{A^*S} = \begin{pmatrix} -2 \\ 5 \\ -3 \end{pmatrix} + \mu \begin{pmatrix} -5 + 2 \\ 8 - 5 \\ 9 + 3 \end{pmatrix} \quad \text{bzw.} \quad g^* : \vec{x} = \begin{pmatrix} -2 \\ 5 \\ -3 \end{pmatrix} + \mu \begin{pmatrix} -3 \\ 3 \\ 12 \end{pmatrix}$$

19 Aufgaben mit Ebenen

19.1 Parallelität von Ebenen

Beispiel: Bestimmen sie den reellen Parameterwert a so, dass die Ebenen E und F echt-parallel verlaufen. $E: 2\,x_1 + 2\,x_2 - 3\,x_3 - 2 = 0$ und $F: a\,x_1 + 4\,x^2 - 6\,x_3 - 3 = 0$

Zwei Ebenen sind genau dann parallel, wenn ihre Normalenvektoren parallel verlaufen. Es gilt:

$$\vec{n}_E \parallel \vec{n}_F \quad \Leftrightarrow \quad E \parallel F$$

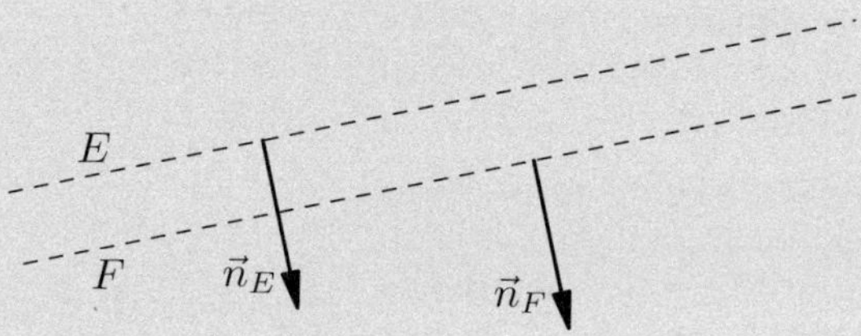

Es muss nun folgende Gleichung gelöst werden: $\begin{pmatrix} 2 \\ 2 \\ -3 \end{pmatrix} = k \cdot \begin{pmatrix} a \\ 4 \\ -6 \end{pmatrix}$

Dabei entsteht dieses Gleichungssystem:

$$\begin{array}{lrll} (i) & 2 = & k \cdot a & \\ (ii) & 2 = & k \cdot 4 & \Rightarrow \quad k = 0{,}5 \\ (iii) & -3 = & k \cdot (-6) & \Rightarrow \quad k = 0{,}5 \end{array}$$

$k = 0{,}5$ in (i) einsetzen ergibt: $2 = 0{,}5\,a \quad \Rightarrow \quad a = 4$

Für $a = 4$ gilt also $\vec{n}_E \parallel \vec{n}_F$ und damit auch $E \parallel F$.

Wir prüfen, ob E und F identisch sind (unecht parallel) indem wir einen Punkt von E in F einsetzen. Wir wählen den Punkt $A(x_1; 0; 0)$ in E:

$E: 2\,x_1 - 2 = 0 \quad \Rightarrow \quad x = 1 \quad \Rightarrow \quad A(1; 0; 0)$

Nun wird A in F mit $a = 4$ eingesetzt:

$F: 4 - 3 = 0$ (falsche Aussage)

Punkt A von E liegt nicht in F, daher sind E und F echt parallel (nicht identisch).

Alternative Lösung

Wir bilden nach Gauß folgendes Gleichungssystem:

$$\begin{array}{lccc|ll} E: & 2 & 2 & -3 & 2 & | \cdot 2 \\ F: & a & 4 & -6 & 3 & \end{array} \quad \Rightarrow \quad \begin{array}{lccc|l} E: & 4 & 4 & -6 & 4 \\ F: & a & 4 & -6 & 3 \end{array}$$

Normalenvektor Lage

Für $a = 4$ sind die Normalenvektoren gleich ($E \parallel F$).

Da die Lage verschieden ist, müssen E und F echt parallel sein.

19.2 Abstand echt-paralleler Ebenen

Beispiel: Die Ebenen $E:\ 6\,x_1 + 6\,x_2 - 9\,x_3 - 6 = 0$ und $F:\ 2\,x_1 + 2\,x_2 - 3\,x_3 - 4 = 0$ sind echt-parallel. Ermitteln Sie den Abstand beider Ebenen zueinander.

Da beide Ebenen echt-parallel zueinander sind, hat jeder Punkt auf der Ebenen E zur Ebenen F den gleichen Abstand und umgekehrt.

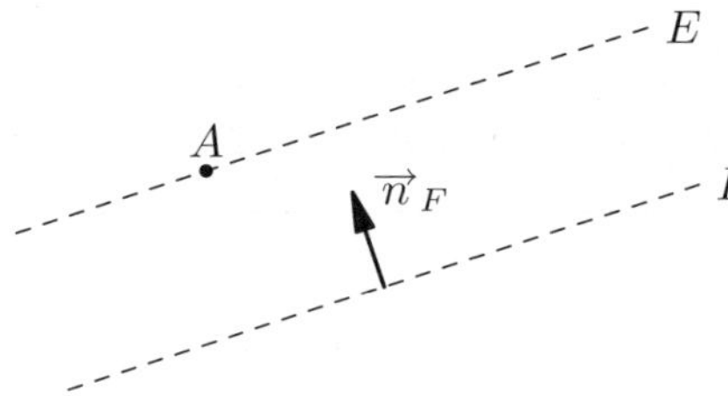

Es genügt also, wenn wir den Abstand eines Punktes A der Ebene E zur Ebene F ermitteln.

Sei $A(x_1; 0; 0)$ in E eingesetzt:

$$E: 6\,x_1 - 6 = 0 \quad \Rightarrow \quad x_1 = 1 \quad \Rightarrow \quad A(1; 0; 0)$$

Nun bestimmen wir mithilfe der HNF den Abstand von A zu F:

$$\left| \frac{1}{\sqrt{2^2 + 2^2 + 3^2}} \cdot (2 - 4) \right| = \frac{2\sqrt{17}}{17} \approx 0{,}49$$

Der Abstand beider Ebenen beträgt also 0,49 LE.

19.3 Orthogonale Ebenen

Beispiel: Zeigen Sie, dass sich $E:\ 2\,x_1 + 2\,x_2 - 3\,x_3 - 2 = 0$ und $F:\ x_1 + x_2 - 3 = 0$ senkrecht schneiden.

Zwei Ebenen sind genau dann senkrecht zueinander, wenn auch ihre Normalenvektoren orthogonal sind.
Zwei Vektoren sind zueinander senkrecht, falls ihr Skalarprodukt null ist, also:

$$\vec{n}_E \perp \vec{n}_F \quad \Leftrightarrow \quad \vec{n}_E \circ \vec{n}_F = 0$$

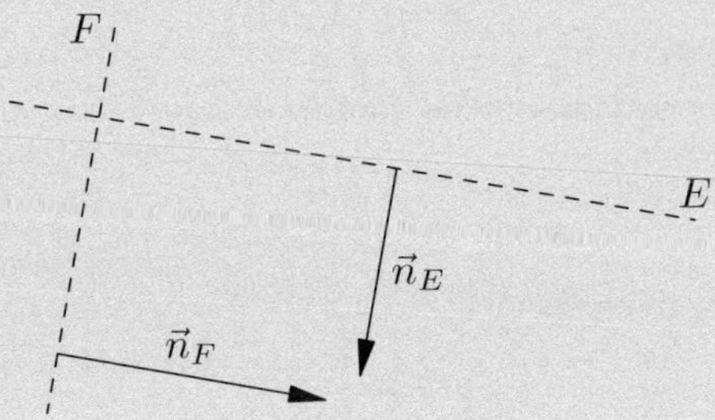

Wir berechnen das Skalarprodukt:

$$\begin{pmatrix} 2 \\ 2 \\ -3 \end{pmatrix} \circ \begin{pmatrix} 1 \\ -1 \\ 0 \end{pmatrix} = 0 \quad \Rightarrow \quad 2 - 2 = 0 \quad \text{(wahre Aussage)}$$

Da die Bedingung (Skalarprodukt gleich null) erfüllt ist, müssen beide Vektoren senkrecht zueinander sein. Das gilt daher auch für die zugehörigen Ebenen.

19

19.4 Schnittwinkel zweier Ebenen

Beispiel: Die Ebenen $E: \; -x_1 + 6\,x_2 + 2\,x_3 - 2 = 0$ und $F: \; 6\,x_1 - 3\,x_2 - 2\,x_3 - 3 = 0$ schneiden sich in einer Schnittgeraden. Welche Winkel schließen die beiden Ebenen dabei ein?

Der Schnittwinkel α der Ebenen E und F entspricht dem Winkel, den die beiden zugehörigen Normalenvektoren einschließen.

Es gilt:

$$\cos\alpha = \left|\frac{\vec{n}_E \circ \vec{n}_F}{\left|\vec{n}_E\right| \cdot \left|\vec{n}_F\right|}\right|$$

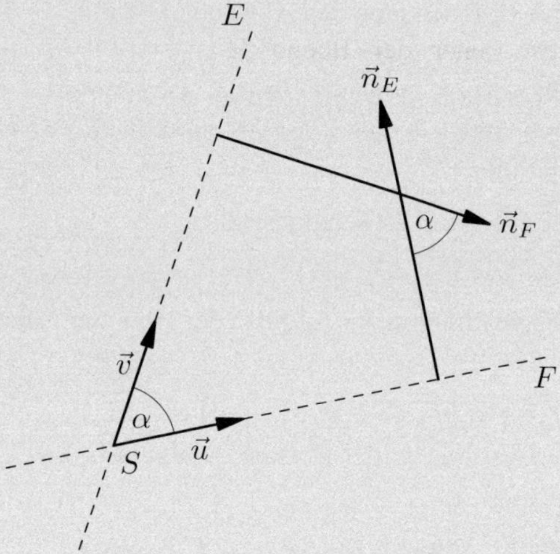

Wir berechnen zunächst das Skalarprodukt:

$$\vec{n}_E \circ \vec{n}_F = \begin{pmatrix} -1 \\ 6 \\ 2 \end{pmatrix} \circ \begin{pmatrix} 6 \\ -2 \\ -1 \end{pmatrix} = (-1)\cdot 6 + 6\cdot(-2) + 2\cdot(-1) = -20$$

Als nächstes ist der Nenner dran:

$$\left|\vec{n}_E\right| = \left|\vec{n}_F\right| = \sqrt{(-1)^2 + 6^2 + 2^2} = \sqrt{41}$$

Damit ergibt sich:

$$\cos\alpha = \left|\frac{\begin{pmatrix} -1 \\ 6 \\ 2 \end{pmatrix} \circ \begin{pmatrix} 6 \\ -2 \\ -1 \end{pmatrix}}{\left|\begin{pmatrix} -1 \\ 6 \\ 2 \end{pmatrix}\right| \cdot \left|\begin{pmatrix} 6 \\ -2 \\ -1 \end{pmatrix}\right|}\right| = \frac{20}{41}$$

Wir erhalten $\alpha = 60{,}80°$.

19.5 Spiegelung einer Ebene an einer parallelen Ebene

Beispiel: Die Ebenen $E : 4\,x_1 + 4\,x_2 - 8\,x_3 - 12 = 0$ und $H : 2\,x_1 + 2\,x_2 - 4\,x_3 + 18 = 0$ sind parallel. E wird nun an H gespiegelt und E^* entsteht als Bildebene. Ermitteln Sie eine mögliche Ebenengleichung von E^*.

Als Normalenvektor für E^* kann jener der Ebene H oder E gewählt werden, doch hat E^* einen anderen Aufpunkt.

Diesen können wir durch Spiegelung eines beliebigen Punktes von E an der Ebene H bestimmen.

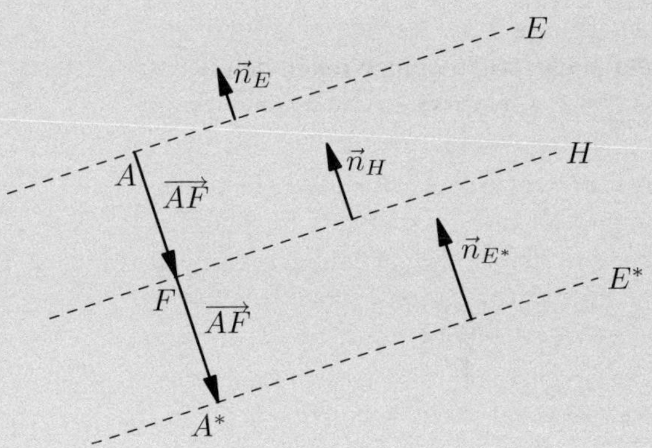

Wir benötigen nur noch die Koordinaten des Bildpunktes A^* von A. Für A wählen wir einen beliebigen Punkt auf E.

Sei $A(x_1; 0; 0)$ in E eingesetzt:

$$E : 4\,x_1 - 12 = 0 \quad \Rightarrow \quad x_1 = 3 \quad \Rightarrow \quad A(3; 0; 0)$$

Man erkennt, dass der Bildpunkt A^* über die Vektorkette $\vec{a}^* = \vec{a} + 2 \cdot \overrightarrow{AF}$ gewonnen werden kann.

Der Lotfußpunkt F liegt auf der Geraden $f = \vec{a} + k \cdot \vec{n}_H$. Sie hat die Form:

$$\vec{f} = \begin{pmatrix} 3 \\ 0 \\ 0 \end{pmatrix} + k \cdot \begin{pmatrix} 2 \\ 2 \\ -4 \end{pmatrix} \quad \text{mit } F(3 + 2\,k; 2\,k; -4\,k)$$

In H eingesetzt: $\quad 2\,(3 + 2\,k) + 2\,(2\,k) - 4\,(-4\,k) + 18 = 0 \quad \Rightarrow \quad k = -1$

Mit $\overrightarrow{AF} = -1 \cdot \vec{n}_H$ folgt: $\quad \vec{a}^* = \vec{a} - 2 \cdot \vec{n}_H = \begin{pmatrix} -4 \\ -4 \\ 8 \end{pmatrix}$

Aus $\begin{pmatrix} 2 \\ 2 \\ -4 \end{pmatrix} \circ \left[\vec{x} - \begin{pmatrix} -4 \\ -4 \\ 8 \end{pmatrix} \right] = 0$ erhalten wir die Ebenengleichung für E^*:

$$E^* : 2\,x_1 + 2\,x_2 - 4\,x_3 + 48 = 0$$

19.6 Spiegelung einer Ebene an einer anderen Ebene

Beispiel: Die Ebenen $E: x_1 + x_2 - 1 = 0$ und $H: x_2 - x_3 + 1 = 0$ sind nicht parallel. E wird an H gespiegelt und E^* entsteht als Bildebene. Ermitteln Sie eine mögliche Ebenengleichung von E^*.

Spiegeln wir E, genügt es, wenn wir Aufpunkt von E spiegeln und den dazugehörigen Normalvenvektor über weitere Überlegung berechnen.

Bilden wir eine Hilfsgerade h, welche senkrecht zu E verläuft, E im Punkt A und die Ebene H im Punkt S schneidet, so können wir relativ schnell die neue Ebenengleichung ermitteln.

Der Spiegelpunkt von A zur Ebene H ist der Aufpunkt A^* der neuen Ebene E^* und $\overrightarrow{A^*S}$ ist der Normalenvektor von E^*.

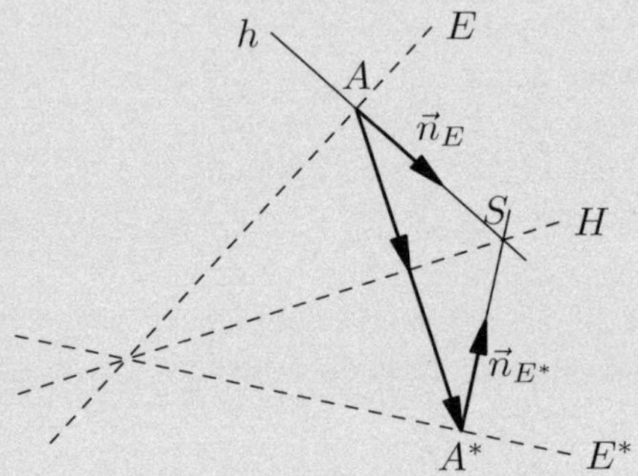

Sei $A(x_1; 0; 0)$ auf der Ebene $E: x_1 - 1 = 0 \quad \Rightarrow \quad x_1 = 1 \quad \Rightarrow \quad$ Aufpunkt $A(1; 0; 0)$

Die Hilfsgerade h lautet also: $\vec{x} = \begin{pmatrix}1\\0\\0\end{pmatrix} + \lambda \begin{pmatrix}1\\1\\0\end{pmatrix}$ mit $X(1 + \lambda; \lambda; 0)$

In H eingesetzt folgt für S: $\lambda + 1 = 0 \quad \Rightarrow \quad \lambda = -1 \quad \Rightarrow \quad S(0; -1; 0)$

Spiegelung des Punktes A zu A^* an der Ebene H:

Der Ansatz lautet $\vec{a}^* = \vec{a} + 2 \cdot \overrightarrow{AF}$. Wie wir der Skizze entnehmen können, liegt der Lotfußpunkt F auf der Hilfsgeraden f mit $\vec{f} = \vec{a} + k \cdot \vec{n}_H$, also

$$\vec{f} = \begin{pmatrix}1\\0\\0\end{pmatrix} + k \cdot \begin{pmatrix}0\\1\\-1\end{pmatrix} \quad \text{mit } F(1; k; -k)$$

In H einsetzen: $H: k + k + 1 = 0 \quad \Rightarrow \quad k = -0,5$. Aus $\overrightarrow{AF} = -0,5 \cdot \vec{n}_H$ folgt:

$$\vec{a}^* = \vec{a} + 2 \cdot \vec{AF} = \vec{a} - \vec{n}_H = \begin{pmatrix}1\\0\\0\end{pmatrix} - \begin{pmatrix}0\\1\\-1\end{pmatrix} = \begin{pmatrix}1\\-1\\1\end{pmatrix} \quad \Rightarrow \quad A^*(1; -1; 1)$$

Aufstellen der Ebenengleichung

Das Ausmultiplizieren von $\overrightarrow{A^*S} \circ [\vec{x} - \vec{a}^*] = 0$ bzw. $\begin{pmatrix}0-1\\-1+1\\0-1\end{pmatrix} \circ \left[\vec{x} - \begin{pmatrix}1\\-1\\1\end{pmatrix}\right] = 0$ ergibt

die Ebenengleichung E^* der gespiegelten Ebene: $E^*: -x_1 - x_3 + 2 = 0$

19.7 Schnittelemente von zwei Ebenen

Beispiel: Bestimmen Sie die Schnittelemente der zwei Ebenen E und F mit $E: x_1 + x_2 - 3\,x_3 = 0$ und $F: 2\,x_1 + 3\,x_2 - 3\,x_3 - 2 = 0$.

19

Wir erstellen ein Gleichungssystem und erweitern es mit M: $x_3 = \lambda$.

$$\begin{array}{r|rrr|l} E: & 1 & 1 & -3 & 0 \\ F: & 2 & 3 & -3 & 2 \\ M: & 0 & 0 & 1 & \lambda \end{array} \qquad | - 2 \cdot E$$

Wir erhalten:

$$\begin{array}{r|rrr|l} E: & 1 & 1 & -3 & 0 \\ F: & 0 & 1 & 3 & 2 \\ M: & 0 & 0 & 1 & \lambda \end{array}$$

M in F eingesetzt liefert:

$$x_2 + 3\,\lambda = 2 \quad \Rightarrow \quad x_2 = 2 - 3\,\lambda$$

Beides in E eingesetzt ergibt:

$$x_1 + 2 - 3\,\lambda - 3\,\lambda = 0 \quad \Rightarrow \quad x_1 = 6\,\lambda - 2$$

Wir erhalten die Lösungsmenge:

$$\mathbb{L} = \{(6\,\lambda - 2; 2 - 3\,\lambda; \lambda) \mid \lambda \in \mathbb{R}\}$$

Die Elemente dieser Menge können wir geometrisch als Punkte der Schnittgeraden deuten. Durch Umformungen bekommen wir die zugehörige Geradengleichung der Schnittgeraden:

$$s: \vec{x} = \begin{pmatrix} 6\,\lambda - 2 \\ 2 - 3\,\lambda \\ \lambda \end{pmatrix} = \begin{pmatrix} -2 \\ 2 \\ 0 \end{pmatrix} + \lambda \begin{pmatrix} 6 \\ -3 \\ 1 \end{pmatrix}$$

19.8 Berechnung einer Spurgeraden

Beispiel: Ermitteln Sie die Gleichung der Spurgeraden s bezüglich der x_1-x_2-Ebene für die Ebene $E: x_1 + x_2 + 2x_3 + 1 = 0$.

19

Die Ebene E schneidet offensichtlich die x_1-x_2-Ebene und damit auch die x_1- und die x_2-Achse in den Punkten S_1 und S_2. Die *Spurgerade* s verläuft durch diese beiden Punkte. Wir bestimmen zunächst die Koordinaten dieser beiden Punkte.

Berechnung der Schnittpunkte S_1 und S_2 der Ebene E mit der x_1- und x_2-Achse

Sei $S_1(x_1; 0; 0)$ ein Punkt der Ebene E, dann gilt:

$$E: x_1 + 1 = 0$$

$$\Rightarrow \quad x_1 = -1 \quad \Rightarrow \quad S_1(-1; 0; 0)$$

Sei $S_2(0; x_2; 0)$ ein Punkt der Ebene E, dann gilt:

$$E: x_2 + 1 = 0$$

$$\Rightarrow \quad x_2 = -1 \quad \Rightarrow \quad S_2(0; -1; 0)$$

Aufstellen der Geradengleichung s durch die Punkte S_1 und S_2

Mit $\vec{x} = \vec{s_1} + \lambda \cdot \overrightarrow{S_1 S_2}$ bzw. $\vec{x} = \begin{pmatrix} -1 \\ 0 \\ 0 \end{pmatrix} + \lambda \begin{pmatrix} 0+1 \\ -1-0 \\ 0-0 \end{pmatrix}$

erhalten wir die Geradengleichung der Spurgeraden:

$$s: \vec{x} = \begin{pmatrix} -1 \\ 0 \\ 0 \end{pmatrix} + \lambda \begin{pmatrix} 1 \\ -1 \\ 0 \end{pmatrix}$$

Alternativer Lösungsansatz:
Die Spurgerade kann auch ermittelt werden, indem man das lineare Gleichungssystem löst, welches sich aus den beiden Ebenengleichungen der x_1-x_2-Ebene ($x_3 = 0$) und der Ebene $E: x_1 + x_2 + 2x_3 + 1 = 0$ ergibt:

$$\begin{array}{lcccc|c} \text{Ebene } E & : & 1 & 1 & 2 & -1 \\ x_1\text{-}x_2\text{-Ebene} & : & 0 & 0 & 1 & 0 \end{array}$$

19.9 Schnittelemente von drei Ebenen I

19

Beispiel: Ermitteln Sie die gemeinsamen Punkte der Ebenen E, F und G.

$$E: \quad x_1 + \quad x_2 + 2\,x_3 \qquad = 0$$
$$F: 2\,x_1 + 3\,x_2 + 4\,x_3 - 1 = 0$$
$$G: \quad x_1 + 2\,x_2 + 4\,x_3 - 2 = 0$$

Wir betrachten das zugehörige lineare Gleichungssystem und lösen es mit dem Gauß-Verfahren:

$$\begin{array}{lccc|cl} E: & 1 & 1 & 2 & 0 & \\ F: & 2 & 3 & 4 & 1 & |-2\cdot E \\ G: & 1 & 2 & 4 & 2 & |-E \end{array}$$

$\Rightarrow$

$$\begin{array}{lccc|cl} E: & 1 & 1 & 2 & 0 & \\ F: & 0 & 1 & 0 & 1 & \\ G: & 0 & 1 & 2 & 2 & |-F \end{array}$$

$\Rightarrow$

$$\begin{array}{lccc|c} E: & 1 & 1 & 2 & 0 \\ F: & 0 & 1 & 0 & 1 \\ G: & 0 & 0 & 2 & 1 \end{array}$$

Aus G erhalten wir: $2\,x_3 = 1 \quad \Rightarrow \quad x_3 = 0{,}5$

Aus F ist ersichtlich: $x_2 = 1$

In E eingesetzt folgt: $x_1 + 1 + 1 = 0 \quad \Rightarrow \quad x_1 = -2$

Wir erhalten die Lösungsmenge $\mathbb{L} = \{-2; 1; 0{,}5\}$, welche wir geometrisch als Schnittpunkt S mit $S(-2; 1; 0{,}5)$ der drei Ebenen deuten können.

19.10 Schnittelemente von drei Ebenen II

Beispiel: Die Normalvektoren der drei Ebenen E, F und G mit $E: x_1 + x_2 + 2\,x_3 = 0$, $F: x_1 + 3\,x_2 + 4\,x_3 + 1 = 0$ und $G: x_1 + 2\,x_2 + 3\,x_3 - 2\,a = 0$ sind linear abhängig.
Ermitteln Sie die Schnittelemente aller drei Ebenen in Abhängigkeit von a und interpretieren Sie ihre Lösung mithilfe einer geeigneten Skizze.

Wir erstellen ein Gleichungssystem und lösen es mit dem Gauß-Verfahren.

$$\begin{array}{rccc|cl} E: & 1 & 1 & 2 & 0 & \\ F: & 1 & 3 & 4 & -1 & |-E \\ G: & 1 & 2 & 3 & 2\,a & |-E \end{array}$$

$\Rightarrow$

$$\begin{array}{rccc|cl} E: & 1 & 1 & 2 & 0 & \\ F: & 0 & 2 & 2 & -1 & \\ G: & 0 & 1 & 1 & 2\,a & |-0{,}5\cdot F \end{array}$$

$\Rightarrow$

$$\begin{array}{rccc|l} E: & 1 & 1 & 2 & 0 \\ F: & 0 & 2 & 2 & -1 \\ G: & 0 & 0 & 0 & 2\,a+0{,}5 \end{array}$$

Die Zeile G ist nur erfüllt, wenn gilt: $0 = 2\,a + 0{,}5 \quad \Rightarrow \quad a = -0{,}25$

Für $a \neq 0,25$ ist die Zeile G unwahr. Das Gleichungssystem ist dann nicht lösbar.

Sei nun $a = -0{,}25$:
Mit der Festlegung $M: x_3 = \lambda$ erweitern wir unser Gleichungssystem:

$$\begin{array}{rccc|c} E: & 1 & 1 & 2 & 0 \\ F: & 0 & 2 & 2 & -1 \\ M: & 0 & 0 & 1 & \lambda \end{array}$$

Aus M erhalten wir: $x_3 = \lambda$

In F eingesetzt: $2\,x_2 - 2\,\lambda = -1 \quad \Rightarrow \quad x_2 = \lambda - 0{,}5$

Beides in E eingesetzt: $x_1 + \lambda - 0{,}5 + 2\,\lambda = 0 \quad \Rightarrow \quad x_1 = 0{,}5 - 3\,\lambda$

Wir erhalten die Lösungsmenge $\mathbb{L} = \{0{,}5 - 3\,\lambda; \lambda - 0{,}5; \lambda\}$.

Für $a = -0{,}25$ können wir die Lösungsmenge $\mathbb{L}$ geometrisch als Punkte der Schnittgeraden s deuten. Eine Umformung ergibt:

$$s : \vec{x} = \begin{pmatrix} 0{,}5 - 3\lambda \\ \lambda - 0{,}5 \\ \lambda \end{pmatrix} = \begin{pmatrix} 0{,}5 \\ -0{,}5 \\ 0 \end{pmatrix} + \lambda \begin{pmatrix} -3 \\ 3 \\ 1 \end{pmatrix}$$

Nebenstehende Skizze veranschaulicht die Lage der Schnittgeraden s.

Da die Normalenvektoren der Ebenen E, F und G linear abhängig sind, liegen sie alle in einer Ebene (Blattebene).

Die zugehörige Schnittgerade s verläuft also senkrecht durch die Blattebene.

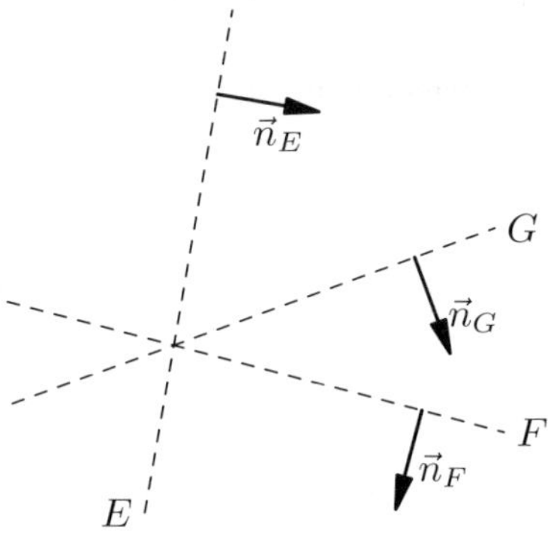

Sei nun $a \neq -0{,}25$:
In diesem Fall ist die Lösungsmenge leer, d. h. es gibt keine Elemente die in allen drei Ebenen zugleich liegen.

Je zwei Ebenen schneiden sich jedoch in insgesamt drei zueinander parallelen Schnittgeraden. Die Parallelität der Schnittgeraden resultiert daraus, dass die Normalvektoren der drei Ebenen E, F und G linear abhängig sind.

19.11 Lagebeziehung zwischen zwei Geraden

Aufgabenstellung: Ermitteln Sie die gegenseitige Lage der Geraden g und h.

Bei diesem Aufgabentyp können Sie stets nach folgendem Schema vorgehen:

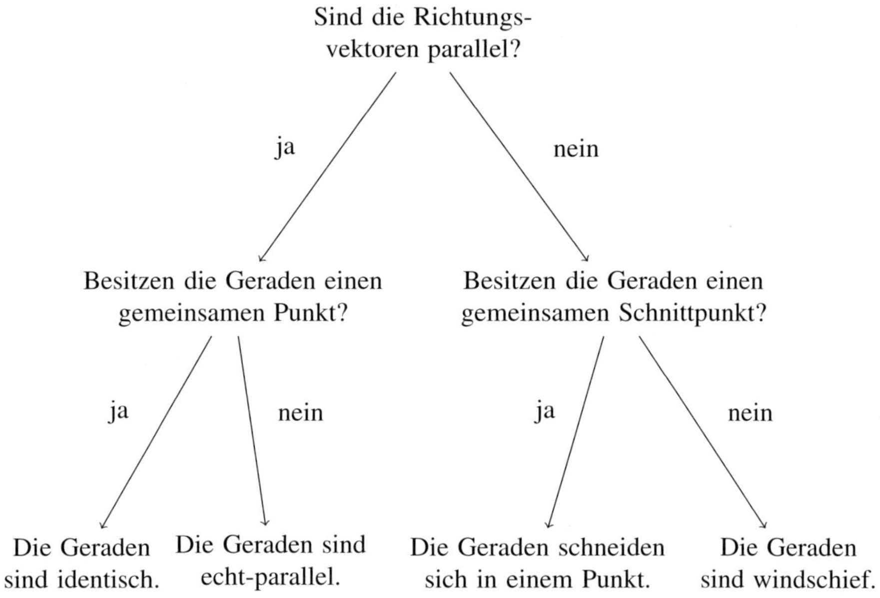

Hinweis:
Dieses Schema kann leicht modifiziert auch bei der Untersuchung der Lagebeziehung zwischen zwei Ebenen oder zwischen einer Geraden und einer Ebenen angewendet werden. Es ist aber beispielsweise zu beachten, dass bei zwei Ebenen nur drei verschiedene Lagebeziehungen möglich sind (identisch, parallel oder es gibt eine Schnittgerade).

Sie können nun versuchen, ein solches Schema für die Lagebeziehungen „Gerade-Ebene“ und „Ebene-Ebene“ zu erstellen.

20 Flächeninhalt und Volumen

20.1 Flächeninhalt von Dreiecken

Beispiel: Das Dreieck $A\,B\,C$ mit $A(1;-3;2)$, $B(-2;3;-5)$ und $C(1;1;0)$ sei in einem kartesischen Koordinatensystem des $\mathbb{R}^3$ gegeben. Berechnen Sie den Flächeninhalt des Dreiecks $A\,B\,C$.

Uns interessiert der Flächeninhalt des markierten Dreiecks.

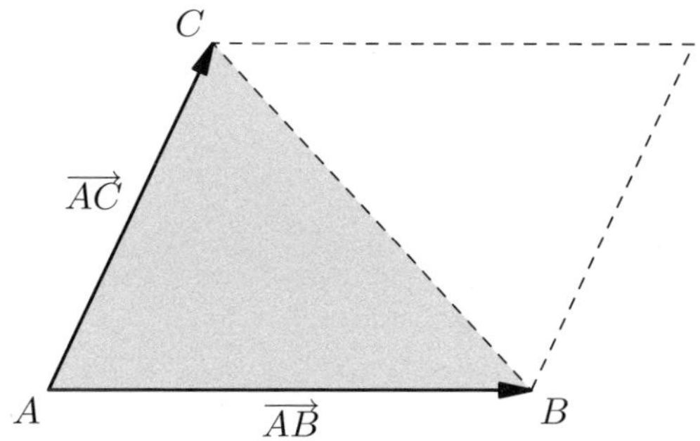

Dabei gilt:

> Spannen zwei Vektoren $\vec{a}$ und $\vec{b}$ des $\mathbb{R}^3$ ein Parallelogramm auf, so gilt für die Flächenmaßzahl:
>
> $$A = \left|\vec{a} \times \vec{b}\right|$$

Ein Dreieck ist die Hälfte eines Parallelogramms. In unserem Fall die Hälfte des Parallelogramms, das von $\overrightarrow{AB}$ und $\overrightarrow{AC}$ aufgespannt wird.
Daraus ergibt sich:

$$\begin{aligned}
A = 0{,}5 \cdot \left|\overrightarrow{AB} \times \overrightarrow{AC}\right| &= 0{,}5 \cdot \left|\begin{pmatrix} -2-1 \\ 3+3 \\ -5-2 \end{pmatrix} \times \begin{pmatrix} 1-1 \\ 1+3 \\ 0-2 \end{pmatrix}\right| \\
&= 0{,}5 \cdot \left|\begin{pmatrix} -3 \\ 6 \\ -7 \end{pmatrix} \times \begin{pmatrix} 0 \\ 4 \\ -2 \end{pmatrix}\right| \\
&= 0{,}5 \cdot \left|\begin{pmatrix} 16 \\ -6 \\ -12 \end{pmatrix}\right| \\
&= 0{,}5 \cdot \sqrt{16^2 + 6^2 + 12^2} = \sqrt{109}
\end{aligned}$$

Die Flächenmaßzahl des Dreiecks beträgt also $\sqrt{109} \approx 10{,}44$

20.2 Volumen von Pyramiden I

Beispiel: Die Pyramide $ABCS$ mit $A(1; -3; 2)$, $B(-2; 3; -5)$, $C(1; 1; 0)$ und $S(1; 1; 1)$ sei in einem kartesischen Koordinatensystem des $\mathbb{R}^3$ gegeben. Bestimmen Sie die Volumenmaßzahl der Pyramide $ABCS$.

Die Pyramide liegt in einem *Parallelflach*.

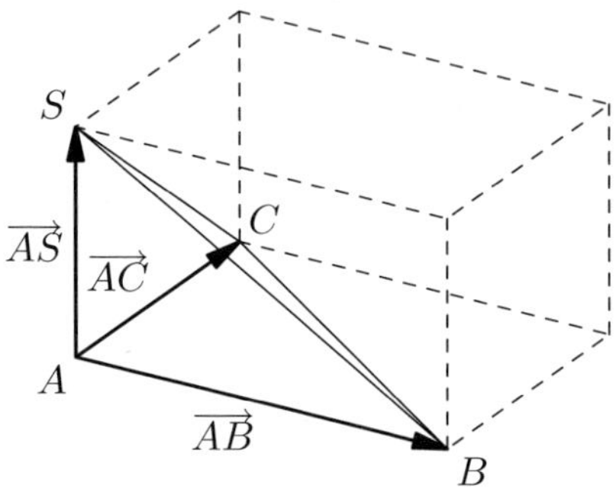

Dabei gilt:

Spannen drei Vektoren $\vec{a}$, $\vec{b}$ und $\vec{c}$ des $\mathbb{R}^3$ ein Parallelflach auf, dann gilt für die Volumenmaßzahl:

$$V_{\text{Parallelflach}} = \begin{vmatrix} a_1 & b_1 & c_1 \\ a_2 & b_2 & c_2 \\ a_3 & b_3 & c_3 \end{vmatrix}$$

Bilden diese Vektoren eine Pyramide, folgt für das Volumen der Pyramide:

$$V_{\text{Pyramide}} = \frac{1}{6} \begin{vmatrix} a_1 & b_1 & c_1 \\ a_2 & b_2 & c_2 \\ a_3 & b_3 & c_3 \end{vmatrix}$$

Zunächst werden die dazugehörigen Vektoren berechnet:

$$\overrightarrow{AB} = \begin{pmatrix} -2-1 \\ 3+3 \\ -5-2 \end{pmatrix} = \begin{pmatrix} -3 \\ 6 \\ -7 \end{pmatrix}; \quad \overrightarrow{AC} = \begin{pmatrix} 1-1 \\ 1+3 \\ 0-2 \end{pmatrix} = \begin{pmatrix} 0 \\ 4 \\ -2 \end{pmatrix}; \quad \overrightarrow{AS} = \begin{pmatrix} 1-1 \\ 1+3 \\ 1-2 \end{pmatrix} = \begin{pmatrix} 0 \\ 4 \\ -1 \end{pmatrix}$$

Für das Volumenmaß der Pyramide gilt dann:

$$V_{\text{Pyramide}} = \frac{1}{6} \begin{vmatrix} -3 & 0 & 0 \\ 6 & 4 & 4 \\ -7 & -2 & -1 \end{vmatrix} = 2$$

Die Volumenmaßzahl der aufgespannten Pyramide beträgt 2 VE.

20.3 Volumen von Pyramiden II

Beispiel: Die Ebene $E : x_1 + x_2 + 2\,x_3 - 1 = 0$ schneidet die Koordinatenachsen des kartesischen Koordinatensystems in den sogenannten Spurpunkten. Zusammen mit dem Ursprung bilden diese Punkte die Eckpunkte einer Pyramide. Berechnen Sie das Volumen der Pyramide.

Für unseren Rechenweg legen wir fest, dass das Dreieck OS_1S_2 die Grundfläche und das Streckenstück $[OS_3]$ die entsprechende Höhe der Pyramide $OS_1S_2S_3$ ist.

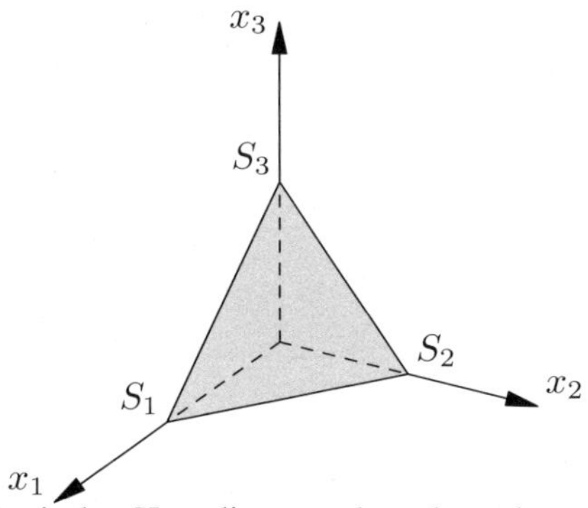

Zunächst müssen wir die Schnittpunkte von E mit den Koordinatenachsen berechnen.

$S_1(x_1;0;0)$ in E einsetzen: $x_1 - 1 = 0 \quad\Rightarrow\quad x_1 = 1 \quad\Rightarrow\quad S_1(1;0;0)$

$S_2(0;x_2;0)$ in E einsetzen: $x_2 - 1 = 0 \quad\Rightarrow\quad x_2 = 1 \quad\Rightarrow\quad S_2(0;1;0)$

$S_3(0;0;x_3)$ in E einsetzen: $2\,x_3 - 1 = 0 \quad\Rightarrow\quad x_3 = 0{,}5 \quad\Rightarrow\quad S_3(0;0;0{,}5)$

Für das Volumen der Pyramide gilt: $\text{Volumen} = \frac{1}{3} \cdot \text{Grundfläche} \cdot \text{Höhe}$

Da die Grundfläche ein rechtwinkliges Dreieck bei 0 mit den Seitenlängen x_1 und x_2 ist, gilt für die Grundfläche:

$$\text{Grundfläche} = \frac{1}{2} \cdot x_1 \cdot x_2$$

Die Höhe der Pyramide entspricht x_3:

$$\text{Höhe} = x_3$$

Wir erhalten insgesamt:

$$\text{Volumen} = \frac{1}{3} \cdot \text{Grundfläche} \cdot \text{Höhe} = \frac{1}{3} \cdot \frac{1}{2} \cdot 1 \cdot 1 \cdot 0{,}5 = \frac{1}{12}$$

Die Volumenmaßzahl beträgt für diese Pyramide $\frac{1}{12}$.

Hinweis: Eine Volumenberechnung über die Volumenformel ist auch möglich (vergleiche vorherige Seite)

21

21 Matrizen

21.1 Rechnen mit Matrizen

Beispiel: Die Matrix $M = \begin{pmatrix} -1 & 2 & 3 \\ 3 & 1 & -2 \\ 2 & -3 & 1 \end{pmatrix}$ bildet den Vektor $\vec{v} = \begin{pmatrix} 1 \\ 3 \\ 5 \end{pmatrix}$ auf $\vec{v}^*$ ab.

Berechnen Sie die Koordinaten des Bildvektors $\vec{v}^*$, wenn gilt: $\vec{v}^* = M \cdot \vec{v}$

Hierzu müssen wir $\vec{v}^* = M \cdot \vec{v}$ berechnen,

also: $\vec{v}^* = \begin{pmatrix} -1 & 2 & 3 \\ 3 & 1 & -2 \\ 2 & -3 & 1 \end{pmatrix} \cdot \begin{pmatrix} 1 \\ 3 \\ 5 \end{pmatrix}$

Dabei müssen die Rechengesetze für das *Rechnen mit Matrizen* beachtet werden.

Es gilt:

$$\begin{pmatrix} a_1 & b_1 & c_1 \\ a_2 & b_2 & c_2 \\ a_3 & b_3 & c_3 \end{pmatrix} \cdot \begin{pmatrix} v_1 \\ v_2 \\ v_3 \end{pmatrix} = \begin{pmatrix} a_1v_1 + b_1v_2 + c_1v_3 \\ a_2v_1 + b_2v_2 + c_2v_3 \\ a_3v_1 + b_3v_3 + c_3v_3 \end{pmatrix}$$

Wenden wir diese Regel bei $\vec{v}^* = \begin{pmatrix} -1 & 2 & 3 \\ 3 & 1 & -2 \\ 2 & -3 & 1 \end{pmatrix} \cdot \begin{pmatrix} 1 \\ 3 \\ 5 \end{pmatrix}$ an, dann erhalten wir:

$$\vec{v}^* = \begin{pmatrix} -1 \cdot 1 + \quad 2 \cdot 3 + 3 \cdot 5 \\ 3 \cdot 1 + \quad 1 \cdot 3 + 2 \cdot 5 \\ 2 \cdot 1 + (-3 \cdot 3) + 1 \cdot 4 \end{pmatrix} = \begin{pmatrix} 20 \\ -4 \\ -2 \end{pmatrix}$$

Der Bildvektor $\vec{v}^*$ hat die Koordinaten:

$$\vec{v}^* = \begin{pmatrix} 20 \\ -4 \\ -2 \end{pmatrix}$$

21.2 Gleichungssysteme mit Matrizen

21

Beispiel: Mit der Matrix $M = \begin{pmatrix} -1 & 2 & 3 \\ 3 & 1 & -2 \\ 2 & -3 & 1 \end{pmatrix}$ wurde auf der vorherigen Seite der Bildvektor $\vec{v}^* = \begin{pmatrix} 20 \\ -4 \\ -2 \end{pmatrix}$ berechnet. Unbekannt sind nun die Koordinaten des Urvektors $\vec{v}$.

Berechnen Sie die Koordinaten von $\vec{v}$, wenn die Abbildungsgleichung folgende Form hatte: $\vec{v}^* = M \cdot \vec{v}$

Hier lösen wir $\vec{v}^* = M \cdot \vec{v}$,

also: $\begin{pmatrix} 20 \\ -4 \\ -2 \end{pmatrix} = \begin{pmatrix} -1 & 2 & 3 \\ 3 & 1 & -2 \\ 2 & -3 & 1 \end{pmatrix} \cdot \begin{pmatrix} v_1 \\ v_2 \\ v_3 \end{pmatrix}$

Diese Gleichung können wir umschreiben und anschließend mit dem Gauß-Verfahren lösen:

$$\begin{array}{rrrr|rl} (i): & -1 & 2 & 3 & 20 & \\ (ii): & 3 & 1 & -2 & -4 & \mid +3 \cdot (i) \\ (iii): & 2 & -3 & 1 & -2 & \mid +2 \cdot (i) \end{array}$$

$$\begin{array}{rrrr|rl} (i): & -1 & 2 & 3 & 20 & \\ (ii): & 0 & 7 & 7 & 56 & \\ (iii): & 0 & 1 & 7 & 38 & \mid -\frac{1}{7} \cdot (ii) \end{array}$$

$$\begin{array}{rrrr|r} (i): & -1 & 2 & 3 & 20 \\ (ii): & 0 & 7 & 7 & 56 \\ (iii): & 0 & 0 & 6 & 30 \end{array}$$

Aus (iii) erhalten wir: $6 \cdot v_3 = 30 \Rightarrow v_3 = 5$

Für (ii) resultiert dann: $7 \cdot v_2 + 35 = 56 \Rightarrow v_2 = 3$

In (i) einsetzen ergibt: $-v_1 + 6 + 15 = 20 \Rightarrow v_1 = 1$

Der ursprüngliche Vektor $\vec{v}$ muss also die Koordinaten $\vec{v} = \begin{pmatrix} 1 \\ 3 \\ 5 \end{pmatrix}$ besitzen.

21

21.3 Lösbarkeit von Gleichungssystemen

Beispiel: Überprüfen Sie in Abhängigkeit vom reellen Parameterwert a die Anzahl der Lösungen des Gleichungssystems. Begründen Sie dabei Ihre Vorgehensweise und Ihre Entscheidung.

$$\begin{array}{rl} (i) & 2x_1 - 2x_2 + x_3 = 2 \\ (ii) & a x_1 - 6x_2 + x_3 = 6 \\ (iii) & -4x_1 + 4x_2 - a x_3 = -2 \end{array}$$

Wir lösen das Gleichungssystem mithife des Gauß-Verfahrens.

$$\begin{array}{rrrr|rl} (i) & 2 & -2 & 1 & 2 & \\ (ii) & a & -6 & 1 & 6 & 2\cdot(ii) - a\cdot(i) \\ (iii) & -4 & 4 & -a & -2 & \mid + 2\cdot(i) \end{array}$$

$$\begin{array}{rrrr|rl} (i) & 2 & -2 & 1 & 2 & \\ (ii) & 0 & 2a-12 & 2-a & 12-2a & \mid -(iii) \\ (iii) & 0 & 0 & 2-a & 2 & \end{array}$$

$$\begin{array}{rrrr|r} (i) & 2 & -2 & 1 & 2 \\ (ii) & 0 & 2a-12 & 0 & 10-2a \\ (iii) & 0 & 0 & 2-a & 2 \end{array}$$

Aus (iii) erkennt man sofort, dass für $a = 2$ das Gleichungssystem nicht lösbar ist. Mit $a = 2$ ergibt sich nämlich der Widerspruch $0 = 2$. Wie in (iii) erkennt man in (ii) sofort, dass auch für $a = 6$ das Gleichungssystem nicht lösbar ist.

Wir nehmen nun an, dass $a \neq 2$ und $a \neq 6$ gilt. Jetzt können wir nach x_3 auflösen.

Aus (iii) folgt: $x_3 = \dfrac{2}{2-a}$

(ii) können wir nach x_2 auflösen und erhalten: $x_2 = \dfrac{5-a}{a-6}$

Aus (i) folgt: $2x_1 - 2x_2 + x_3 = 2 \quad \Rightarrow \quad x_1 = 2x_2 - x_3 + 2 = \dfrac{4}{2-a} - \dfrac{5-a}{a-6} + 2$

Zusammengefasst ist das Gleichungssystem für $a = 2$ und für $a = 6$ nicht lösbar. Für alle anderen Parameterwerte a ist das Gleichungssystem eindeutig lösbar mit der Lösungsmenge $\mathbb{L} = \left\{\left(\dfrac{4}{2-a} - \dfrac{5-a}{a-6} + 2;\ \dfrac{5-a}{a-6};\ \dfrac{2}{2-a}\right)\right\}$.

Stichwortverzeichnis